ROME AND THE CLASSICAL WEST
로마와 고대의 서양세계

지은이 J. M. 로버츠

저명한 역사학자 J. M. 로버츠는 1928년 영국 바스에서 태어났다. 그는 톤턴과 옥스퍼드를 졸업했고, 이후 1953년부터 1955년까지 미국에서 커먼웰스 재단의 특별연구원으로 활동하다 다시 옥스퍼드로 돌아와 1979년까지 머튼 칼리지에서 학생들을 가르쳤다. 1979년 사우스햄튼 대학교의 부총장이 되었고, 1985년 머튼으로 돌아가 거기서 학장을 역임하다가 1994년 은퇴했다. 퍼넬 출판사의 『20세기 역사』의 편집책임자였던 로버츠는 수많은 역사서를 출간했다. 그가 출간한 역사서 가운데 『서양의 승리』는 BBC 방송의 시리즈로 제작되었고, 그 프로그램에 그가 직접 출현하여 해설을 맡기도 했다. 1967년부터 1978년까지는 『영국 역사개관』의 편집에 참여했고, 두 개의 총서 『옥스퍼드 간추린 현대사』와 『뉴 옥스퍼드 영국사』의 편집책임을 맡았다. 가장 최근 작품으로 『유럽의 역사』가 있다.

옮긴이 윤미연

부산에서 태어나 부산대학교 불어불문학과 및 동대학원을 졸업하고 프랑스 캉 대학에서 공부했다. 현재 전문번역가로 활동하고 있으며, 옮긴 책으로는 『피카소』, 『뒤피』, 『옥소도시』, 『불타는 세계』, 『제 2의 순수』, 『가면을 쓴 과학』 외 다수가 있다.

ROME AND THE CLASSICAL WEST
All Rights Reserved
Copyright ⓒ Editorial Debate SA 1998
Text Copyright ⓒ J.M.Roberts 1976, 1980, 1983, 1987, 1988, 1992, 1998
Artwork and Diagram Copyright ⓒ Editorial Debate SA 1998
(for copyright in the photographs and maps see acknowledgements pages which are to be regarded as
an extension of this copyright)

Korean Translation Copyright ⓒ 2007 by ECLIO Publishing Co.,Ltd.
Korean Translation published by arrangement with Duncan Baird Publishers Ltd
through Imprima Korea Agency

이 책의 한국어판 저작권은 Imprima Korea Agency를 통해
Duncan Baird Publishers Ltd와의 독점 계약으로 이글리오에 있습니다.
저작권법에 의해 한국 내에서 보호를 받는 저작물이므로
무단전재와 무단복제를 금합니다.

히스토리카 세계사

VOLUME 3

로마와 고대의 서양세계

ROME AND THE CLASSICAL WEST

J. M. 로버츠

이끌리오

차례 cont

1 로마 _ 10
에트루리아 사람들

I 로마 공화국 I _ 13
초기 공화정 I 변모하는 공화정 I 과두 정치의 대두

I 로마의 사회적 기반 I _ 16
시민계급 I 평민 I 로마의 헌법

I 로마의 세력 확장 I _ 19
포에니 전쟁 I 지중해 동쪽으로 눈을 돌린 로마

I 로마제국의 성장 I _ 24
제국의 통치 I 법제도의 문제들 I 계속되는 그리스화 I 그리스의 영향 I 로마가 이룩한 평화

I 공화국의 쇠퇴 I _ 29
로마제국 내부의 위기 I 병역 I 권력을 장악한 마리우스 I 폼페이우스

I 율리우스 카이사르 I _ 34
권력을 장악한 카이사르 I 공화국의 종말

2 로마가 이룩한 찬란한 업적 _ 40

I 아우구스투스 시대 I _ 40
집정관 아우구스투스 I 자비심 많은 전제군주 I 군주세와 내전 I 안토니누스 가문 I 로마제국의 경계선 I 로마와 파르티아 I 팍스 로마나 I 로마제국의 구조 I 코스모폴리타니즘 I 로마의 그리스 유산 I 법과 토목공학, 도시계획 I 로마의 빈부 격차 I 로마인들의 도시 생활 I 노예 제도

I 로마의 종교 I _ 65
종교의식 I 황제 숭배 전통 I 외부의 영향 I 신비종교의 영향 I 내부의 동요 I 조세 정책과 경제 I 군대의 역할

3 유대 민족과 기독교의 도래 _74
기독교의 영향

| 기독교 속에 숨어 있는 유대 사상 | _75
유대 민족의 역사 | 바빌론 유수 | 유대인의 독립과 저항 | 유대교의 확산 | 유대교의 매력 | 로마 지배 하의 유대인들 | 유대의 왕 헤롯 | 유대사회의 동요

| 나사렛 예수 | _84
복음서에 묘사된 예수 | 예수의 가르침

| 그리스도를 따랐던 사람들 | _89
바울의 가르침 | 기독교의 확산 | 유대 과격주의자들의 반란 | 각지로 흩어진 유대민족

| 기독교에 대한 적개심 | _97
로마의 기독교 박해 | 기독교의 생존 | 그노시스파의 등장

| 초기 기독교의 교부들 | _101
기독교의 전파

4 로마제국의 몰락과정 _ 104

위기와 변화 | 마지막 황제들의 역할 | 군대의 영향력 | 경제의 구조적 문제들 | 인플레이션과 증가하는 세금 | 파르티아와의 대립 | 페르시아의 위협 | 유럽으로부터의 위협

| 디오클레티아누스 시대 | _ 117
사두정치 | 로마제국의 이념적 위기

| 기독교의 성장 | _ 119
기독교인들에 대한 박해

| 콘스탄티누스 대제 | _ 123
콘스탄티누스와 기독교 | 밀라노 칙령 | 교회와 국가 | 니케아 종교회의 | 기독교의 분열 | 콘스탄티누스의 유산 | 로마제국 내부의 분열 | 서로마제국의 몰락 | 게르만족의 위협 | 로마로 들어오는 서고트족 | 반달 왕국의 성장 | 훈족의 공격 | 서로마제국의 붕괴 | 야만족들의 대두 | 이교 신앙에 대한 탄압 | 로마제국의 유대인 박해 | 테오도시우스와 기독교의 대립

| 로마제국의 기독교화 | _ 144
기독교 종파 간의 대립

| 성 아우구스티누스의 생애 | _ 146
아우구스티누스의 정신세계 | 세례를 받은 아우구스티누스 | 아우구스티누스의 신학 | 아우구스티누스의 저술들 | 예루살렘과 바빌론 | 아우구스티누스의 유산

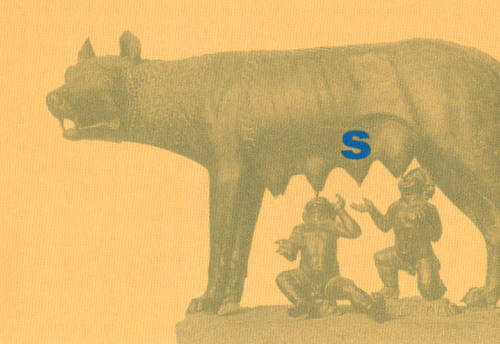

5 미래를 결정짓는 요소들 _ 154
로마령 브리타니아 문명의 종말

I 프랑크족의 성장 I _ 156
클로비스의 업적 I 국가의 모습을 갖추어간 프랑크 왕국 I 테오도리쿠스 왕 I 에스파냐 지역의 서고트 왕국 I 서유럽의 로마인과 야만족들 I 게르만족의 문화적 유산 I 야만족들과 로마인들의 전통

I 유스티니아누스 I _ 166
유스티니아누스의 유산 I 동로마제국의 종교 I 동서 교회의 분열 I 고전시대 후기 주교들의 역할

I 기독교의 수도원 제도 I _ 175
성 베네딕트

I 교황 제도의 등장 I _ 178
대교황 그레고리우스 I 새로운 유럽의 탄생 I 기독교와 이교신앙의 혼합

연대표 _ 184
색인 _ 186
도판 출처 _ 188

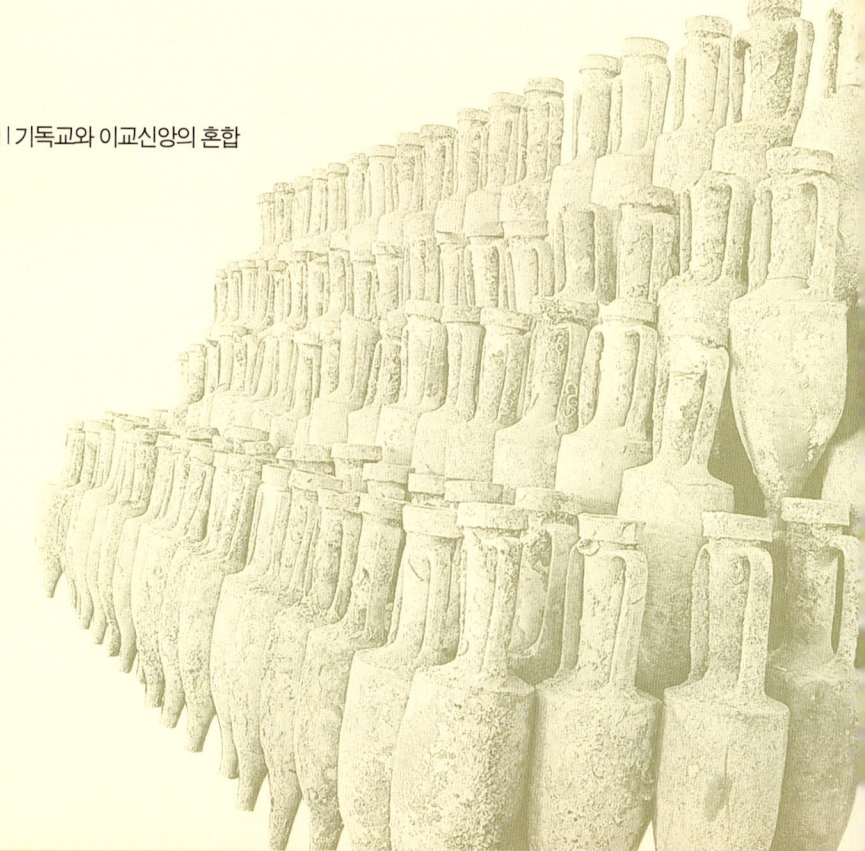

로마와 고대의 서양세계

＊솔론시대
기원전 640~560년경 아테네의 정치가이자 시인인 솔론이 살던 시대. 조세제도와 노예제도, 토지제도 등의 개혁을 단행하고, 평의회 등을 만들어 민주주의의 기초가 마련된 시기로 여겨진다.

＊바실리카
고대 로마에서 재판이나 공적인 집회에 사용한 큰 건물.

페니키아인들과 그리스인들이 지중해 서쪽 지역에서 오랫동안 활발하게 활동해 왔으나 그 지역은 수 세기 동안 세계사에서 주목받지 못했다.

인구가 얼마 되지 않았던 이탈리아인들은 처음부터 다른 부족에 비해 특별히 부각되지는 않았다. 그들은 솔론시대＊에 이웃 국가인 그리스를 통해 그 부근 일대에 겨우 알려져 있었다. 그러나 그들은 아주 작은 도시국가로 시작하여 로마라는 국호를 갖게 되었고, 마침내 로마인이라는 이름으로 역사에 기록되었다.

기원전 3세기가 끝나갈 무렵, 로마인들은 드디어 세계 역사의 전면에 등장하게 된다. 그들은 이후 약 200년 사이에 자신들만의 독자적인 제도들을 만들었다. 또한 헬레니즘 세계 전체를 그 제도적 틀 속에 흡수해 하나의 단일 체제로 만들었다. 로마제국은 앞선 국가들보다 훨씬 더 많은 것을 포용했고, 훨씬 더 많은 것을 실현했다. 무엇보다도, 로마제국은 새롭게 등장한 기독교를 보호하고 정치적으로 후원했다. 덕분에 기독교는 세계적인 종교로 성장할 수 있었다.

로마제국은 드넓은 지역의 경제 관계와 민족 간의 관계들을 변화시켰으며, 많은 고대 그리스의 유산들을 온전하게 후대에 물려주었다. 뿐만 아니라, 로마제국은 유럽 문화의 씨앗을 키웠다. 그들의 문화와 제도, 신화 등을 통해서 새로운 문화의 씨앗에 자양분을 공급해 나갔다. 이러한 로마제국의 영향으로 유럽 문화는 튼튼하게 성장해 나갈 수 있었다.

카피톨리누스 언덕, 팔라티누스 언덕, 에스퀼리누스 언덕 사이의 작은 골짜기에 위치한 로마 시의 포룸은 기원전 7세기 이래로 정치, 종교, 상업과 관련된 건물들이 밀집해 있던 곳이다. 이 포룸의 장엄한 외관은 주로 율리우스 카이사르, 아우구스투스, 티베리우스의 지속적인 노력으로 얻어진 결과물이다. 오늘날에는 이곳의 바실리카'들과 신전들과 개선문들이 폐허로 남아 있지만, 이곳은 한 때 로마제국의 중심지 역할을 하던 곳이었다.

1. 로마

고대 로마제국의 찬란했던 영광은 지중해 서쪽 연안 일대, 서유럽, 발칸 반도, 그리고 소아시아의 넓은 지역에 남아 있는 유적들을 통해 오늘날에도 확인할 수 있다. 특히 로마를 비롯한 일부 지역들에는 로마 시대의 유적들이 아주 많이 남아 있다. 그 이유는 로마제국이 1,000년이라는 오랜 역사를 간직하고 있기 때문이다. 우리는 로마제국 유적들의 웅장하고 화려한 외형에만 주목해서는 안 된다. 그 이면에 숨어있는 역사의 진정한 의미를 살펴보지 않는다면, 그들이 어떻게 그처럼 엄청난 업적을 이루어 냈는지 정확하게 이해할 수 없기 때문이다.

로마제국에 대한 역사가들의 세심한 연구 성과와 자료들을 접하다보면 우리는 로마인들이 초능력을 가진 슈퍼맨이 아니라 우리와 다를 바 없는 보통 사람들이었다는 사실을 깨닫게 된다.

로마의 위대함은 때때로 허울뿐인 것처럼 보이기도 한다. 하지만 분명한 것은 로마의 역사와 문화에는 '창조성'이라는 본질이 들어있다는 사실이다. 로마는 그리스 문명의 틀을 바꾸어 놓았다. 다시 말해 로마인들은 서양 문명의 기틀을 최초로 완성시킨 것이다. 이것은 다른 문명들과 뚜렷이 구별되는 로마의 위대한 업적이다. 후일 로마가 멸망할 당시 로마인들은 로마의 위업을 되돌아보면서 자신들이 그런 엄청난 위업을 이루어낸 장본인이라고 생각했다. 이러한 생각은 분명한 사실이었으며, 대단히 중요한 의미를 갖고 있었다. 고대 로마를 설명해주는 핵심은 로마니타스, 즉 '로마문화'라고 불리었던 개

에트루리아 시대에 만들어진 이 청동상은 괴물 키마이라를 형상화한 것이다. 키마이라는 몸통과 머리는 사자, 꼬리는 뱀, 그리고 등에는 뿔이 달린 염소의 머리가 솟아 있고, 입에서 불을 뿜는 신화적 동물이다. 이런 작품들은 에트루리아인들의 상상력과 금속공예술이 대단히 독창적이고 뛰어났다는 사실을 여실히 증명해준다.

이탈리아 남부 (기원전 509~272년)

전해지는 바에 의하면, 로마인들은 기원전 509년에 에트루리아 타르퀸 왕조의 마지막 왕을 로마 밖으로 추방하고 공화정을 세웠다. 기원전 5세기에 로마는 이탈리아 남부로 영토를 확장해나가기 시작했다. 로마는 정복한 동맹도시들에게 자치권을 인정해 주는 대신, 로마의 대외정책에 필요한 병력을 지원하도록 요구했다. 그리고 그것은 막강한 로마 군대를 유지할 수 있는 힘이 되었다.

기원전 5세기 에트루리아의 환조 작품인 카피톨리누스의 암 늑대. 전설에 의하면, 강에 버려진 쌍둥이 형제 로물루스와 레무스를 암 늑대가 구해 젖을 먹여 살려냈다. 후일 그들 형제는 함께 로마를 세우지만, 로물루스는 동생을 죽이고 로마 최초의 왕이 된다.

를 건설했다는 로마인들의 주장이 사실인지를 따져볼 필요는 없다. 그러나 로물루스와 그의 쌍둥이 동생 레무스가 암 늑대의 젖을 먹고 자랐다는 로마의 건국신화는 주목해볼 만한 가치가 있다. 이 신화는 초기 로마가 그들을 지배하고 있던 에트루리아로부터 직접적인 영향을 받았다는 사실을 증명해주고 있다. 에트루리아인들이 늑대를 특별히 숭배했다는 사실이 밝혀졌기 때문이다.

에트루리아 사람들

많은 비문들과 방대한 고고학적 자료, 그리고 그 자료들을 해석해내려는 학문적인 노력에도 불구하고 에트루리아인들의 정체는 여전히 베일에 가려져 있다. 지금까지 나온 에트루리아에 관한 문헌들은 에트루리아의 역사나 연대기가 아니라 그들의 문화에 관한 간략한 정보에 불과하다. 에트루리아 문명이 탄생한 시기에 관해서도 학자들 간에 의견이 분분하다. 학자들은 기원전 10세기부터 7세기까지 대단히 넓은 범위에서 제각각 다양하게 에트루리아 문명의 발생시기를 주장했다.

념이다. 로마니타스는 로마가 이룩하고 강요한 가치들일 뿐만 아니라 로마 그 자체를 의미하는 개념이기도 했다.

사람들은 로마문화의 뿌리가 대단히 깊다고 생각했다. 기원전 753년 로물루스가 로마

연대표(기원전 753~44년)

| 기원전 753년 전설상의 로마 건국 연대 | 기원전 700년 | 기원전 600년 | 기원전 509년 로마 공화정 탄생 / 기원전 500년 | 기원전 450년경 12표법 제정 / 기원전 400년 | 기원전 264~241년 1차 포에니 전쟁 / 기원전 300년 | 기원전 218~201년 2차 포에니 전쟁 / 기원전 200년 | 기원전 149~146년 3차 포에니 전쟁 / 기원전 100년 | 기원전 88~82년 마리우스 군대와 술라 군대 간의 내전 | 기원전 49~45년 카이사르와 폼페이우스 간의 내전 / 기원후 | 기원전 44년 율리우스 카이사르 암살 |

에트루리아인들의 생활양식과 신앙

오늘날 많은 역사가들은 에트루리아가 포 계곡에서 태동한 빌라노바 문명에서 비롯되었으며, 에트루리아 사람들 역시 그리스 문화로부터 지대한 영향을 받았을 거라고 믿고 있다. 그러나 사실상 에트루리아인들의 기원에 관해서는 알려진 바가 거의 없다.

에트루리아 문명은 기원전 7세기와 6세기 사이에 가장 융성했다. 이 시기에 에트루리아인들은 로마를 포함해서 북으로는 포 강, 남으로는 캄파니아에 이르는 이탈리아 중부 지역 대부분을 지배했다. 그들은 철과 같은 금속을 수출하면서 그리스와 긴밀한 무역 관계를 유지하고 있었는데, 이는 티베르 강을 따라 강의 북부까지 들어서 있는 에트루리아의 여러 도시들에 사는 귀족들에게 더욱 큰 부를 안겨다 주었다.

도시 외곽에 거대하고 화려한 개인 묘지들이 많은 것으로 미루어 볼 때, 에트루리아인들은 사후 세계를 확고하게 믿고 있었던 듯하다. 에트루리아인들은 분묘 안에 사자死者가 내세에서 필요로 할 가구와 조리기구, 무기, 직물류 등을 함께 매장했다. 잘 보존된 무덤 내의 벽화들과 이 부장품들을 통해 우리는 그들의 실생활과 문화에 관해 많은 것을 짐작할 수 있다.

에트루리아인들은 자신들의 세계가 신들의 뜻에 따라 움직이고 있다고 믿었던 듯하다. 그들은 신과 인간 사이의 의사소통은 예언을 통해 이루어진다고 생각했다. 그리고 주술사들이 그 예언들을 해석하고 사람들에게 전달했다. 따라서 주술사는 에트루리아 사회에서 매우 중요한 사회적 지위를 차지하고 있었을 것이다.

이 황금 서판의 양면에는 에트루리아의 비문들과 페니키아어로 간단하게 요약한 설명이 적혀 있다. 에트루리아의 피르기 항구에서 발견된 이 서판은 기원전 5세기 초에 만들어진 것으로 추정된다. 이 서판에 적힌 내용은 로마와 카르타고 간에 맺은 협약의 일부분이다. 이 협약은 로마 공화정이 들어선 첫 해에 맺어진 것으로, 로마 공화국이 에트루리아가 정립해놓은 기존의 대외관계를 그대로 따랐다는 사실을 이 협약 내용을 통해 확인할 수 있다.

대가족을 거느린 가장과 안주인인 듯한 이 부부 상은 에트루리아 분묘 석관 뚜껑 위에 있던 것으로, 기원전 6세기의 작품이다. 긴 소파에 나란히 몸을 기대고 있는 이 부부는 어떤 연회에 초대받은 손님들이다. 그리스의 관례와는 달리, 에트루리아에서는 여자들도 향연이나 축제에 참석할 수 있었다.

타르퀴니아에 있는 에트루리아인들의 무덤에서 채색 분묘 벽화들이 발견되었다. 이 벽화는 기원전 5세기 초반에 제작된 것으로 추정되며, 이 벽화에 그려져 있는 인물들은 연회에 불려온 악사들과 하인들인 듯하다.

에트루리아인들이 어디서 어떻게 이탈리아 반도로 들어오게 되었는지에 관해서도 서로 다른 주장을 하고 있다. 히타이트 제국이 멸망한 직후 아시아에서 이주해온 사람들이라고 주장하는 학자들이 있는가 하면, 다른 가설들을 주장하는 학자들도 많다. 분명한 것은 에트루리아인들이 이탈리아 반도에 살았던 최초의 이탈리아인들이 아니었다는 사실이다. 그들이 언제 어디서 이탈리아 반도로 왔건 간에, 그 당시 이탈리아에는 이미 다양한 종족들이 살고 있었다.

기원전 2000년경 '인도-유럽계 민족'의 후손들이 이탈리아 반도로 들어와 살기 시작했다. 그리고 그 후로 약 1000년의 세월이 흐르는 동안 자신들만의 독자적인 문명을 발전시켜나갔다. 또한 그들은 기원전 1000년경에 이미 철기를 제작해 사용했다. 에트루리아인들은 아마도 그들 보다 먼저 이탈리아 반도에 살고 있던 사람들이 이룩한 이탈리아 북부의 빌라노바 문명으로부터 철의 제련과 철기제작 기술을 물려받은 듯 하다. 그들은 야금술*을 대단히 높은 수준으로 발전시켰으며, 더 많은 철기 제작을 위해 에트루리아 해안 너머 엘바 섬의 철광 지역을 본격적으로 개발했다. 그들은 철제 무기를 이용하여 이탈리아 반도 중부를 완전히 장악했던 것으로 보인다.

에트루리아의 사회구조는 여전히 베일에 가려 있다. 아마도 에트루리아는 왕이 다스리는 여러 개의 자치 도시국가들이 동맹을 통해 형성한 연합 도시국가였을 것이다. 에트루리아인들은 글을 읽고 쓸 줄 알았다. 그들은 이탈리아 남부의 마그나 그라에키아 지역을 통해 습득한 그리스어를 변형시켜 독자적인 알파벳 문자를 만들었다. 그러나 그들이 남긴 자료 중 현재 해독할 수 있는 것은 거의 없다. 그들은 또한 경제적으로도 여유 있는 생활을 누렸다.

로마 공화국

에트루리아인들은 기원전 6세기경 지정학적으로 대단히 중요했던 이탈리아 중부 티베르 강 하류에 정착했다. 그곳은 라틴인들이 세운 여러 소도시들 중 하나인 로마가 위치한

*야금술
광석에서 금속을 골라내 용도에 따라 가공하는 기술을 야금술이라 한다. 이러한 야금술의 발견과 이를 통한 금속의 사용은 농기구와 무기 등 생활의 많은 부분을 변화·발전시켰다.

로마인들은 자신들의 지도자들에게 경의를 표하기 위해 공공장소에 그들의 조각상을 세우고 성소에 봉납상*을 바치던 그리스의 관습을 그대로 따랐다. 이 조각상은 로마의 귀족 브루투스의 청동 흉상으로, 기원전 4세기 말에 제작된 것이다.

*봉납상
신에게 바치기 위해 만든 조각상.

곳이기도 했다. 이 도시를 통해 에트루리아의 많은 전통이 유럽으로 유입되었다가 사라지게 된다.

기원전 6세기 후반, 로마의 라틴인들은 자신들의 지배자들에 대항해 폭동을 일으켜 에트루리아의 지배로부터 벗어나게 되었다. 그때까지 로마는 에트루리아 왕들의 지배를 받아오고 있었다. 전해져오는 바에 의하면 로마인들은 기원전 509년에 에트루리아의 마지막 왕을 추방했다고 한다. 이를 통해 그리스와의 전쟁으로 약해진 에트루리아의 상황을 라틴인들이 매우 적절하게 이용했다는 사실을 알 수 있다.

하지만 로마는 에트루리아의 유산 중 많은 것을 그대로 받아들였다. 에트루리아를 통해 그리스 문명을 접했던 로마는 이후로도 육상과 해상을 통해 그리스와 지속적으로 교류하면서 선진 문명을 적극적으로 받아들였다. 로마는 육로와 수로가 모두 연결된 교통의 중심지였다. 육로는 티베르 강의 다리를 통해 로마로 이어졌으며, 바다를 항해해온 대형 선박들도 강을 통해 로마에 접근할 수 있었다.

로마는 그리스 문명을 받아들임으로써 크게 발전하고 번영을 누릴 수 있었다. 그것은 로마에게 신의 은총과도 같은 혜택이었다. 또한 로마는 에트루리아의 관습과 사회제도들 중 많은 것을 그대로 유지했다. 로마가 수백 년 동안 시민들을 군사적으로 조직했던 방식도 그 중 하나다. 로마의 검투사 경기, 시민들이 참여하는 개선식과 점복술* 등도 에트루리아의 영향을 받은 것들이다.

*점복술
다양한 방법을 통해 미래에 일어날 일을 미리 알아내는 기술. 로마인들은 제물로 바쳐진 동물의 배를 갈라 내장의 형태를 보고 앞으로 일어날 일들을 예언하거나 예측했다.

초기 공화정

로마 공화정 시대는 450년 이상 지속되었으며, 이후로도 그 시대의 사회제도들이 명맥을 유지해나갔다. 로마인들은 정통성을 유지하면서 초기 공화정의 훌륭한 관례들을 충실히 따라야 한다고 주장했다. 그들의 이러한 주장은 매우 실질적이고 현실적이었다. 물론, 여러 세기가 흐르는 동안 큰 변화들이 일어났다. 그리고 그 변화들로 인해 로마의 제도와 이데올로기의 연속성이 서서히 파괴되어갔다. 역사가들은 지금도 이러한 변화의 문제에 관해 각기 다른 시각으로 해석하면서 논쟁을 벌이고 있다.

하지만 그 모든 변화에도 불구하고, 로마의 제도들은 로마가 지중해 너머까지 세력을 넓힐 수 있게 해주었고, 그 결과 로마는 유럽 문명과 기독교 발전의 요람이 되었다. 그리스와 마찬가지로 로마 역시 근대세계를 이루는 중요한 기틀을 제공한 것이다. 오늘날 우리의 삶 속에는 여전히 로마의 흔적들이 남아있으며, 그것은 단지 물질적인 면에만 그치는 것이 아니다.

변모하는 공화정

간단하게 말하면, 로마의 공화정 시대는 두 가지 현상을 통해 변모하게 되었다. 그 중 하나는 공화정 제도의 쇠퇴이다. 로마 공화정의 제도들은 정치적, 사회적으로 더 이상 현실과 맞지 않게 되면서 점점 그 기능을 상실해갔다. 결국 실용성을 잃게 된 로마 공화정의 제도들은 간신히 명맥만 유지하게 되었다.

두 번째는 로마 통치권의 확장이다. 처음에는 로마 시 너머로, 그 이후로는 이탈리아 너머로까지 로마의 통치권을 확장시켜나갔다. 이러한 두 가지의 변화과정은 2세기에 걸쳐 다소 완만하게 지속되었다.

국내적으로 로마 공화정은 군주제로 되돌아갈 수 없도록 강력한 법과 제도를 만들었다. 로마 공화정의 국가 이념은 SPQR*로 대변되었다. 오늘날에도 로마의 기념물이나 공식 문장들에서 찾아볼 수 있는 이 SPQR이라는 글자는 '로마 원로원과 시민'을 뜻하는 라틴어의 약자로, 로마 공화국과 로마 제국의 공식 명칭이었다. 이론적으로, 로마의 근본적인 주권은 언제나 시민들에게 있었으며, 그들은 민회를 통해 정치에 직접적으로 참여할 수 있었다.

물론, 로마의 모든 거주자들이 로마 시민권을 갖고 있는 것은 아니었다. 이것은 그리스의 많은 도시국가들의 행정구조와 유사했다. 원로원은 국정 운영을 관장하는 실질적인 권력의 핵심기관이었다. 원로원은 선출된 집정관들의 권한과 행정업무를 견제했으며, 원로원의 결의는 법률과 같은 효력을 지녔다. 로마 역사상 가장 심각한 정치적 문제들은 대개 원로원과 시민들 간의 갈등이었다.

과두 정치의 대두

초기 로마 공화정의 내부 갈등은 피로 얼룩질 만큼 심각하지는 않았다. 그럼에도 불구하고 끊임없이 발생한 공화정 내부의 갈등과 권력 다툼은 복잡하게 뒤얽혀 있었고 때로는 은밀하게 진행되었다. 하지만 그런 내부 갈등과 다툼들은 오히려 시민 집단의 정치적 발언권을 강화시켰다. 기원전 300년경에 이르러 정치적 발언권이 강화된

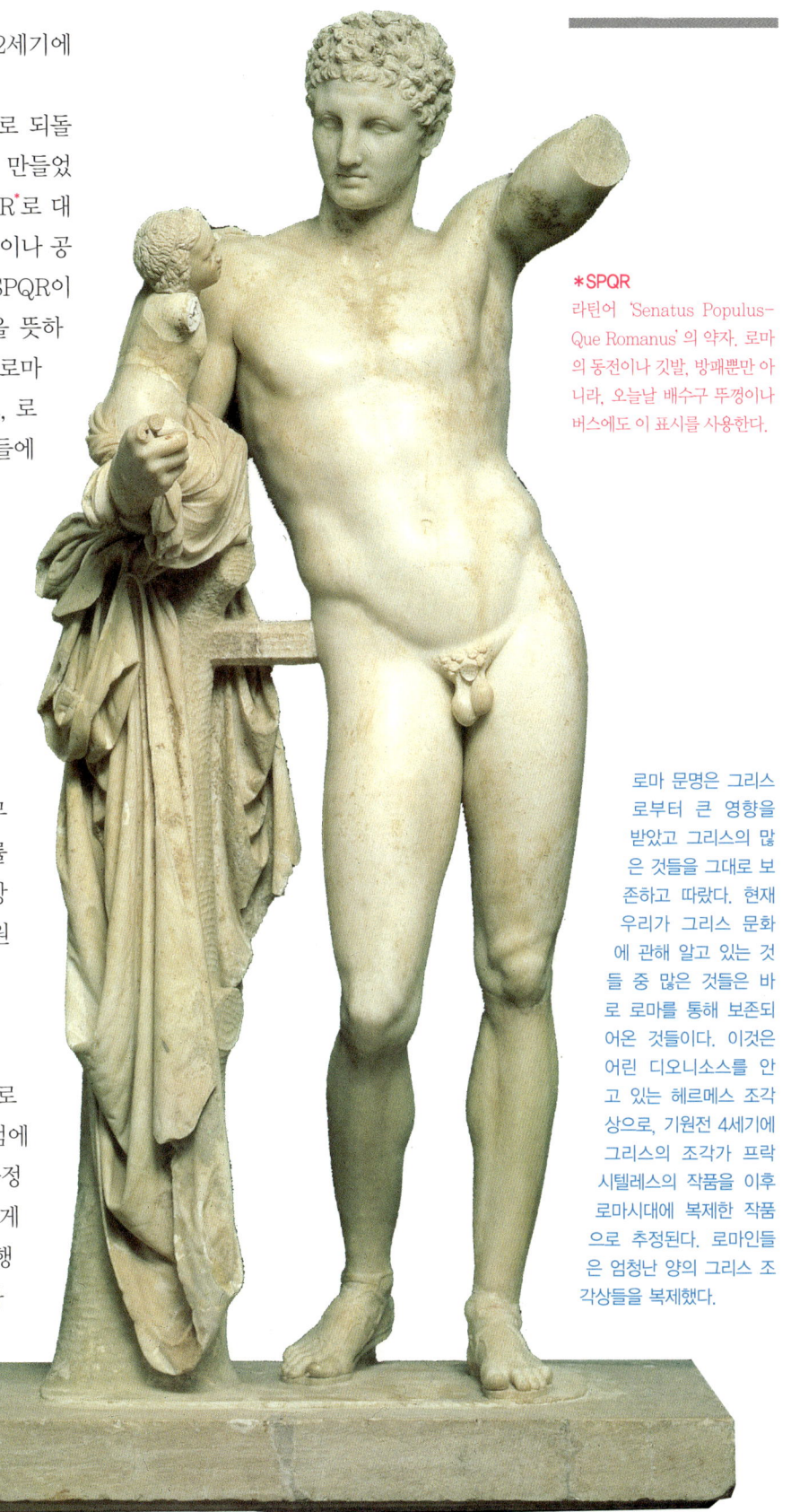

*SPQR
라틴어 'Senatus PopulusQue Romanus'의 약자. 로마의 동전이나 깃발, 방패뿐만 아니라, 오늘날 배수구 뚜껑이나 버스에도 이 표시를 사용한다.

로마 문명은 그리스로부터 큰 영향을 받았고 그리스의 많은 것들을 그대로 보존하고 따랐다. 현재 우리가 그리스 문화에 관해 알고 있는 것들 중 많은 것들은 바로 로마를 통해 보존되어 온 것들이다. 이것은 어린 디오니소스를 안고 있는 헤르메스 조각상으로, 기원전 4세기에 그리스의 조각가 프락시텔레스의 작품을 이후 로마시대에 복제한 작품으로 추정된다. 로마인들은 엄청난 양의 그리스 조각상들을 복제했다.

*과두정치
1인 이상의 몇몇 소수가 국가의 지배권을 장악하는 정치형태. 귀족제가 타락한 형태를 뜻하기도 한다. 권력의 독점을 나타내는 대표적인 형태.

시민 집단은 강력한 지배계급으로 성장했다.

초기 공화정의 원로원은 엄격하게 왕정시대의 귀족들로 구성되어 있었다. 하지만 얼마 지나지 않아 평민들 중에서 보다 부유한 사람들이 원로원 의원직에 합류하게 되었다. 원로원 의원이 되려면 일정한 재산이 있어야 했다. 어떤 의원들은 5년마다 한 번씩 실시되던 '켄수스'라는 인구·세금조사에서 자격이 박탈되기도 했지만, 곧 재산을 모아 자격을 다시 얻기도 했다. 원로원 의원들은 사실상 일종의 과두정치* 체제를 이끌고 있었다. 과두정치의 핵심 인물들의 원래 혈통은 평민이었지만 최고위 행정관인 집정관을 지낸 선조들을 둔 새로운 귀족 가문 출신들이었다.

기원전 6세기 말에 로마 시민들은 마지막 왕의 뒤를 이어 정부를 이끌어 나갈 지도자로 두 명의 집정관을 선출했다. 집정관직은 관리가 오를 수 있는 최고의 지위였다. 1년 임기로 선출된 두 명의 집정관들은 원로원의 자문을 받으며 로마를 다스렸다. 집정관으로 선출될 자격을 갖추기 위해서는 적어도 감찰관과 행정관직을 거쳐야 했기 때문에 선출된 집정관들은 실무 경험이 많은 실력자들이었다. 또한 매년 20명씩 선출되는 감찰관들은 자동적으로 원로원 의원이 되었다.

이러한 제도들은 로마의 지배 엘리트 계층에게 큰 응집력과 법적 권한을 제공해주었다. 최고위직까지 올라가는 사람들은 어려운 시험을 통과하고 직무에 익숙하게 훈련된 후보자들 중에서 선발되었기 때문이다. 이러한 제도는 오랜 기간 동안 시행되었으며, 그 덕분에 로마에는 인재가 부족한 적이 없었다.

하지만 과두정치로 인한 폐단은 여전했다. 평민들이 아무리 승리를 거둔다 해도, 그 체제를 지배하는 것은 부자들이었고 관직을 놓고 서로 다투는 것도 부자들이었다. 전체 시민을 대표하는 켄투리아 민회조차 실제적으로는 재산 정도와 신분 계층의 서열에 따라 투표 기회가 주어졌다. 결국 켄투리아 민회는 형식적으로 모든 계층의 시민이 참가할 수 있었지만 실제적으로는 상류층 부자들을 중심으로 한 회의체나 다름없었다.

| 로마의 사회적 기반 |

평민을 뜻하는 '플레브스Plebs'라는 말은 오해의 소지가 아주 많은 용어다. 이 단어는 다양한 시대에서 다양한 사회적 현실들을 반영했다. 영토 확장과 참정권 부여로 시민권은 서서히 확대되었다. 로마가 다른 도시들을 공화정에 병합해나가면서 로마의 시민권은 초기 로마 시대에 이미 로마를 넘어서 주변 지역까지 확대되어 있었다. 그 당시 로마의

이 로마 포룸(대 광장) 사진에서 앞 쪽에 보이는 건물은 한 때 원로원 건물로 사용되던 쿠리아 율리아다. 이 건물의 출입구 바깥에는 원래 제단이 있었는데, 원로원 의원들은 여기서 신들에게 제물을 바쳤다. 기원후 4세기 초에 디오클레티아누스 황제가 쿠리아 율리아를 재건했다.

가장 대표적인 시민은 농민이었다. 로마 사회의 근간은 언제나 농업과 토지에 있었다.

돈을 뜻하는 라틴어 페쿠니아pecunia는 양 떼나 소 떼와 같은 가축을 의미하는 단어에서 유래했다. 또한 로마의 토지 측량 단위인 유게룸iugerum은 소 두 마리가 하루에 경작할 수 있는 땅의 넓이를 나타내는 단어에서 유래했다. 농업에서 비롯된 이러한 사실은 대단히 중요한 상징적 의미를 가지고 있다.

공화정 시기 동안 로마가 통치하는 지역과 사회는 상황에 따라 변하기도 했지만, 그 사회의 기초는 언제나 농경인구였다. 그러나 사람들은 로마가 농경사회였다는 사실을 잘 기억하지 못한다. 이는 훗날 황제가 다스리던 화려한 로마의 이미지가 사람들에게 깊이 인식되어 있기 때문이다.

시민계급

초기 공화국 인구 중 가장 큰 비중을 차지하고 있던 자유 시민들은 농민이었다. 물론 농민들 중에서도 빈부의 격차가 있었다. 그들은 이전부터 내려오던 복잡한 제도에 따라 법적으로 분류되었다. 그러한 구분은 선거를 할 때는 필요했지만, 실제 빈부의 격차는 그 분류와 상관이 없었다. 법에 의한 분류보다는 오히려 로마의 인구조사를 통한 분류에서 로마 공화국의 사회상에 관해 더 많은 것을 알 수 있다.

인구조사에서는 군인으로 복무하는데 필요한 무기와 갑옷을 스스로 마련할 수 있는 사람들, 그리고 자식을 낳는 것밖에는 국가에 공헌할 방법이 없는 사람들(즉, 무산자라는 의미의 프롤레타리아), 재산도 자식도 없기 때문에 단지 머릿수로만 계산되는 사람들로 분류되었다. 물론 이 모든 계급보다 낮은 계급은 노예였다.

기원전 3세기와 2세기에 들어와 공화정 초기에 토지를 소유하고 있던 대부분의 자영농들이 몰락하는 현상이 급속도로 진행되었다. 반면에 식민지를 통해 엄청난 부를 획득한 신흥귀족들이 상대적으로 더 많은 토지를 소유하게 되었다. 이러한 현상은 아주 오랫동안 지속적으로 진행되어온 변화였다. 그리고 이 변화과정이 계속되면서 사회적 이해관계와 정치적 영향력에 있어서 새로운 권력 구도가 생겨나게 되었다.

게다가 로마의 동맹 국가들에게 로마 시민권을 주는 관례가 생겨나면서 상황은 더 복잡해지게 되었다. 시민계급의 수는 점점 더 불어나는 반면, 정치적으로 중요한 결정사항들에 대한 시민계급의 영향력은 실제적으로 줄어들었던 것이다.

평민

로마에서 시민계급의 영향력이 줄어들기 시작한 것은 단지 경제적 부가 우선시되었기

'로스트룸Rostrum'은 로마의 정치가들이 포룸에 모인 로마 대중에게 연설하던 연단이다. 로스트룸이라는 명칭은 기원전 338년 라틴인들과의 전쟁에서 빼앗은 배 여섯 척의 '로스트라rostra'에서 유래했다. 로스트라는 '뱃머리'라는 뜻이다.

한 분묘에서 발견된 이 부조는 1세기의 것으로, 포도 수확 장면을 보여주고 있다. 포도 수확기는 로마의 농민들에게 있어서 매우 중요한 시기였다. 농부들이 포도주를 만들 포도즙을 짜내기 위해 포도송이들을 밟고 있다.

때문만은 아니었다. 그런 현상 일어난 것은 로마제국의 모든 것이 로마를 중심으로 이루어졌기 때문이기도 했다.

이탈리아 전역에 흩어져 있는 로마 시민들은 물론이고, 심지어 로마 시내에서 살고 있는 시민들의 소원을 수용하고 대변해줄 수 있는 실질적인 제도는 없었다. 단지 평민들이 군역을 거부하거나 로마를 떠나 다른 도시로 가서 살겠다고 위협함으로써 원로원과 집정관들의 권력을 어느 정도 견제할 수 있었을 뿐이었다.

기원전 366년 이후에도 두 집정관 중 한 명은 평민이어야 했고, 기원전 287년에는 평민회의 결정 사항들이 법적 효력을 갖게 되었다. 그러나 전통적인 통치세력의 권한을 제한할 수 있는 실질적인 힘은 일반투표로 선출된 열 명의 호민관들에게 있었다.

이 호민관들은 법률을 제안하거나 거부할 수 있었고, 관리에게 부당한 대우를 받았다고 생각하는 시민들은 언제라도 그들에게 도움을 청할 수 있었다. 호민관들은 시민들의 불만이 발생하거나 원로원 내에 개인적인 불화가 발생했을 때 가장 큰 영향력을 발휘했다. 정치가들이 호민관들의 비위를 맞추려 애를 썼기 때문이었다.

하지만 호민관들은 얼마 지나지 않아 대부분 집정관이나 원로원 의원들과 뜻을 같이하면서 지배계급으로 변질되었다. 그들은 우수한 행정 능력과 풍부한 실무 경험을 갖고 있었으며 전쟁이나 반란과 같은 위급한 상황에서도 뛰어난 지도력을 발휘했다. 그래서 공화정을 몰락시킬 만큼 심각한 사회적 변화들이 있기 전까지 호민관의 권위는 결코 약화되지 않았다.

로마의 헌법

공화정 초기의 입헌적 제도들은 복잡하긴 했지만 민중들의 불만과 폭동을 예방하면서 로마의 점진적인 변화를 가능하게 해주는 매우 효과적인 것이었다. 그 제도들 덕분에 로마는 세력을 확장해나갈 수 있었다. 만약 그렇지 않았더라면, 오늘날 그 제도들은 그리스나 이탈리아 일대의 테베, 시라쿠사 같은 지역의 제도들보다 중요하게 생각되지 않았을 것이다. 공화정 시대의 제도들은 그 이후의 시대에서도 중요한 의미를 가진다. 그 제도들의 변화 과정이 로마 공화국 자체의 변화 과정과 맞물려 있기 때문이다.

기원전 5세기는 로마가 주변 도시국가들을 정복해나가는 과정이었고, 그 과정에서 로마 공화국의 영토는 두 배로 확장되었다. 라틴연맹에 속하는 도시들은 로마에 종속되어 있었다. 로마는 기원전 4세기 중반에 반

로마의 이 모자이크는 밀을 추수하고 탈곡하는 과정에서 소와 말들을 어떻게 이용했는지를 보여주고 있다. 배경에 시골 농가 한 채가 보인다.

폐허가 된 폼페이의 거리 모습. 이곳은 기원전 79년에 베수비오 산의 화산 폭발로 용암 속에 묻혀버렸다. 이 도시의 부유한 주민들은 대부분 호화로운 대 저택에서 살았다. 반면에 가난한 주민들은 아주 작고 초라한 집이나 도로로 문이 나 있는 가게에서 살았다. 이 사진에서 보이는 것처럼, 길 중앙에 깔려 있는 돌들 덕분에 당시의 보행자들은 이 거리를 편리하게 지나다닐 수 있었다.

란을 일으킨 몇몇 동맹도시들에게 가혹한 조건들을 강요했다. 그것은 100년 전 아테네 제국의 동맹 정책과 비슷했다. 즉, 동맹도시들은 로마로부터 자치권을 부여받기는 했지만, 로마의 대외정책에 뜻을 같이 하면서 로마 군대에 병력을 지원해야 했다.

아울러 로마는 이탈리아 내 다른 지역공동체들의 기존 지배 계층을 인정해주는 정책을 실시했으며, 로마의 귀족 가문들은 그들과 개인적인 유대관계를 맺는 일이 많았다. 그리고 로마로 이주해 오는 동맹도시의 시민들에게도 시민권을 주었다. 이탈리아 반도에서 가장 부유하고 융성한 이탈리아 중부는 그렇게 해서 로마의 차지가 되었다.

| 로마의 세력 확장 |

속주* 국가들의 수가 증가하면서 로마 군대의 세력은 더욱 강해졌다. 로마 공화정은 징병제를 통해 병력을 동원했다. 재산을 소유한 모든 남자 시민들은 나라의 부름을 받으면 군복무를 해야 했다. 보병은 16년, 기병대는 10년간 복무해야할 만큼 병역의무는 과중했다.

로마군은 5,000개의 레기온*으로 구성되어 있었다. 이 레기온들은 길고 뾰족한 창을 들고 서로 좁은 간격으로 붙어서 견고한 밀집 대형을 이루며 싸웠다. 이런 방법으로 로마는 이웃 도시들을 정복했을 뿐만 아니라, 4세기 갈리아족의 침공을 격퇴시킬 수 있었다. 4세기말 로마를 위협하던 아브루치의 삼니움 족을 정복하면서 주변국들과의 전쟁은 비로소 끝이 났다. 전쟁에서 승리한 로마는 이탈리아 중부 지역 전체를 실질적으로 장악하면서 필요할 경우에 그들로부터 병력을 지원받을 수 있게 되었다.

로마는 그리스 서쪽에 있는 도시들로 눈을 돌렸다. 시라쿠사는 그 도시들 중에서 가장 중요한 도시였다. 기원전 3세기 초 시라쿠사의 그리스인들은 그리스 북부에 있는 에피루스의 왕 피루스에게 지원을 요청했다. 위대한 전술가로 명성을 떨치고 있던 피루스는

*레기온
고대 로마에 있었던 군대조직. 시기에 따라 다르지만 3,000~6,000명의 보병과 기병으로 구성되었다.

*속주屬州
고대 로마의 영향력과 권한이 미치던 로마 이외의 지역. 속주에서는 로마에 공물을 바쳐야 했다.

로마가 이룩한 찬란한 업적

기원전 280년부터 275년까지 로마 군과 카르타고 군을 상대로 치른 전투에서 엄청난 피해를 보면서 간신히 승리했다. 그래서 후세에 '피루스의 승리'라는 말은 '상처뿐인 승리'라는 의미로 통하게 되었다. 결국 피루스는 그리스 서쪽으로 진출하려는 로마의 의지를 꺾지 못했다. 그로부터 몇 년 후 그리스 인들은 로마와 카르타고 간의 싸움에 할 수 없이 말려들게 되었다. 포에니 전쟁이라 불리는 이 전투는 지중해 서부 전체를 위기에 빠뜨렸다.

포에니 전쟁

포에니 전쟁은 100년이 넘게 지속되었다. 이 전쟁의 명칭은 페니키아인이라는 뜻의 로마어에서 유래한 것이다. 불행하게도 오늘날 우리는 그 당시 일어났던 일들을 로마의 입장에서 해석한 자료로만 접할 수 있다. 포에니 전쟁은 지중해 패권을 장악하기 위해 로마와 카르타고 간에 벌어진 전쟁들을 말한다.

이 전쟁에서는 세 차례의 전투가 있었으나, 처음 두 차례의 전투에서 이미 전쟁의 승패가 결정되었다. 1차 포에니 전쟁(기원전 264~241)에서 로마인들은 처음으로 대규모 해전을 벌였다. 그들은 함대를 구축해 시칠리아를 공격하여 사르데냐와 코르시카 지역을 정복했다. 결과적으로 시라쿠사는 카르타고와의 동맹을 포기했고, 시칠리아 서부와 사르디니아는 기원전 227년에 최초의 로마 속주가 되었다.

하지만 그것은 포에니 전쟁의 일부에 불과했다. 기원전 3세기가 끝나갈 무렵까지도 전쟁이 어떻게 끝날지 전혀 예측할 수가 없었다. 세 차례의 전투 중 가장 대규모로 치러진 2차 포에니 전쟁(기원전 218~201)의 시작에 대한 책임이 어느 쪽에 있었느냐 하는 논쟁은 현재까지도 계속되고 있다. 2차 포에니

기원전 4세기의 삼니움 전사의 청동상. 갑옷을 입고 있는 이 전사는 원래 손에 방패와 창을 들고 있었을 것이다. 이탈리아 남부의 삼니움 족들은 로마에 패배한 이후에도 거의 3세기 동안 항쟁을 계속해 나갔다.

▶팔레스트리나에서 발견된 이 부조 작품은 기원전 3세기 초반에 만들어진 것으로 추정된다. 뼈에다 로마 공화정 시대의 로마 군인을 묘사한 작품이다.

전쟁은 아주 광대한 지역에서 펼쳐졌다. 전투가 시작될 당시 카르타고인들은 스페인에 자리를 잡고 있었기 때문이었다.

로마의 보호를 받고 있던 그리스의 도시들 중 하나가 카르타고의 장군 한니발로부터 공격을 받고 약탈당하면서 전쟁이 시작되었다. 한니발이 코끼리 부대를 이끌고 피레네 산맥과 알프스를 넘는 고난의 행군을 이겨내고 트라시메네 호수와 카나이에서 자신의 부대보다 두 배나 더 많은 로마군을 대패시킨 전투(기원전 217, 216)는 널리 알려져 있다.

로마는 이 전투에서 패배함으로써 이탈리아에 대한 지배력이 몹시 흔들리게 되었다. 로마의 동맹도시들 중 일부는 카르타고의 힘을 인정하기 시작했으며, 이탈리아 남부의 도시들은 로마에 등을 돌리고 카르타고에 충성을 맹세하기도 했다. 그러나 이탈리아 중부의 동맹도시들은 로마를 배신하지 않았다.

로마군은 한니발이 로마를 포위하고 공격하기에는 병력과 전쟁 물자가 부족하다는 사실을 알고 있었기 때문에 끝까지 버티고 있었다. 로마의 이런 판단은 정확한 것이었다. 한니발은 이탈리아로 건너와 고군분투하고 있었지만 카르타고는 그에게 전혀 원조를 해주지 않았다. 그리하여 로마는 마침내 전세를 역전할 수 있었다.

로마인들은 자신들을 배신한 동맹도시 카푸아를 공격해 잔인하게 보복했지만, 한니발은 카푸아를 도와주러 오지 못했다. 로마군은 로마 소유의 영토들을 회복하는 데 만족하지 않고 이베리아 반도의 카르타고 군을 기습 공격하는 대담한 전략을 펼쳤다.

기원전 209년에 '카르타헤나*'는 로마인들의 손에 넘어갔다. 한니발의 동생이 그를 지원하러 달려 왔지만 기원전 207년에 정보를 미리 입수한 로마 군에 의해 전멸 당했다. 로마 군은 병력을 아프리카로 돌렸다. 그리고 마침내 한니발은 기원전 202년 카르타고 남서부의 자마 전투에서 패배했고 2차 포에니 전쟁은 끝이 났다.

이 전투의 승패는 매우 중요한 의미를 갖고 있다. 이 전투로 인해 서 지중해의 운명이 결정되었기 때문이다. 기원전 2세기 초에 포 계곡이 로마에 흡수되면서 이탈리아는 어떤 형태로든 로마의 지배를 받는 단일국가가 되었다. 패전국이 된 카르타고는 굴욕적인 조건들을 받아들여야 했으며, 복수심에 불탄 로마는

에피루스의 왕 피루스가 기원전 275년 로마에 패배한 것은 그리스 세계에 있어서 충격적인 대사건이었다.

*카르타헤나
에스파냐 남동부 지중해에 인접한 항구도시. 기원전 225년에 카르타고의 식민지로 건설되었다.

기원전 9세기에 티루스의 페니키아인들이 세운 식민지 카르타고는 기원전 146년 3차 포에니 전쟁이 끝날 무렵 로마 장군 스키피오 아이밀리아누스에 의해 완전히 파괴되었다. 이 사진에서 볼 수 있는 것처럼 현재까지 남아 있는 부분들은 로마 시대에 율리우스 카이사르가 카르타고의 폐허 위에 새롭게 건설한 도시의 유적들이다. 최근의 발굴 작업들을 통해 원래의 페니키아 도시와 그 항구의 흔적들이 드러났다.

로마가 이룩한 찬란한 업적

포에니 전쟁에서 승리한 로마

기원전 264년, 로마와 카르타고 간에 전투가 벌어졌다. 그것은 포에니 전쟁이라는 기나긴 전쟁의 시작을 알리는 서막이었다. 포에니 전쟁의 전쟁터는 이베리아 반도의 카르타헤나(신 카르타고)와 이탈리아 반도 전체로 확대되었다. 전쟁 기간 동안 로마는 지중해 동부 지역으로 뻗어나가 마침내 그리스의 식민지가 아닌 그리스 본토들을 정복하게 되었다.

이 전쟁은 기원전 146년, 로마인들이 카르타고의 도시를 완전히 파괴함으로써 끝이 났다. 불과 100년이라는 짧은 기간에 로마는 명실 공히 지중해의 절대적인 지배자가 되었다. 그들은 그것을 증명하기라도 하듯, 지중해를 '마레 노스트룸' 즉 '우리의 바다'라고 불렀다.

로마의 구국 영웅인 푸블리우스 코르넬리우스 스키피오의 흉상이다. 그는 2차 포에니 전쟁 동안 아프리카에서 혁혁한 공을 세워 '아프리카누스'로 불리었다. 그는 카르타고와의 오랜 전쟁에서 전공을 세운 것으로 유명한 명문 귀족 코르넬리우스 가문 출신이었다.

위의 지도는 포에니 전쟁에 영향을 받은 지역들과 모든 주요 전투들의 연도와 로마가 승리한 연도들을 나타내고 있다.

로마 근처 프라이네스테에 있는 포르투나 프리미게니아 원형신전의 신탁에서 발견된 부조. 이 부조에는 로마의 군함이 묘사되어 있다. 아마도 마르쿠스 안토니우스*에게 바쳐진 기념비의 일부분인 듯하다(기원전 83~30년경).

*마르쿠스 안토니우스
그리스 본토와 펠로폰네소스 반도를 잇는 지역인 코린트 지협에서 2년마다 벌어진 고대 그리스의 대표적인 제전경기 중 하나.

한니발을 집요하게 추적했다. 한니발은 망명객이 되어 시칠리아와 소아시아를 떠돌다가 로마인들에게 잡히기 직전에 자살했다.

2차 포에니 전쟁 기간 동안 카르타고 편에 서서 로마에 대항한 시라쿠사는 주권을 완전히 빼앗겼다. 시라쿠사는 시칠리아 섬의 그리스 도시들 중 최후로 로마의 손에 넘어간 도시였다. 그렇게 해서 이탈리아 남서부의 시칠리아 전체는 완전히 로마의 지배를 받게 되었다. 스페인 남부 역시 로마령이 되어 그곳에 또 하나의 속주가 세워졌다.

지중해 동쪽으로 눈을 돌린 로마

로마의 영토 확장은 서 지중해에서 멈추지 않았다. 여러 가지 중대한 사건들로 인해 로마는 지중해 동쪽으로 방향을 돌리게 되었다. 2차 포에니 전쟁이 끝나갈 무렵 로마는 역사의 전환점에 서 있었다. 서쪽에서 기존의 질서와 안전을 유지해 나가면서, 제국 건설을 위한 새로운 영토를 확보하기 위해 지중해의 동쪽으로 진출할 필요성을 느낀 것이다. 그러나 이것은 당시의 상황을 너무 단순하게 해석한 것이다. 동쪽과 서쪽의 문제들은 매우 복잡하게 얽혀 있어서 별개의 문제로 생각할 수 없었다.

기원전 228년이라는 이른 시기에 로마는 이미 그리스의 코린트 지협 제전경기*에 참여해도 좋다는 허락을 받았다. 그것은 대회 참가라는 형식적인 의미를 넘어서는 것이었다. 그리스가 로마를 이미 문명화된 세력이자 헬레니즘 세계의 일부로 인정했음을 뜻하기 때문이다.

한편 헬레니즘 세계는 이탈리아 반도에서 벌어지는 전쟁들에 이미 직접적으로 참여하고 있었다. 로마는 그리스 도시들의 편을 들고 마케도니아를 견제함으로써 그리스의 대외정책에 동참하기 시작했다.

기원전 200년에 마케도니아와 셀레우코스 왕국에 대항해 그리스를 도와달라는 직접적인 요청이 아테네와 로도스, 페르가몬 왕국으로부터 왔을 때, 로마인들은 이미 그들을 정복할 준비가 갖추어져 있었다. 하지만 이것을 기점으로 로마가 장차 헬레니즘 세계를 지배하게 되리라고는 당시의 어느 누구도 짐작하지 못했다.

뚜렷하지는 않았지만 로마의 변화 중 하나

*코린트 지협 제전경기
그리스 본토와 펠로폰네소스 반도를 잇는 지역인 코린트 지협에서 2년마다 벌어진 고대 그리스의 대표적인 제전경기 중 하나.

이 석관은 스키피오 가문의 묘지에 있던 것으로, 기원전 3세기의 것이다. 그러나 이 석관의 비문은 그 후에 새겨진 것이다.

르디니아, 스페인, 시칠리아에서 유입된 노예들과 황금은 로마인들로 하여금 로마가 전쟁을 통해 어떤 이득을 얻을 수 있는지 깨닫게 해주었다. 로마인들은 이 나라들을 동맹도시가 아니라 자원을 마음대로 뺏어올 수 있는 정복지로 취급했다. 그리고 그때부터 로마의 장군들이 전쟁에 승리한 대가로 전리품들을 부하들에게 나눠주는 전통이 생겨났다.

가 이미 시작되고 있었다. 카르타고와의 전쟁이 시작되었을 때, 대부분의 로마 상류계급들은 승산이 전혀 없는 싸움이라고 생각했다. 심지어 어떤 이들은 로마군이 카르타고의 자마에서 전쟁을 완전히 끝낼 수 있을 만큼 큰 승리를 거두었음에도 불구하고 카르타고를 계속 두려워하고 있었다.

로마인들은 승리를 거둔 뒤, 상대국을 통해 또 다른 가능성을 발견했다. 그리고 전쟁을 할 수 밖에 없는 이유들을 찾기 시작했다. 사

8각형의 바람 탑은 기원전 1세기에 아테네가 로마제국의 지배를 받고 있을 때 만들어진 것이다. 탑의 윗부분에는 바람의 형태를 나타내는 여덟 개의 바람 상들이 아름답게 묘사되어 있다. 원래는 탑 꼭대기에 풍향계가 달려 있었고 탑 안에는 수력으로 돌아가는 24시간을 나타내는 시계가 있었다.

로마제국의 성장

로마가 어떻게 거대한 제국이 되어갔는지는 쉽게 알 수는 없다. 하지만 기원전 2세기경, 그들이 이미 동쪽으로 영토를 확장할 준비를 하고 있었던 것은 분명하다. 로마는 기원전 148년에 끝난 일련의 전쟁들을 통해 마케도니아를 정복하여 속주로 만들었다. 로마 군의 밀집대형은 최강의 전력을 자랑했지만 마케도니아의 전력은 예전 같지가 않았다.

그리스의 도시들 역시 로마에 공물을 바치는 신세가 되었다. 시리아가 여기에 간섭을 하자, 로마 군대는 그것을 빌미로 최초로 소아시아로 밀고 들어갔다. 소아시아의 페르가몬 왕국이 멸망하면서 로마는 에게 해에서 패권을 장악하게 되었다.

기원전 133년, 로마는 소아시아에 새로운 속주를 가지게 되었다. 그 외에도 로마는 북서부를 제외한 스페인 전역을 차례로 정복했고 일리리아를 보호령으로 만들었다. 기원전 121년에는 프랑스 남부까지 속주로 만들어 지브롤터에서 테살리아에 이르는 해안들이 전부 로마의 지배하에 놓이게 되었다. 기원전 149년 3차 포에니 전쟁이 끝나면서 카르타고는 마침내 멸망했고, 로마는 지중해 서부의 패권을 완전히 장악하게 되었다. 카르타고가 멸망하고 3년 후, 카르타고의 옛 땅

기원전 6세기 초에 그리스인들은 에스파냐 북동부의 카탈로니아 해안 북부에 엠포리아이를 세웠다. 기원전 3세기에 엠포리아이의 항구는 2차 포에니 전쟁에서 매우 중요한 역할을 했다. 그 후로 엠포리아이는 로마제국에 흡수되어, 원래의 그리스 시에 버금가는 새로운 로마 시가 세워지는 동안 엄청난 경제적 호황을 누렸다.

은 아프리카라는 이름으로 로마의 새로운 속주가 되었다.

제국의 통치

로마제국은 로마 공화국을 통해 만들어졌다. 사실, 로마제국은 국가 정책이나 지도력뿐 아니라 여러 가지 행운이 뒤따라주었기 때문에 탄생할 수 있었다. 제국을 확장하려는 욕심에 눈이 먼 로마는 그들이 자랑하는 로마 군단을 점점 더 멀리 보냈다. 군사력은 로마제국의 상징이자 힘의 실체였다. 그들은 영토를 넓힘으로써 강력한 군사력을 계속해서 유지할 수 있었다.

로마가 카르타고의 막강한 군사력과 완강

로마는 프랑스 남부로 진출하여 영토를 확장해나가면서 그 지역의 건축양식에 상당한 영향을 미쳤다. 이 기념물은 프랑스 프로방스 지방의 생레미 지역에 있다.

1세기에 만들어진 이 프리즈* 부조는 기원전 70년에 감찰관이었던 겔리오 푸블리콜라에게 바쳐진 기념물이었던 듯하다. 이 부조에는 로마에서 실시되던 인구조사 장면이 묘사되어 있다. 왼쪽에 있는 한 시민이 조사원에게 등록을 하고 있다. 오른쪽에 있는 사람들은 희생제의를 올리기 위해 준비를 하고 있다.

*프리즈
고대 건축에서 도자기나 벽 등에 장식용으로 두르는 길고 좁은 판이나 띠. 점차 발전하여 단면이 볼록한 프리즈가 사용되기도 했다.

한 저항을 제압하는데 가장 결정적인 역할을 한 것은 바로 로마 군의 병력 수였다. 로마의 병력 자원은 아주 풍부했다. 그들은 동맹도시, 보호령, 속주들에서 언제든 최고의 군인들을 동원할 수 있었기 때문에 최정예의 강력한 군대를 만들 수 있었다.

로마는 속주의 신민들 역시 공화정의 법에 따라 다스렸다. 로마제국의 기본적인 행정단위는 속주였고, 각각의 속주에는 1년 임기의 총독을 파견해 다스렸으며, 조세 징수관이 총독과 함께 파견되었다.

로마제국이 대외적으로 그 힘을 자랑하고 있는 동안, 로마 내부에서는 그에 따른 문제점들이 나타나기 시작했다. 제국 내에서 일반 민중, 즉 가난한 시민들의 정치 참여가 훨씬 더 힘들어진 것이다. 전쟁이 장기화되면서 원로원의 세력은 점점 더 강해졌으며, 그들의 위상 역시 눈에 띄게 높아졌다. 로마제국이 이탈리아 반도를 넘어 영토를 더 넓혀가자 이전보다 더욱 심각한 문제들이 발생했다. 그 문제들은 전혀 예상할 수 없었던 것들이었다. 그 중 하나는 제국이 전투에서 승리한 장군들과 속주 총독들에게 부여한 새로운 특권 때문에 발생했다. 그들은 아주 빠르게 엄청난 부를 이루었다. 하지만 부를 축적하는 것이 쉽지만은 않았다. 로마의 장군과 총독들이 이룬 부는 대부분 합법적이었지만, 약탈과 도둑질로 얻은 것도 있었다. 기원전 149년에 비합법적인 강탈과 공무원의 부패 문제를 다루기 위한 특별법원이 설립되었다.

이 특별법원의 본래 목적이 무엇이었든 간에, 로마에서는 오직 정치 참여를 통해서만 거대한 부를 얻을 수 있었다. 왜냐하면 속주에 파견되기 위해 선출된 총독들은 대부분 원로원 출신이었고, 총독과 세금 징수관을 선출하는 일도 원로원이 했기 때문이다. 세금 징수관은 기사계급 가운데서 선발되었다. 기사계급은 원로원 의원과 평민

이 아름다운 은 접시는 기원후 4세기의 것으로, 1942년 영국 서퍼크에서 발견된 한 부유한 가문의 은제 식기 중 일부다. 색슨족의 강탈을 피하기 위해 땅에 묻었던 듯한 이 보물은 정복지에 정착해 살고 있던 로마인들이 얼마만큼 호화로운 생활을 누렸는지 증명해준다.

의 중간 계급으로, 귀족은 아니지만 부유층들이었다.

법제도의 문제들

집정관들을 매년 선출한다는 원칙이 지켜지지 않자, 법제도에 문제가 있다는 사실이 드러났다. 속주들에서는 전쟁이나 반란이 자주 발생했는데, 능력보다는 정치적 수완으로 집정관이 된 사람들에게는 해결하기 어려운 문제들이었다. 그래서 긴급한 상황이 발생했을 때 신속하게 처리할 수 있는 실질적인 힘과 능력을 갖고 있는 장군들이 자연히 속주의 총독 직을 맡게 될 수밖에 없었다.

로마 공화국의 군 지휘관들을 현대적 의미의 직업군인들로 생각해서는 안 된다. 그들은 군인으로서 성공하지 않더라도 관료, 재판관, 법률가, 정치인, 심지어 성직자 같은 분야에서 출세할 수 있었던 특권층 출신들이었다.

로마의 행정 제도가 발전하게 된 비결 중 하나는 관료들을 임명할 때 정치계의 인물들뿐만이 아니라 각계각층의 인물들을 다양하게 임명하는 원칙을 유지했기 때문이다. 군대를 지휘하면서 오랜 세월을 보낸 장군 출신의 총독들은 단순히 경력을 쌓기 위해 한두 번 전투를 지휘하고는 정치판으로 되돌아가던 공화국 초기의 총독들과는 분명히 달랐다.

속주 총독의 임기가 불과 1년이라는 사실이 오히려 큰 걸림돌로 작용했다. 총독으로 부임한 인물들은 짧은 임기 때문에 '해가 있을 때 건초를 만들어라'는 말처럼 그 기간동안 많은 이익을 얻는 데만 급급했다. 그처럼 무책임하고 신뢰할 수 없는 태도 때문에 로마의 행정 구조는 서서히 무너져갔다.

그것은 마치 장군이 부하들에게 나라가 아닌 자신에게 충성하라고 하는 것과 같았다. 공공연히 이뤄지던 부정부패도 한몫했다. 모든 로마 시민들은 제국으로부터 세금 면제 혜택을 누리고 있었지만, 속주들은 본국에 세금을 고스란히 지불해야 했다.

기원전 1세기에 이르러 이러한 문제들은 치명적인 결과를 가져왔다. 로마인들은 비로소 사태의 심각성을 깨닫고 이러한 문제들에 대해 도덕적으로 비난하면서 로마의 쇠퇴와 종말에 대해 경각심을 갖게 되었다.

계속되는 그리스화

로마제국이 낳은 또 하나의 변화는 그리스 문명의 확산이었다. 그러나 여기에는 명확하게 정의 내리기 어려운 점들이 있다. 우선, 로마 문화는 이탈리아 너머로 영토를 확장하기 전에 이미 그리스화되어 있었다. 로마 공화국이 그리스의 도시들을 마케도니아로부터 독립시켜야 한다고 주장한 것도 그 증거

중 하나다.

또한 로마의 많은 문화는 그리스 문명에 동화된 지역들과 교류를 갖게 된 후에야 형성된 것들이 많았다. 문화적으로 그리스인들은 로마를 카르타고와 다를 바 없는 야만인이라고 생각했다. 그들은 그리스의 위대한 과학자 아르키메데스가 로마 병사가 휘두른 칼에 어이없는 죽음을 당했다는 전설을 믿을 정도로 로마인을 하찮게 생각했다.

그리스의 영향

로마제국은 그리스화된 세계와 직접 교류하면서 그리스 문화의 영향을 받게 되었다. 후대 사람들은 로마인들이 목욕을 대단히 좋아했다는 사실에 놀라기도 하지만, 목욕 습관 역시 그리스화된 동양으로부터 배운 것들 중 하나였다. 최초의 로마 문학은 그리스 희곡들을 번역한 것이었고, 최초의 라틴 희극들은 그리스의 작품들을 모방한 것이었다. 그리스의 미술 작품들은 약탈되어 로마로 들어오기 시작했다. 하지만 그리스의 양식, 그중에서 특히 그리스의 건축양식은 서쪽 도시들을 통해 이미 로마에 잘 알려져 있었다.

사람들의 이동도 있었다. 기원전 2세기 중반에 그리스 도시들로부터 로마로 끌려온 1,000명의 인질들 중에는 폴리비우스라는 역사가도 있었다. 폴리비우스는 로마 최초의 과학적인 역사책을 집필했다. 그는 기원전 220~146년 동안의 역사를 서술한 이 책에서 로마가 카르타고를 굴복시키고 헬레니즘 세계를 정복하는 데 성공한 사실과 과정에 대해 자세히 다루었다.

폴리비우스는 알렉산더가 지중해 지역을 통합해 이루려 했던 문명화 작업을 로마가 완성했다는 것을 역사가들 가운데 최초로 인정한 사람이었다. 그는 또한 로마인들이 공명정대한 태도로 정치를 이끌어나간 것을 칭

로마인들은 그리스 예술, 특히 조각상을 몹시 사랑했다. 이 베누스 게네트릭스상*은 조각가 칼리마쿠스가 만든 그리스 조각상을 기원전 5세기에 로마에서 다시 복제한 것이다.

*베누스 게네트릭스상
로마신화에 나오는 여신 비너스를 뜻함

찬했다. 하지만 그의 주장은 로마인들이 공화정 말기의 로마제국에 대해 부정부패가 난무한 부도덕한 정부였다고 스스로 비판했던 것과는 아주 대조적이었다.

로마가 이룩한 평화

로마의 승리는 지중해 지역에 평화를 가져왔다. 그것은 로마가 이룬 승리 중 가장 위대한 승리였다. 그렇게 시작된 제 2의 위대한 헬레니즘 시대에 여행자들은 지중해 한쪽 끝에서 반대편 끝까지 아무런 위험 없이 무사히 왕래할 수 있었다. 이러한 평화의 조짐은 공화정 시절에 이미 존재했다. 특히 로마 정부가 표방한 코스모폴리타니즘*에 그 본질적인 특징들이 들어 있었다.

세계주의를 뜻하는 코스모폴리타니즘은 모든 사람들이 평등한 삶을 살 수 있도록 하기 위해 강조된 것은 아니었다. 오직 세금을 거두고 질서와 안정을 유지하고 사람들 간의 분쟁을 법원의 판결에 따라 해결하기 위해 필요한 것이었다. 우리가 알고 있는 위대한 로마법이 완성된 것은 그보다 훨씬 나중의 일이다.

공화정 초기인 기원전 450년경, 로마는 그동안의 판례들을 모아 12표법을 제정해 성문법의 기틀을 만들었고, 그로써 로마법의 역사가 시작되었다. 그로부터 수백 년이 지난 후까지도 학생들은 여전히 12표법을 암기해야 했다. 12표법을 바탕으로 하여 마침내 하나의 체계가 만들어졌고, 그 체계 내에서 많은 문화들이 공존하면서 공통된 문화를 만들어냈다.

| 공화국의 쇠퇴 |

로마가 어떻게 해서 결국 쇠퇴하게 되었는가를 생각해보기 전에, 로마 공화정의 통치 영역이 어디까지 확장되었는지부터 살펴보는 것이 좋을 것 같다. 프랑스 남부의 갈리아 트란살피나 지역은 기원전 121년에 로마의 속주가 되었지만 켈트족의 잦은 침입으로 여전히 불안한 상태였다. 이탈리아 북부 포 강 유역의 갈리아 키살피나 지역은 기원전 89년에 로마의 속주가 되었고 기원전 51년 갈리아 전역을 카이사르가 완전히 평정함으로써 켈트족의 위협은 끝나게 되었다.

그동안 동쪽에서는 훨씬 더 많은 지역이 정복되었다. 소아시아 페르가몬의 마지막 왕은 기원전 133년에 페르가몬 왕국을 로마에 넘겨주었다. 기원전 1세기 초에 로마는 소아시아의 실리시아를 손에 넣었고, 흑해의 폰토스 왕 미트리다테스와 전쟁을 치렀다. 그 결과, 서아시아 지역이 로마제국에 편입되었다. 그리고 로마제국은 이집트에서 흑해에 이르는 연안 지역도 점령하게 되었다. 로마가 점령한 곳들은 속주들에게 분배되었다. 마지막으로 지중해 동부의 키프로스가 기원전 58년에 병합되었다.

*코스모폴리타니즘
'세계주의' 라고도 한다. 국가나 민족의 구분을 두지 않고 인류 전체를 하나로 보는 이념.

전사한 네 명의 켈트족 전사들의 두상. 프랑스 프로방스에서 발견된 묘석에 부조되어 있는 이 작품은 기원전 3세기에서 기원전 1세기 사이에 제작된 것으로 추정된다.

기원전 106년에 태어난 마르쿠스 툴리우스 키케로의 정치 경력은 대단히 화려했다. 그는 정치가이자 위대한 웅변가이며, 철학 논문들과 역사서들을 집필한 뛰어난 문필가이기도 했다. 그의 다양한 저술들을 통해 역사가들은 그가 살던 시대의 정치와 사회 문제들에 관해 귀중한 정보를 얻을 수 있게 되었다. 키케로는 기원전 43년에 암살당했다. ▶

로마제국 내부의 위기

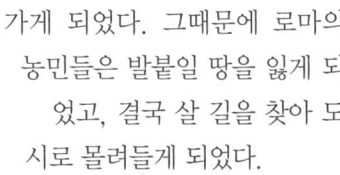

로마의 영토 확장 정책은 끝없이 계속되면서 성공가도를 달리고 있었다. 하지만 그와는 대조적으로 로마 본토에서는 불화와 분쟁이 점점 커져만 갔다. 그런 분쟁이 일어난 핵심적인 원인은 선거 제도와 정치적 관행들을 통해 지배계급들이 관직을 독점하지 못하게 막은 것에 있었다. 이러한 현상은 장기적으로 두 가지 심각한 문제를 낳았다.

첫 번째 문제는 초기 공화정을 대변하는 상징적인 계층이었던 농민들이 점차적으로 몰락해갔다는 사실이다. 거기에는 여러 원인이 있었다. 그러나 문제의 근본적인 원인은 2차 포에니 전쟁 때 쓰인 엄청난 전쟁 비용이었다. 오랜 기간 동안 전쟁이 계속되었기 때문에 로마 시는 군인들을 계속 징집해야 했다. 뿐만 아니라 이탈리아 남부의 인명피해와 경제적 손실은 어마어마했다.

반면에, 제국의 영토 확장 정책 덕분에 큰 부를 거머쥔 사람들은 그 돈을 가장 안전하고 확실한 토지에 재투자했다. 뿐만 아니라 지주들은 전쟁을 통해 외국에서 노예들을 들여와 이전보다 훨씬 낮은 임금으로 대농장을 운영했다. 결과적으로 로마의 돈은 전부 대농장을 가진 지주들 손에 들어가게 되었다. 그때문에 로마의 농민들은 발붙일 땅을 잃게 되었고, 결국 살 길을 찾아 도시로 몰려들게 되었다.

로마의 몰락한 자영농민들은 명목상으로는 로마 시민이었지만 실제적으로는 최하층 빈민이나 다름 없었다. 그러나 그들은 로마 시민으로서 여전히 투표권을 가지고 있었다. 그때문에 정치적 야심을 가진 부유층들은 그들의 투표권을 매수하거나 협박으로 얻어내기 위해 혈안이 되었다.

관료가 되면 큰돈을 벌 수 있었기 때문에, 선거로 관료를 선출하는 제도가 생긴 이래로 로마 공화국의 정치계는 점점 더 돈에 의해 좌우 되었다. 이런 현상은 이탈리아 전체에 영향을 미쳤다. 투표권으로 돈을 벌 수 있게 되자, 로마의 가난한 시민들은 로마 정부가 다른 동맹도시들의 이탈리아인들에게까지 로마 시민권을 주는 것을 달갑게 생각하지 않았다. 물론 로마의 동맹도시들은 로마가 필요로 하는 병력을 지원하고 있었다. 그렇다 하더라도 계속 늘어가는 동맹도시들 모두에게 시민권을 주게 된다면 자신들이 갖고 있는 투표권의 가치가 계속 떨어지게 될 것이기 때문이었다.

병역

또 하나의 문제는 군 조직의 변화다. 로마 군의 역사는 400년이 넘는 공화정의 역사와 함께하고 있기 때문에 로마 군의 변천사를 한 마디로 요약하는 것은 거의 불가능하다. 그러나 굳이 한 마디로 요약해야만 한다면, 로마 군이 점점 더 전문화되어갔다고 말하는

한니발은 2차 포에니 전쟁 당시 코끼리 부대를 이용했다. 하지만 코끼리를 전쟁에 이용한 로마의 적은 한니발이 처음은 아니다. 기원전 3세기에 제작된 이 캄파니아 접시에 그려져 있는 것처럼, 에피루스의 왕 피루스는 로마와의 전투에서 인도코끼리들을 전쟁도구로 이용했다.

것이 가장 적합할 것이다.

포에니 전쟁 이후로, 농한기에만 전쟁터로 떠날 수 있는 군인들에게만 의지하는 것은 더 이상 불가능하게 되었다. 징병제는 로마 시민들에게 가장 부담스럽고 가혹한 의무였기 때문에 로마 사람들은 병역에 대해 점점 더 불만이 쌓여가게 되었다. 계속되는 전쟁으로 해마다 남자들이 점점 더 먼 전쟁터로 떠나야 했다. 때로는 정복한 속주들에 주둔군으로 수십 년 동안이나 머물러 있어야 했기 때문에 로마의 풍부한 병력 자원도 거의 바닥이 드러났다. 기원전 107년의 병역제도 개혁안은 당시의 상황을 정확히 말해주고 있다. 집정관이었던 마리우스가 제시한 새로운 병역제도에서는 병역을 위한 재산 자격조건이 폐지되었다. 마리우스는 그렇게 해서 병력 동원 문제를 해결했다. 왜냐하면 로마 시민들 중에는 일정한 재산이 있어야 한다는 자격조건 때문에 군대에 가고 싶어도 가지 못했던 가난한 군 지원자들이 아주 많았기 때문이다.

그래서 그 개혁안이 실시된 이후로 이제까지의 징병제도는 사실상 불필요하게 되었다. 하지만 계속되는 영토 확장 때문에 군인들의 수가 모자라게 되자, 징집 자격을 더욱 낮출 수밖에 없었다. 그래서 결국 시민이 아닌 사람들도 군복무를 지원하기만 하면 시민권을 획득할 수 있게 되었다.

마리우스의 또 다른 개혁은 '독수리'를 로마군의 군장으로 채택한 것이다. 그 동안 부대마다 각기 다른 군장을 사용하던 로마군은 이 개혁으로 인해 독수리라는 하나의 상징 아래 단결될 수 있었다. 이러한 변화로 군대는 점차 새로운 유형의 정치적 세력이 되었다. 특히 속주들에서 뛰어난 지휘관으로 활동했던 마리우스 같은 인물들은 군대를 정치적 세력으로 이용할 수 있다는 사실을 정확

이 묘석은 가이우스 로마니우스 카피투스라는 한 로마 병사의 죽음을 애도하고 있다. 이 병사는 기원 1세기에 슬로베니아에서 태어나 40세에 사망했다.

히 알아차리고 군대를 기반으로 정치계에 뛰어들었다. 마리우스는 실제로 자기 휘하의 군대에게 자신에 대한 개인적인 충성을 강요했다.

로마제국이 점령한 이탈리아 중부의 대농장들과 노예들 때문에 중소 자영농민들이 몰락하고 정치군인들에게 새로운 기회들이 열리자, 이탈리아 중부의 빈부격차는 점점 더 커져갔다. 이러한 현상들은 결국 공화국에 치명적인 결과를 가져왔다.

기원전 2세기 말에 호민관인 그라쿠스 형제는 토지 개혁과 함께 원로원의 권한을 제한하고 민회와 기사계급의 힘을 신장시키는 개혁안을 통해 로마가 당면한 사회문제들을 해결하려 했다. 그들은 로마제국을 부강하게 만들려고 노력했다. 그러나 그라쿠스 형제의

갈로-로망 시대*의 이 부조에 묘사된 마차는 로마의 거리들에서 쉽게 볼 수 있는 것이었다.

＊갈로-로망 시대
기원전 50년경 로마의 장군 카이사르가 오늘날 프랑스에 해당하는 갈리아 지방을 정복하고 로마문화를 정착시킨 시대.

개혁의지는 결국 그들의 죽음으로 끝이 났다. 그들의 죽음은 로마의 정치 상황이 위험 수위에 도달했음을 의미했다. 다시 말해, 공화정의 마지막 100년 동안 파벌 간의 갈등은 절정에 달했다.

정치가들은 자칫하다가는 자신들도 목숨을 잃을 수 있다는 것을 깨달고는 세력을 잃지 않으려고 갖은 애를 썼다. 쌍둥이 형제 중 형인 티베리우스 그라쿠스는 자신이 제출한 토지 재분배 정책안에 대해 거부권을 행사한 호민관들을 쫓아내야 한다고 민중들을 선동했다. 이제까지 호민관들은 거부권을 이용해 민중의 뜻을 거슬러왔으나 자신은 결코 그런 행동들을 용납하지 않겠다고 외쳤다. 그의 이러한 주장은 기존의 정치적 관례들을 무시하는 것이었다. '로마 혁명'이라 불리 우는 일대 사건이 시작된 것이다.

권력을 장악한 마리우스

기원전 112년 북아프리카의 왕이 전쟁을 일으켜 로마의 많은 사업가를 학살했다. 그 후 얼마 지나지 않아 북쪽의 갈리아 지방에서도 게르만의 킴블리족이 침입해 로마인들을 위협했다. 이런 긴박한 사태들은 집정관 마리우스가 능력을 발휘하면서 정치의 전면으로 등장하는 계기가 되었다.

그는 군부를 개혁해 성공적으로 반란군들을 물리쳤지만, 결과적으로는 로마의 입헌 정치를 퇴보시켰다. 왜냐하면 그는 그 후로 연이어 5년 동안이나 집정관직에 선출되었기 때문이었다. 북아프리카 전쟁 이후 다른 전쟁들이 연이어 일어났고, 마리우스는 공화국의 마지막 한 세기를 지배한 일련의 군사령관들 중 최초의 인물이었다.

로마의 다른 라틴 도시국가들과 이탈리아의 동맹도시들에까지 로마 시민권을 확대하라는 요구가 점점 커졌다. 결국 이 동맹도시들은 기원전 90년에 반란을 일으켜 '동맹시同盟市 전쟁'이 일어나게 되었다. 동맹시 전쟁은 포 강 이남의 모든 이탈리아에 시민권을 부여한다는 양보조건과 함께 종결되었다. 그로 인해 로마의 민회가 최고의 주권을 가지고 있다

플루타르크가 묘사한 가이우스 마리우스

그것은 힘든 전쟁이었다. 그러나 가이우스 마리우스는 아무리 어렵고 힘든 일이라도 용감하게 받아들였고, 거만하지 않았기 때문에 아무리 사소한 임무를 맡겨도 거절하지 않았다. 필요한 것들에 대한 그의 조언과 통찰력으로 인해 그는 자신과 같은 직위의 다른 장교들에 비해 월등히 두각을 나타냈다. 그리고 그는 병사들과 똑같이 힘든 생활을 할 수 있다는 것을 몸으로 직접 보여줌으로써 병사들로부터 신뢰와 사랑을 받았다.

실제로 이것은 누군가가 일부러 우리가 하는 일을 함께 해줄 때 일하기가 훨씬 더 쉬워진다는 것을 보여주는 예일 것이다. 그것은 강요에 의해 일한다는 생각을 하지 않게 만드는 효과를 낳는다. 그리고 로마 병사가 가장 원하는 지휘관의 모습은 병사들과 함께 같은 음식을 먹고 함께 잠을 자고 함께 참호를 파고 울타리를 세우는 모습이다. 병사들은 영광과 부를 함께 나누는 지휘관들보다는 병사들의 고난과 위험을 함께 나누는 지휘관들을 더 칭송한다. 병사들은 자신들을 편하게 만들어주는 지휘관보다는 자신들과 희로애락을 함께 하는 지휘관들을 더 좋아한다.

"이런 행동들과 이런 방식으로 마리우스는 병사들에게 전폭적인 지지를 얻었다. 먼저 리비아에서, 그리고 곧이어 로마까지 그의 명성이 퍼져나갔다. 그리고 그의 부하들은 고향에 편지를 보낼 때, 마리우스가 집정관으로 선출되지 않는다면 아프리카와의 전쟁에서 결코 좋은 결과를 얻을 수 없을 거라고 썼다."

플루타르크의 『로마 공화국의 몰락』 제 6 권 중 「가이우스 마리우스」 편(렉스 워너의 영어 번역)에서 발췌.

는 이념은 무의미하게 되었다.

이제 이탈리아의 거의 모든 지역에서 로마 시민권을 가지게 되었다. 그때 아시아에서 새로운 반란이 일어났다. 이 반란을 진압하는 과정에서 정치적 야심을 가진 또 한 명의 장군 술라가 출현했다. 내전이 진행되는 동안 마리우스는 다시 한 번 집정관을 역임한 후 사망했다.

그리고 술라는 기원전 82년에 로마로 돌아와 원로원의 협조를 얻어 독재정치를 시작했다. 그는 자신의 적들을 무자비하게 제거하고 호민관의 입법권과 거부권을 제한했다. 한 편 원로원 지배체제를 부활시키기 위해 각종 개혁을 단행했다.

폼페이우스

술라의 부하이자 그의 총애를 한 몸에 받고 있던 한 젊은이가 있었다. 그의 이름은 폼페이우스였다. 술라는 집정관이 되기 전에 관행적으로 거쳐야 할 직위들을 그에게 맡기면서 그의 경력을 키워주었다. 기원전 70년에 폼페이우스는 마침내 집정관이 되었다. 그로부터 3년 후에 폼페이우스는 동방원정을 떠나 지중해에서 로마를 괴롭히던 해적들을 완전히 소탕했다. 그는 폰투스*와의 전쟁을 계속해서 승리로 이끌면서 광활한 아시아 영토를 정복해나갔다. 강인한 투지와 탁월한 능력, 그리고 그가 이루어낸 업적으로 폼페이우스의 명성과 권력은 절정에 이르렀다. 그는 사람들에게 두려움의 대상이 되었다. 그러나 로마의 정치계는 서로 간에 이해관계가 복잡하게 얽혀 있었다. 몇 년이 지나면서 수도 로마는 점점 무질서해지고 지배계층들은 심하게 부패해갔다. 또한 사람들은 독재 정권의 공포에 떨고 있었다.

*폰투스
흑해 연안 아나툴리아 지방 북동부에 있던 옛 왕국이름

폰투스의 왕 미트리다테스 6세(기원전 132~63)는 그리스인들이 로마인들을 증오한다는 사실을 이용하여 소아시아와 에게 해에서 로마의 존재를 무력화시키려 했다. 폼페이우스에게 패배한 그는 자살했다.

율리우스 카이사르

기원전 59년에 마리우스의 처조카인 또 한 명의 젊은 귀족이 집정관으로 선출되었다. 그는 바로 율리우스 카이사르였다. 한 때 그는 폼페이우스와 협력했다. 율리우스는 갈리아 지방의 총독으로 부임해 7년 동안 라인 강 연안에 이르는 갈리아 영토 대부분을 평정했다. 그는 항상 로마의 정치를 가까이에서 지켜보아 왔으나, 갈리아 지방의 총독으로 있는 동안은 로마로부터 멀리 떨어져있었다. 그 기간동안 로마에서는 폭력과 부패, 살인이 민중의 삶을 위협하고 원로원의 권위가 땅에 떨어져 혼란이 가중되었다.

카이사르는 어마어마한 부자였으며, 충직하고 훈련이 잘된 강력한 군대를 거느리고 있었다. 그의 부대 병사들은 카이사르가 자신들에게 승리와 진급을 안겨다줄 훌륭한 지도자라고 생각했다. 카이사르는 신중하고 인내심이 많았지만 한 편으로는 아주 냉정하고 무서운 사람이었다. 그가 해적들에게 붙잡혔을 때 그 해적들과 주사위 놀이를 하며 농담을 주고받았다는 이야기가 전해져 오고 있

루시우스 코르넬리우스 술라(기원전 138~78)는 로마의 장군이자 공화국 마지막 시대의 정치가였다. 기원전 82년부터 79년까지 그는 원로원에 의해 승인된 독재관직을 맡았다. 그의 무자비한 공포정치는 오늘날까지도 사람들의 입에 오르내리고 있다.

갈리아 지방에서의 율리우스 카이사르

"그의(카이사르의) 도착과 로마의 반응을 전해들은 베네치아와 그 외의 부족들은 자신들에게 닥친 위기의 심각성을 깨닫고 전쟁 준비를 서두르기 시작했다. 그들은 자신들의 나라가 천혜의 자연조건을 갖고 있기 때문에 전쟁에서 이길 수 있다고 생각하고 있었다. 그들의 도시를 침공하기 위해서는 조수의 영향을 받는 좁은 해협들을 통과해야만 하는데, 우리는 그 항로들을 잘 모를 것이고 게다가 항구마저 부족하기 때문에 그곳을 항해하기가 어려울 것이라고 그들은 생각했다. 그리고 설사 그 모든 예상이 빗나간다 해도, 그들은 강력한 함대를 갖고 있는 반면 우리는 변변한 배도 없었고 그들과 싸워야 할 해안의 섬들과 항구들, 모래톱들에 익숙하지도 않았다.

우리와 맞서 싸우기로 결심한 그들은 요새를 강화하고 들판에서 옥수수를 실어 날라 식량을 비축해두고 베네치아 해안에 가능한 한 많은 배를 집결시켰다. 그 해안은 카이사르가 첫 공격을 해올 것 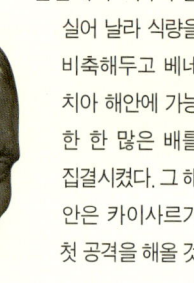으로 예상되는 곳이었다. 그들은 주변의 다른 부족들과도 연합했다. 그리고 그들은 갈리아 지방과 마주보고 있는 영국에게 지원군을 요청했다.

"그러한 난관들에도 불구하고, 카이사르에게는 그 전쟁을 시작할 수밖에 없는 여러 가지 분명한 이유가 있었다. 그들이 로마 기사들을 불법적으로 감금한 사실, 로마에 굴복하고 인질들을 풀어주고 난 후에 다시 반란을 일으켰다는 사실, 더욱이 그에게 대항하기 위해 다른 많은 부족과 동맹을 맺었다는 사실, 그리고 무엇보다도, 만일 그들을 응징하지 않고 그대로 둘 경우 다른 곳에서도 그들의 예를 따라 반란을 일으킬 수 있다는 사실, 그리고 거의 모든 갈리아 족들은 정치적 변화를 몹시 좋아했기 때문에 걸핏하면 전쟁을 일으켜 왔다는 사실, 그리고 모든 인간은 본능적으로 억압을 싫어하고 자유를 갈구한다는 사실을 알고 있는 카이사르는 더 많은 부족들이 연합하기 전에 자신의 병력을 보다 넓은 지역에 골고루 분산시켜두는 것이 현명하다고 판단했다."

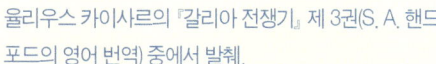
율리우스 카이사르의 『갈리아 전쟁기』 제 3권(S. A. 핸드포드의 영어 번역) 중에서 발췌.

가이우스 율리우스 카이사르(기원전 100~44)는 유명한 귀족가문 출신으로, 로마 공화국의 붕괴를 가져온 주역이었다. 그는 또한 자신을 홍보하고 정보를 조작하는 데 천부적인 재능이 있었다. 그가 저술한 역사서들에는 그런 면모가 분명하게 드러나 있다.

로마 군대

마르쿠스 아우렐리우스 황제가 도나우 지역에서 야만족들과 싸워 승리한 것을 축하하기 위해 개선행진을 하고 있다. 기원전 2세기 말에 로마제국의 북쪽 변방 지역은 점점 잦아지는 게르만 족의 침입으로 심각하게 위협받고 있었다. 그래서 대부분의 로마 병사들은 제국의 국경지대 근처에 주둔하고 있었다. 그들의 주둔지가 그들의 고향이나 도시들과 멀리 떨어져 있다는 사실은 군대들이 서로 단결하는 데 도움이 되었다.

공화정 시대에는 민간인과 군인 간에 신분상의 차이가 거의 없었다. 그러나 포에니 전쟁 이후로, 매년 일정 기간 동안 자신들의 토지를 돌봐야 하는 사람들에게만 병력을 계속 의존할 수 없게 되었다. 토지 소유자들만이 군대에 들어갈 수 있다는 징병조건은 기원전 2세기 말부터 사라지게 되었다. 이것은 결과적으로 징병제도의 폐지를 가능하게 만들었다. 빈민층 중에서 군에 지원하고 싶어 하는 사람들이 얼마든지 있었기 때문에, 전문적인 직업군인들로 이루어진 군대를 만들 수 있었던 것이다. 그 후로 로마 시민이 아닌 사람들도 군에 입대할 수 있게 되었다. 병역은 그들에게 시민권을 얻는 수단으로 이용되었다. 이러한 징병제도의 개혁은 군대를 이끄는 장군들의 세력을 크게 신장시켰다. 장군들의 세력은 부하들의 충성심에 좌우되었기 때문이다.

제국 시대 동안 군대는 다음과 같은 세 종류의 집단으로 구분되었다. 첫째, 9,000명의 최정예 부대로 로마에 주둔했던 황제친위대. 둘째, 로마 시민들로 이루어진 18만 명의 정규군인 30개의 레지온. 마지막으로 군복무를 마치면 시민권을 얻을 수 있다는 이유 때문에 자원한 20만 명의 의용군.

다. 그때 그는 자기가 풀려나면 그들을 십자가에 못 박겠다는 농담을 했다. 그 해적들은 그 말을 듣고 웃었다. 하지만 훗날 그는 자신이 말한 대로 그 해적들을 잡아 십자가에 못 박았다.

카이사르는 갈리아 지방을 완전히 평정했음에도 불구하고 집정관 선거 때까지 군대를 해산하지 않고 계속 그곳에 머물러 있으려 했다. 그러자 몇몇 원로원 의원들이 그를 의심하기 시작했다. 카이사르를 반대하는 사람들은 그를 불러들여 집정관 임기 동안 그가 저지른 불법행위들을 조사하려고 했다. 그때 그는 중대한 결심을 하게 된다.

그 당시에는 그 자신뿐 아니라 다른 누구도 알아차리지 못했지만, 그의 결심은 사실상 로마 공화국의 종말을 알리는 시작이었다. 그는 군대를 이끌고 갈리아와 이탈리아의 경계인 루비콘 강을 건너 로마로 진군했다. 때는 기원전 49년 1월이었다. 그것은 엄연한 쿠데타였지만 그는 공화국을 적들로부터 지키기 위한 행동이었다고 주장했다.

권력을 장악한 카이사르

다급해진 원로원은 공화국을 지키기 위해 폼페이우스를 불렀다. 이탈리아 내에 병력이 없었던 폼페이우스는 아드리아 해를 건너가 그곳에서 군대를 일으켰다. 집정관들과 대부분의 원로원 의원들이 폼페이우스를 지지했다. 이제 내란은 불가피해졌다. 카이사르는 재빨리 스페인으로 진군해서 폼페이우스에게 충성하는 일곱 개의 군단을 무찔렀다. 그때 카이사르는 가능한 한 많은 병사들을 자기편으로 만들기 위해 그들을 부드럽게 대했다. 무자비할 정도로 엄하고 냉정한 카이사르가 자신의 적들을 그처럼 부드럽게 대한 것은 분명 신중하고 현명한 태도였다.

카이사르는 폼페이우스를 이집트까지 추적하여 그를 처형했다. 카이사르는 이집트에 오랫동안 머물러 있으면서 이집트의 왕위계승 전쟁에 말려들었고 전설적인 여인 클레오파트라를 만나 사랑에 빠졌다. 그 후 그는 로마로 돌아간 즉시 다시 아프리카로 원정을 나가 자신에게 반대하는 그 지역의 로마 군대를 섬멸했다. 그리고 마침내 스페인에서 폼페이우스의 아들들이 일으킨 반란을 진압하며 내전을 종결시켰다. 카이사르가 루비콘 강을 건넌 지 4년만인 기원전 45년의 일이었다.

그의 탁월함은 단지 전투를 승리로 이끈 것에만 있지 않았다. 카이사르는 그즈음 몇 차례 로마를 잠깐씩 방문했었는데, 그때마

프랑스 남부 오랑쥬에 있는 개선문. 전투장면들이 조각되어있는 이 개선문은 카이사르의 영광을 기리기 위해 세워진 것으로 오랑쥬는 카이사르에 의해 점령되었던 로마의 속주였다.

로마제국의 영토 확장

기원전 1세기 말경, 로마제국은 남쪽으로는 지중해의 대부분의 나라들, 그리고 북쪽으로는 라인 강까지 영토를 확장했다. 가장 효과적으로 영토를 확장해나가기 위해서는, 지중해 서쪽에서 로마의 가장 큰 적인 카르타고를 없애고 고대 그리스 왕국들의 영토들로 더 멀리 밀고 나가는 것이 필수적이었다. 이 새 영토들의 정복은 로마를 물질적으로나 문화적으로나 크게 풍요롭게 만들어주었다. 빠르게 변모해나가는 제국의 거대한 규모 때문에 로마의 군사조직과 정치조직 역시 새로운 상황에 신속하게 맞추어야만 했다.

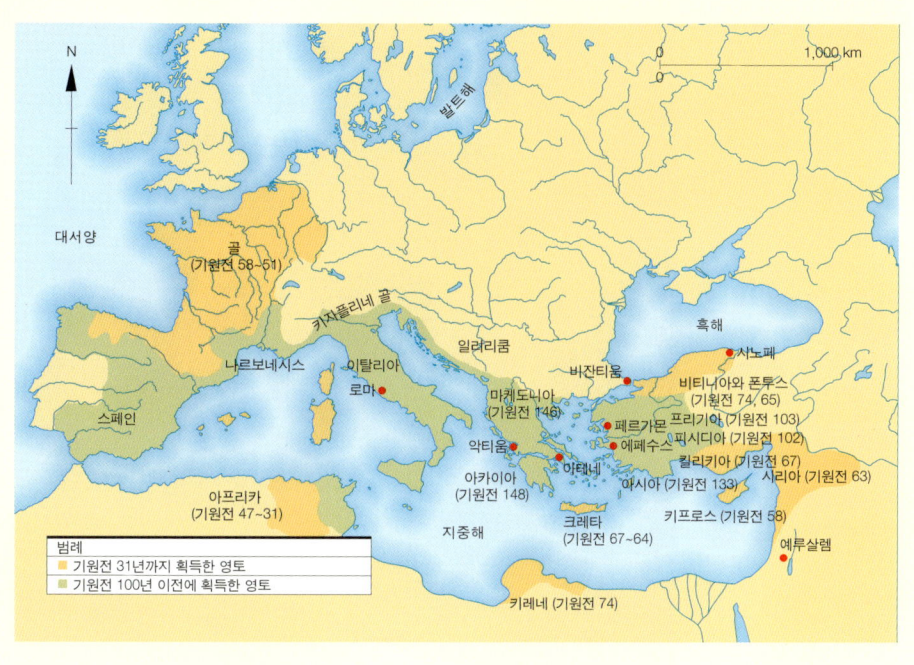

다 자신의 정치적 지지 기반을 조심스럽게 다져 놓았다. 원로원 역시 자신의 지지자들로 채워놓았다. 전쟁에서의 승리는 그에게 위대한 영예와 실질적인 권력을 가져다주었다. 그는 종신 집정관으로 선출되었다. 직위의 호칭만 다를 뿐 그는 실질적으로 절대적 지배자였다. 그는 미심쩍어 하는 정치인들의 눈치를 보지 않고 자신이 계획한 대로 국정을 운영했다. 그의 정책들은 먼 훗날 성공적인 결과들을 가져오게 된다. 그러나 당대에 훌륭한 성과를 거둔 개혁들도 많았다. 그는 로마 시의 질서를 정비했고, 고리대금업자들이 정치에 영향력을 행사하지 못하게 하는 조치를 취했다. 특히 그는 율리우스력을 도입함으로써 유럽의 미래를 바꿔놓는 데 크게 기여했다.

오늘날 우리가 로마의 것이라고 생각하는 다른 많은 것들과 마찬가지로, 율리우스력 역시 헬레니즘 시대에 알렉산드리아*로부터 도입된 것이다. 4년마다 평년에 비해 하루가 더 있는 윤년을 인정하는 365일 역법인 율리우스력을 사용하면 복잡한 로마력*보다 훨씬 편리할 것이라는 알렉산드리아의 한 천문학자의 조언을 받아들여 카이사르는 기원전 45년 1월 1일부터 이 새 역법을 시행했다.

공화국의 종말

율리우스력이 시행되고 15개월이 지난 기원전 44년 3월 15일, 카이사르는 원로원에서 살해당했다. 그를 암살한 자들의 살해 동기는 매우 복잡했다. 하지만 그의 암살 시기는 동쪽의 카스피해 부근 파르티아 제국을 정벌하려는 그의 계획이 알려진 시기와 분명히 맞아떨어진다. 만약 그가 자신의 뜻대로 동방원정을 떠날 수 있었더라면, 그는 분명히 그 어느 때보다 확실한 승리를 거두었을 것이다.

그런데 그가 왕이 되려 한다는 소문이 돌

*알렉산드리아
이집트 북부의 무역항. 기원전 332년 알렉산더 대왕 때 건설되었으며, 오랫동안 고대 이집트의 수도였다.

*로마력
고대 로마의 태양력. 기원전 8세기경부터 기원전 45년까지 쓴 달력으로 1년을 10개월 304일로 정했으며, 이후 2개월을 더해 355일로 정했다.

율리우스 카이사르는 옛 포룸을 재건하는 동시에 그 옆에 새로운 포룸을 세웠다. 원래의 포룸은 이제 광활한 영토를 거느리고 있는 제국의 포룸으로는 너무 초라하고 작았다. 포룸 건축을 시작하기 위해 카이사르는 큰 비용을 들여 주거지역들을 강제로 매입했다. 그의 새 포룸은 직사각형 형태였고 상점들이 늘어서 있는 포르티코*들로 둘러싸여 있었다. 이 사진에서도 긴 복도 뒤쪽에 그 흔적들이 보인다.

*포르티코
기둥으로 지붕을 받친 현관; 건물에 붙이지 않고 따로 짓기도 한다. 그리스 신전건축의 주요한 특징 중 하나.

*전제군주정치
국가의 모든 권력이 군주에 의해 좌우되어, 그 뜻에 따라 정치가 이뤄지는 정치형태

고 있었다. 어떤 이들은 카이사르가 헬레니즘 시대의 전제군주정치*를 계획하고 있다고 생각했다. 이들에게 독재란 그들이 지켜온 공화정의 전통을 모욕하는 것이었다. 따라서 이들은 카이사르의 적들이 가진 복잡한 살해 동기들을 지극히 타당한 것으로 받아들였다. 공화국의 헌법과 전통을 무시하는 그의 행동들은 사람들에게 적개심을 불러일으켰고, 결국 낙심한 군인들과 개인적인 탐욕에 사로잡혀 있던 과두정치 지배자들, 그리고 화가 난 보수주의자들로 뒤섞인 무리들이 그를 암살했다.

카이사르를 죽인 사람들은 카이사르가 미처 처리하지 못하고 남겨둔 문제들을 어떻게 해결해야 할지 몰랐다. 뿐만 아니라 오랫동안 스스로를 지키지도 못했다. 공화정의 회복을 선언했지만, 카이사르의 행동들이 옳았다는 것이 뒤늦게 밝혀진 셈이다. 그리하여 이번에는 암살 공모자들에 대한 반감이 거세게 일기 시작했고, 결국 그들은 로마에서 도망가야 했다. 그리고 2년 사이에 그들 모두가 죽었고, 율리우스 카이사르는 사람들에게 신처럼 여겨졌다. 카이사르가 죽은 후 로마 전역은 침체 상태에 빠졌다. 카이사르가 루비콘 강을 건너기 훨씬 이전부터 이미 혼란과 붕괴의 조짐을 보이고 있었던 로마는 이제 어떤 방법으로도 회복이 불가능한 상태였다.

그러나 로마의 신화와 이념, 관례들은 로마 카톨릭교로 개종한 이탈리아 내에 계속 남아 있었다. 로마인들은 선조들의 제도적 유산을 저버릴 생각을 할 수가 없었다. 그들은 그 유산 덕분에 자신들이 여기까지 이르렀다는 것을 알고 있었다. 훗날 그들이 마침내 그 유산을 저버렸을 때, 그들은 이미 명칭을 제외한 모든 것에 있어서 공화국의 로마인들과는 전혀 다른 모습이었다.

이것은 위대한 장군이자 정치가였던 율리우스 카이사르의 조각상이다. 그는 경쟁자 폼페이우스를 물리치고 로마의 지배자가 되었다. 카이사르는 갈리아 지방을 정복한 과정과 자신이 겪은 전투들을 치밀하게 묘사한 뛰어난 저술들로도 유명하다. 그의 뒤를 이은 모든 로마 황제들은 카이사르라는 공식명칭을 가졌다. 아마도 자신들의 전임자였던 카이사르의 영광이 그들 자신에게 반영되기를 희망했던 것 같다.

2. 로마가 이룩한 찬란한 업적

그리스가 정신적인 측면에서 인류 문명에 기여했다면, 로마는 구조적이고 실용적인 측면에서 인류 문명에 기여했다. 로마의 본질은 제국 그 자체에 있었다. 그 어떤 인간도, 심지어 위대한 알렉산더조차도 절대적 권한을 갖고 있지 않았다. 하지만 로마의 본질과 정치체제는 놀랍게도 특출한 능력을 가진 한 인물을 로마제국의 초대 황제로 즉위시켰다. 그는 바로 율리우스 카이사르의 증조카이며 율리우스가 양자이자 후계자로 삼았던 옥타비아누스였다.

▶ 기원전 32년에 주조된 이 동전에는 마르쿠스 안토니우스의 초상이 새겨져 있다(위의 사진). 머리 위의 아르메니아 왕관은 안토니우스가 아르메니아 정복에 성공한 것을 상징하고 있다. 동전의 뒷면(아래 사진)은 안토니우스가 동맹을 맺은 이집트의 여왕 클레오파트라의 초상이다.

| 아우구스투스 시대 |

후일 옥타비아누스는 '카이사르 아우구스투스'라는 호칭으로 알려지게 되었다. 그리고 한 시대가 그의 이름을 따서 아우구스투스 시대라 불리어졌다. 뿐만 아니라 그의 이름은 '번영'을 의미하는 형용사로 사용되기도 했다.

때때로 우리는 황제 친위대에서부터 미혼 남자들에게 부과하는 세금에 이르기까지, 로마제국을 특징지을 수 있는 거의 모든 것을 옥타비아누스가 새롭게 만들어냈다고 여긴다. 그 이유는 그가 자기 자신을 알리는데 매우 뛰어났기 때문이다. 그래서 다른 어떤 로마 황제보다 그에 관한 기념물들이 훨씬 더 많이 오늘날까지 전해져 오고 있다.

18세에 율리우스의 후계자가 된 옥타비아누스는 율리우스의 정치 인맥을 비롯한 엄청난 재산과 군대를 그대로 물려받았다. 한 동안 그는 율리우스가 총애하던 마르쿠스 안토니우스와 손을 잡고 위대한 독재자 율리우스를 살해한 암살 공모자들을 무자비하게 제거

연대표(기원전 32~기원후 193년)

기원전 50년	기원전 25년	기원후 1년	기원후 50년	기원후 100년	기원후 150년	기원후 200년
	기원전 27~기원후 14년 옥타비아누스(아우구스투스)의 통치 기간		기원후 14~68년 율리우스-클라우디우스 왕조: 네로, 티베리우스, 칼리굴라, 클라우디우스	기원후 69~96년 플라비우스 왕조: 베스파시아누스, 티투스, 도미티아누스		기원후 117년 제국은 트라야누스 황제의 정복전쟁으로 영토 확장이 극에 달함
	기원전 32~31년 안토니우스와 클레오파트라에 맞선 옥타비아누스의 전쟁			기원후 68~69년 4황제의 해	기원후 96~192년 양자 황제들: 네르바, 트라야누스, 하드리아누스, 안토니우스 피우스, 마르쿠스 아우렐리우스, 코모두스	기원후 193년 셉티미우스 세베루스가 세베란 왕조를 세움

'젬마 아우구스테'는 기원후 10년경에 제작된 보석 조각품으로, 아우구스투스가 주피터의 모습을 하고서 로마 여신과 함께 왕좌에 앉아 있다. 황제 앞쪽에는 게르마니쿠스가 다음 원정을 준비하고 있고, 티베리우스는 승리의 여신이 끄는 마차에서 내리고 있다. 아랫부분에는, 로마 병사들이 승리의 여신을 위해 기념비를 세우고 있고, 또 다른 병사들은 야만족 포로들을 데려가고 있다.

해나갔다. 마르쿠스 안토니우스가 동방 원정에서 실패하고 율리우스 카이사르의 부인이었던 클레오파트라와 결혼을 한 것은 옥타비아누스에게 더욱 유리한 기회를 제공해주었다. 동방 지역에 나가 있던 안토니우스가 이집트 여왕 클레오파트라와 손을 잡고 로마를 배신할지도 모른다고 생각한 옥타비아누스는 이집트로 군대를 이끌고 가서 로마 공화국의 이름을 걸고 싸웠다. 안토니우스와 클레오파트라의 전설적인 자살에 이어, 기원전 31년 악티움 해전에서의 승리가 뒤따랐다. 프톨레마이오스 왕조는 종말을 고했고, 이집트 역시 로마의 속주가 되었다.

집정관 아우구스투스

이집트가 로마의 속주가 되면서 마침내 오랜 내전은 끝이 났다. 옥타비아누스는 로마로 돌아와 집정관이 되었다. 그는 수중에 모든 정보와 힘을 가지고 있었고, 그것들을 신중하게 사용하여 내부의 적들이 그의 힘을 인정하게 만들었다. 기원전 27년에 그는 세력이 극도로 약화된 원로원의 지지를 받으며 공화정을 부흥시키기 위한 작업에 착수했다.

그는 공화정이라는 이름은 그대로 사용했지만 실질적으로는 제정을 시작했다. 겉으로는 공화정을 앞세우면서 실제적으로는 율리우스 카이사르가 걸어간 길을 쫓아 독재적 권력을 재확립했던 것이다. 그는 국경 지대에서 군사령관을 지냈기 때문에 이미 '임페라토르'로 불리고 있었다. 이것은 '최고사령관' 또는 '최고의 권력을 가진 자'라는 뜻으로 '황제emperor'라는 명칭 역시 이 말에서 유래된 것이다.

아우구스투스가 군사령관으로 있던 국경 지대에는 대규모의 로마 군단이 주둔하고 있었다. 아우구스투스는 율리우스 카이사르와 자신의 군대에서 퇴역한 늙은 병사들에게 경작지를 나누어주어 농사를 지으며 정착할 수 있게 해주었다. 그래서 그 병사들은 그에게 감사함을 느끼고 있었다. 그의 집정관직은 해마다 연장되었고, 기원전 27년에는 원로원으로부터 존엄한 사람이라는 뜻의 '아우구스투스'라는 칭호를 받았다.

그 후로 역사에서 그는 아우구스투스라는 이름으로 기억된다. 그러나 로마에서는 대체로 옥타비아누스로 불리거나 로마 시민권자로서 제일인자라는 뜻의 프린켑스로 불리었다.

시간이 흐르면서 아우구스투스의 세력은 계속 커져갔다. 원로원은 그에게 속주들에 대한 명령권을 주었다. 그 속주들은 로마가 완전히 지배하고 있었기 때문에 주둔군을 계속 배치할 필

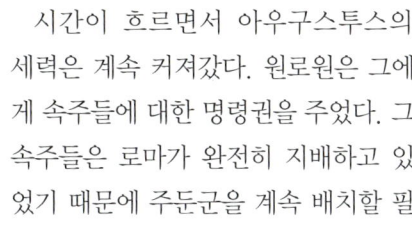

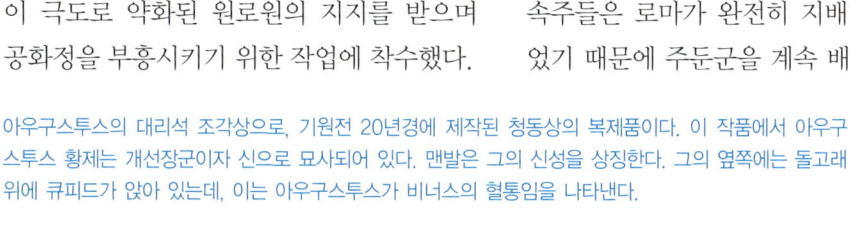

아우구스투스의 대리석 조각상으로, 기원전 20년경에 제작된 청동상의 복제품이다. 이 작품에서 아우구스투스 황제는 개선장군이자 신으로 묘사되어 있다. 맨발은 그의 신성을 상징한다. 그의 옆쪽에는 돌고래 위에 큐피드가 앉아 있는데, 이는 아우구스투스가 비너스의 혈통임을 나타낸다.

로마가 이룩한 찬란한 업적 41

아라 파치스 아우구스테는 '아우구스투스의 평화의 제단'이라는 뜻으로 아우구스투스 황제가 확립한 평화를 기리는 기념물이다. 띠 모양의 장식물인 프리즈의 일부분으로, 이 장면은 황실 가족이 포함된 행렬을 보여주고 있다. 아우구스투스의 사위인 아그리파가 시종들 뒤에서 걷고 있는 것이 보인다. 아그리파 뒤에는 아그리파의 어린 아들 가이우스 카이사르와 아내 율리아(아우구스투스의 딸)가 있다.

＊원수정
공화제의 전통을 살린 제정형태. 황제는 제일인자 또는 원수라 불리고 원로원에서 여러 가지 권한을 위임받아 통치하였다.

베스파시아누스(기원후 9~81)의 군 경력은 아주 화려했다. 69년 내전이 발발하고 비텔리우스 황제가 사망하자, 동방의 로마군단들은 베스파시아누스를 황제로 추대했다. 그는 로마제국의 질서를 재정립하고, 도나우 강과 라인 강에 영구적인 로마군 주둔지를 만듦으로써 국경을 강화시켰다.

요가 없는 곳이었다. 그리고 그는 집정관으로서의 권력도 가지고 있었다. 이처럼 특별한 그의 지위는 로마인들에게 디그니타스dignitas, 즉 권위와 존엄성을 인정받음으로써 공식적으로 승인되고 강화되었다.

기원전 23년에 그는 원로원의 반발을 살 것을 염려하여 집정관 직위에서 물러난 후, 두 명의 집정관 사이에 앉아 원수정＊을 시작했다. 그리고 그는 원로원을 소집하고 주재할 권한도 얻었다. 기원전 12년, 마침내 그는 율리우스가 역임했던 로마 종교의 대제사장인 폰티펙스 막시무스가 되었다. 원로원 선거와 민회 선거 등 공화국의 제도들은 그대로 유지되었지만, 실제로 아우구스투스는 선출될 인물들을 자신이 미리 지목할 수 있었다.

자비심 많은 전제군주

아우구스투스의 절대적 지배력으로 인해 로마의 정치 현실이 가려져 있었지만, 사실상 로마에서는 카이사르가 될 수 있는 신분층이라면 누구나 황제가 될 가능성이 있었다. 하지만 아우구스투스가 군림하면서 새로운 권력집단들은 과거의 권력집단들처럼 행동할 수가 없었다.

아우구스투스는 너그러운 전제정치를 펼쳤다. 그는 충직하고 성실한 인재들에게 봉급을 지급하면서 지방의 행정직과 군대를 맡김으로써 제국의 행정과 군대를 정비했다. 그리고 고대 로마의 전통 축제들을 의도적으로 부활시켜 민중을 한 마음으로 단합시켰다.

아우구스투스는 로마 정부의 도덕성 회복에 대단히 관심이 많았다. 그래서 그의 시대에 옛 로마의 이상과 도덕적 가치들이 되살아나는 것처럼 보이기도 했다. 쾌락과 사랑에 대한 작품을 많이 남겼던 오비디우스는 황실과 관련된 연애 사건을 주제로 시를 썼다가 흑해로 추방당하기도 했다.

이처럼 아우구스투스는 엄격한 금욕주의를 실천했으며, 그의 시대에 새롭게 조성된 건축물들과 기념물들이 증명하는 것처럼 지속적인 평화를 유지해 나갔다. 이러한 사실을 고려한다면 오늘날 아우구스투스 시대를 높이 평가하는 것은 지극히 당연한 일이다. 아우구스투스는 기원후 14년에 사망한 후, 율리우스 카이사르와 마찬가지로 신격화되었다.

군주제와 내전

아우구스투스는 자신의 핏줄 가운데서 후계자를 뽑을 생각이었다. 그가 공화국의 관례들을 존중하긴 했지만, 로마는 이제 사실상 군주제가 되어 있었다. 그것은 한 가문에서

로마군 장교 무키아누스가 베스파시아누스에게 간청하다

"베스파시아누스여, 나는 당신이 이 나라의 황제가 되어 나라에 득이 되고 당신 자신에게도 영예가 될 수 있는 훌륭한 일들을 해주시기를 간청합니다. 청원이 혹시 단순한 아첨은 아닐까 염려하실 필요는 전혀 없습니다. 비텔리우스의 뒤를 잇는다는 것은 영광인 동시에 모욕적인 일일 테니까요. 우리는 능란한 정치가로서의 능력을 가진 아우구스투스에 맞서 반란을 일으키려는 것도 아니고, 티베리우스의 주도면밀한 사전 대비책들에 맞서려는 것도 아니며, 유서 깊은 왕조의 권력을 등에 업은 가이우스나 클라우디우스, 네로에 맞서 반란을 일으키려는 것도 아닙니다.

나라가 위기에 처해 점점 쇠퇴해가고 있는 한 변화과정 앞에서 소극적인 태도는 무책임하고 무능한 것이나 같을 것입니다. 그런 시대는 지나갔습니다. 이제 그 시대는 오래 전의 과거일 뿐입니다. 그런 시대였다면 당신은 권력에 무관심한 척할 수도 있었겠지요.

게다가, 군대가 황제를 만들 수 있다는 전례를 남긴 것은 바로 비텔리우스 자신이었습니다. 그런데 비텔리우스는 애석하게도 서거한 그의 전임자를 위대한 황제로 보이게 만들었습니다. 베스파시아누스여, 당신은 유다이아, 시리아, 이집트에 있는 아홉 개의 군단을 이용할 수 있습니다. 당신의 부하들은 잘 훈련되어 있고, 외국의 무수한 적들과 싸워 이겼습니다. 그뿐만 아니라 당신은 다른 강력한 수단들도 가지고 있습니다. 함대, 기병대, 보병대, 헌신적인 속주의 원주민 왕들이 당신을 지지하고 있으며, 그리고 무엇보다도 당신은 모두가 두려워하는 천하무적의 전투경험을 갖고 있습니다."

타키투스(기원후 56년경~120년경)의 『역사』제 2권 76장 중에서 발췌. (케네스 웰레슬리의 영어 번역)

다섯 명이나 황제직위를 세습했다는 사실에서 알 수 있다. 아우구스투스에게 자식이라고는 딸 하나뿐이었다. 그래서 그는 티베리우스를 양자로 입적하여 후계자로 삼았다. 티베리우스는 아우구스투스의 딸 율리아의 세 번째 남편이었다. 황제 직위를 계승한 그의 마지막 자손 네로는 기원후 68년에 사망했다.

고대의 통치자들은 대부분 편안한 삶을 살지 못했다. 어떤 로마 황제는 암살자들의 갑작스러운 공격을 사전에 발견하기 위해 궁전 구석구석에 대형 거울을 설치하게 했다. 티베리우스는 자연사로 죽은 게 아닐 수도 있다. 그리고 다른 네 명의 후계자들 역시 마찬가지였다.

원로원은 세력이 약해지긴 했지만 여전히 최고 권력자를 선출하는 권한을 공식적으로 갖고 있었다. 따라서 황제 임명에 대해 제동을 걸 수 있었다. 또한 황실에 대한 음모가 꾸며질 가능성이 항상 있었다. 하지만 이제 원로원은 이전의 권한을 회복할 가망이 전혀 없었다. 왜냐하면 모든 권력의 궁극적인 힘은 언제나 군부에 있었기 때문이다. 후계자 문제가 해결되지 않은 채로 계속 혼란에 빠

마르쿠스 아우렐리우스 황제(기원후 161~180)를 묘사한 이 작품은 고전시대에 만들어져 현재까지 전해지고 있는 유일한 청동 기마상이다. 아우렐리우스는 문화를 사랑했고 자신이 교양인임을 자부했다. 그가 남긴 저술들 가운데 가장 유명한 것은 『명상록』이다. 『명상록』은 금욕주의적인 스토아학파의 철학을 뚜렷하게 반영하고 있다.

*100인 대장
전쟁시 병사 100명을 담당하는 로마시대 군인의 계급

*라틴 시민권
로마 시민이 아닌 사람들이 가졌던 권리와 특권으로, 정규 시민의 자격과 유사한 효력을 지녔다.

아우구스투스와 로마제국

"아우구스투스는 보다 강대한 모든 속주들을 혼자서 지켰다. 그 속주들은 1년 임기의 총독들로서는 도저히 다스릴 수 없는 곳이었다. 그리고 그 나머지 속주들은 제비뽑기로 선출된 총독들이 다스렸다. 기회가 왔을 때, 아우구스투스는 원로원 소속의 속주와 제국 소속 속주를 서로 바꾸고 그 속주들을 자주 방문했다.

로마와 동맹을 맺은 도시국가들이 무책임한 정치인들 때문에 자멸해가고 있다는 것을 알게 된 그는 그 도시국가들의 자치권을 빼앗았다. 뿐만 아니라 그는 빚 때문에 마비된 도시국가들에 보조금을 지원했고, 지진으로 황폐화된 도시들을 재건했다. 심지어 로마를 위해 충성했다는 기록이 있는 도시국가들에게는 라틴 시민권*이나 완전한 로마 시민권을 상으로 주기도 했다.

아우구스투스는 사르디니아와 북 아프리카를 제외한 로마제국의 모든 속주들을 시찰했다. 그는 자신이 정복한 왕국들은 대부분 왕조를 복구시켜 주거나 그 왕국들을 다른 왕국들과 통합했으며, 친선정책이나 정략결혼을 통해 왕실들 간의 결속을 다졌다. 그는 그런 제안을 하는 데 있어서 한 번도 망설이거나 지체한 적이 없었다.

뿐만 아니라 속주들 간에 차별을 두지 않고 그 동맹국들을 대등하게 대하면서 로마제국이 모든 속주를 배려하고 있다고 느낄 수 있도록 만들었다. 그리고 통치를 할 만큼 아직 나이가 들지 않은 왕들은 성년이 되기 전까지 그들을 도와줄 후견인을 찾아주었다. 그는 또한 그 왕들의 자손들 중 많은 아이들을 데려다가 자기 자식과 함께 키우면서 똑같은 교육을 받게 했다."

수에토니우스(기원후 69~150년경)의 『12인의 로마황제』 v. 47-8 '아우구스투스' (로버트 그레이브스의 영어 번역) 중에서 발췌.

지게 될 상황이 발생하면, 군부가 개입하여 결말을 지었다. 기원후 69년, 일 년 사이에 황제가 무려 네 명이나 교체된 4황제의 해에 내전이 일어났을 때도 군부가 개입했다. 이 때 로마 군대의 100인 대장*의 손자이며 귀족과는 거리가 먼 기사계급 출신인 베스파시아누스가 황제 자리에 올랐다. 이후 로마의 황제자리는 유서 깊은 귀족가문들의 손에서 멀어졌다.

안토니누스 가문

기원후 96년에 베스파시아누스 황제의 나이 어린 아들이 살해당하면서 갑자기 등장했던 이 가문의 역사는 끝이 났다. 그 후로 황제 계승권은 원로원 의원인 네르바에게 넘어갔다. 그는 혈통에 의한 황위 세습을 없앴다. 그 대신 아우구스투스의 경우처럼 능력 있는 인재를 양자로 입적해 황위를 잇게 하는 관례를 제도화함으로써 황위 계승 문제를 해결했다.

그 결과, 트라야누스, 하드리아누스, 안토니누스 피우스, 마르쿠스 아우렐리우스가 양자 계승을 통해 연속적으로 황제가 되었다. 이들은 한 세기 동안 훌륭하게 정치를 이끌었다. 이 시기는 그들 중 세 번째 황제인 안토니누스 피우스 황제의 이름을 따서 '안토니누스 왕조의 시대' 또는 '오현제 시대'라 불리게 되었다. 이들 중 네르바를 제외한 네 명의 황제들은 모두 속주 출신이었다.

이 사실은 로마제국이 서양의 후기 헬레니즘 세계의 뼈대라고 할 수 있는 코스모폴리타니즘, 즉 세계주의를 그 본질로 삼고 있었으며, 이탈리아 태생만 로마 황제가 될 수 있었던 건 아니라는 것을 분명하게 증명해준다. 양자로 입적된 인물들 중에서 황제를 선출하는 제도 덕분에, 군대와 속주, 원로원이 모두 동의할 수 있는 황제 후보자를 찾아내기가 더욱 쉬웠다.

그러나 이 황금기는 마르쿠스 아우렐리우스가 자신의 아들인 코모두스에게 황위를 세습하면서 막을 내렸다. 코모두스는 기원후 192년에 살해되었다. 그리고 기원후 69년 네

하드리아누스의 성벽은 하드리아누스 재위 기간(기원후 117~138) 동안 로마제국의 북쪽 국경을 지키기 위해 브리타니아에 세워졌다. 성벽의 길이는 120km로, 열일곱 개의 요새에 보병부대가 주둔하며 엄중하게 국경을 감시했다. 요새들 사이에 '마일캐슬'이라는 작은 망루들이 세워졌고, 이 각각의 망루들 사이에는 두 개의 감시 초소가 있어 주변 지역을 세밀하게 감시할 수 있었다.

로 황제가 몰락한 뒤 네 명의 장군들이 자신들이 지휘하는 군대의 절대적인 지지를 받아 연이어 황제로 등극했다. 일리아 군대는 아프리카 속주의 한 장군을 설득시켜 마침내 그를 황제 자리에 앉혔다. 다른 황제들과 그 후의 황제들 역시 군인들의 지지를 받아 지명된 인물들이었다. 그러나 그들 앞에는 많은 역경이 놓여 있었다.

로마제국의 경계선

황제들은 이제 아우구스투스 시대 때보다 훨씬 더 넓은 영역을 통치했다. 율리우스 카이사르는 브리타니아와 게르마니아를 둘러본 후, 채널 제도, 라인 강과 함께 갈리아 지방을 북쪽 국경으로 삼았다. 그 후 아우구스투스는 게르마니아 내로 쳐들어가 도나우까지 밀고 올라갔고, 결국 도나우는 로마제국의 국경이 되었다.

그러나 라인 강 너머의 정복 시도는 그다지 성과가 좋지 않았다. 그래서 엘베 강을 로마제국의 확고한 국경선으로 삼고자 했던 아우구스투스의 뜻은 그대로 이루어지지 못했다. 오히려 기원후 9년, 아르미니우스가 이끄는 튜튼 족들이 세 개의 로마 군단을 전멸시켜 로마의 자존심에 심각한 타격을 입혔다. 반면 아르미니우스는 게르만족에게 국가적 영웅으로 칭송받게 된다.

이후로 로마는 그 지역을 되찾지 못했고, 그 군단들 역시 영영 회복되지 못했다. 그 군단들은 이후로 군단 명단에서 제외되었다. 하지만 라인 강을 따라 주둔하고 있던 8개의 군단은 대부분 국경을 튼튼하게 지키고 있었다.

그 밖의 지역들에서는 로마가 계속 승리를 거두어나갔다. 기원후 43년에 클라우디우스는 브리타니아를 정복하기 시작했다. 그로부터 약 80년 후에 북쪽을 가로질러 하

마르쿠스 리키니우스 크라수스(기원전 115~53)는 당시 로마에서 가장 부유한 인물들 중 하나였다. 그는 카이사르, 폼페이우스와 함께 최초의 삼두정치를 이끌었고, 소아시아와 시리아를 책임 지고 있었다. 그는 기원전 53년에 파르티아로 원정을 떠났다가 대패했는데 그것은 로마 역사상 가장 참혹하고 수치스러운 패전 중 하나였다.

이 정교한 부조 작품은 트라야누스 대리석 기념기둥에 새겨져 있는 것이다. 트라야누스는 자신이 만든 로마 포룸 내에 다키아와의 전투에서 로마인들이 승리한 것을 기념하기 위해 이 기둥을 세웠다. 이 승리로 인해 기원후 2세기 초에 다키아는 로마제국에 병합되었다. 위쪽 부분에는 황제가 자신의 군인들에게 연설하는 장면, 요새 건설, 전투 등을 포함해서 그 전투에서 일어난 여러 사건들이 묘사되어 있다.

46 로마와 고대의 서양세계

팔라티누스 언덕 위에 세워진 황제들의 궁전

기원후 1세기 말에 도미티아누스 황제는 티베리우스의 궁전 옆에 거대한 궁전을 지으라고 명했다. 도무스 플라비아는 규모가 아주 큰 공공건물들로 이루어져 있었다. 왕좌가 있는 알현실, 자문실, 식당, 도서실 등이 있었다. 이곳에는 또한 대리석 기둥들로 둘러싸인 넓은 안뜰이 있었다. 도무스 아우구스티아는 황제의 개인 주거지였다. 도미티아누스 황제는 그 후에 스타디움 하나와 온천 목욕탕을 이곳에 추가로 건설했다. 도무스 세베리아나는 기원후 2세기 말 셉티무스 세베루스 시대에 지어진 것으로, 언덕 사면의 평지에 세워져 있다.

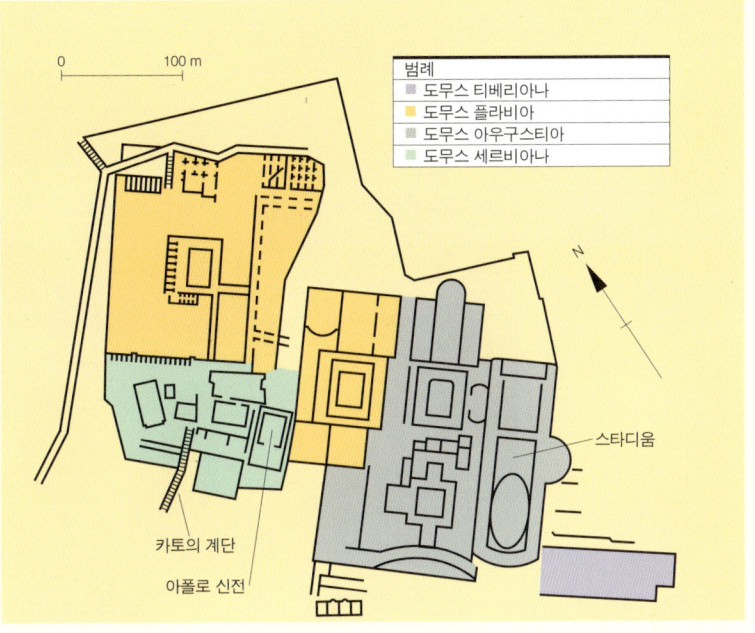

도무스 티베리아나는 1세기 티베리우스 황제 때 로마 포룸에 세워졌다. 이것은 팔라티누스 언덕에 세워진 최초의 황제 건물들이었다.
팔라티움 즉 궁전이라는 단어는 여기서 유래된 것이다.
16세기에 파르네제 별장이 이 지역에 들어서면서 그 별장의 성벽이 대부분의 유적들을 가리게 되었다.

고대 로마의 도시 트레베리에 있는 거대한 성문 포르타 니그라는 기원후 2세기 말에 세워진 것이다. 이 도시는 라인 강을 끼고 있어 군부대가 야영하기 좋은 지리적 조건을 갖추고 있었기 때문에 중심도시로 급부상했다. 트레베리는 벨기에 총독과 게르만 종족들의 사령부였다. 그리고 3세기 말부터 이곳은 서로마제국에서 가장 중요한 도시 중 하나가 되었다.

*하드리아누스의 장벽
로마황제 하드리아누스가 건설한 로마제국 최북단의 국경선. 켈트족의 남하를 막기 위한 것이다.

드리아누스의 장벽*이 세워져 실질적인 국경이 만들어졌다. 그것은 로마제국의 가장 멀리 확장된 영원한 국경선이 되었다. 기원후 42년에 마우레타니아가 속주가 되었다. 기원후 105년에는 트라야누스가 동쪽의 다키아 지역을 정복했다. 하지만 이것은 로마가 동방원정을 시작한지 150년 이상 지난 후에 얻은 성과였다.

로마와 파르티아

기원전 92년에 술라의 군대가 유프라테스 강을 따라 진격하면서 로마는 최초로 파르티아와 대면했다. 그러나 그로부터 30년 동안 중요한 사건은 전혀 일어나지 않았다. 하지만 로마 군이 아르메니아를 정복히기 위해 진군하기 시작했을 때, 두 제국은 그곳에서 충돌했다.

로마의 폼페이우스는 아르메니아와 파르티아 사이의 분쟁을 조절했다. 그 후 기원전 54년에 로마의 정치가 크라수스가 유프라테스 강을 건너 파르티아로 쳐들어갔다. 하지만 몇 주일 만에 그는 전사했고, 4만 명의 로마 군은 크게 패했다. 그것은 로마 역사상 가장 수치스럽고 참담한 전투 가운데 하나였다.

분명 아시아에는 새로운 거대 세력이 있었다. 파르티아 군대에는 뛰어난 기마 궁수들이 있었다. 뿐만 아니라, 그들은 무적의 기병대와 갑옷으로 무장한 창기병을 보유하고 있어서 막강한 파괴력을 자랑했다. 그들이 타고 다니는 말은 힘이 세고 빨라서 그 명성이 자자했고, 멀리 떨어진 중국인들까지도 부러워할 정도였다.

그 이후 유프라테스의 동쪽 국경은 한 세기 동안 평온이 유지되었다. 그러나 파르티아인들은 로마를 좋아하지 않았다. 또한 집요하게 시리아를 공격하여 팔레스타인에 살고 있던 유대인들을 불안하게 만들었다. 전투에서 3만 5,000명의 병력을 잃은 마르쿠스 안토니우스는 불명예스럽게 고통을 참으며 아르메니아로 퇴각해야 했다. 그러나 파르티아 역시 내부 분열로 고통을 겪고 있었다.

기원전 20년 아우구스투스는 크라수스가

예전에 빼앗긴 군기를 되찾았다. 명예회복을 위해 파르티아를 공격해야 한다는 주장도 수그러들었다. 그러나 아르메니아를 바라보는 각 세력의 민감한 시선과 파르티아 왕조의 불안정한 정치 상황 때문에 분쟁의 가능성은 계속 남아 있었다. 마침내 로마의 트라야누스 황제가 파르티아를 공격하여 수도 크테시폰을 함락시켰고, 페르시아 만을 따라 계속하여 정복 사업을 해나갔다. 그러나 그의 뒤를 이은 황제 하드리아누스는 현명하게도 트라야누스가 정복한 땅 중 많은 땅을 되돌려주면서 파르티아인들과 화해를 추구했다.

팍스 로마나

로마의 새로운 신민들 모두가 '팍스 로마나'를 통해 혜택을 입는다는 것은 로마인들의 자랑이었다. 팍스 로마나는 야만족의 침략 위협이나 국가 간의 분쟁을 막아주는 로마제국에 의한 평화를 의미했다. 물론 많은 신민들이 로마의 통치에 거세게 저항했고 그로 인해 피 흘리는 대가를 치르기도 했다. 하지만 그것이 전부는 아니었다.

로마제국의 국경지역에서는 이제껏 결코 볼 수 없었던 질서와 평화가 유지되고 있었다. 동방에 새로운 도시들이 건설되었을 때 어떤 곳에서는 팍스 로마나로 인해 식민지 통치 방식이 완전히 달라지기도 했다. 갈리아 지방에 주둔했던 카이사르 휘하의 퇴역 군인들은 새로운 식민지에 그대로 정착해 그 후손들까지도 그곳에서 계속 살았다.

뿐만 아니라 팍스 로마나는 장기적으로 아주 중요한 결과들을 가져오기도 했다. 또한 팍스 로마나에 의해 안정과 질서가 지속되자 속주의 유력자들이 점차적으로 로마 문화에 동화되어갔다. 그들에게 공통된 하나의 문화를 공유할 수 있는 기회가 많아졌기 때문이었다. 로마군이 정복을 위해 개척한 이동 경로를 통해 문화가 널리 보급되어 로마 문화는 이전보다 훨씬 더 빠르고 쉽게 확산될 수 있었다.

기원전 312년 감찰관 압피우스 클라우디우스는 압피아 가도를 건설하라는 명령을 내렸다. 그렇게 해서 로마 최초의 포장도로가 탄생했다. 도로들을 잇는 드넓은 네트워크가 마침내 완성되어, 제국의 수도는 가장 멀리 떨어진 속주들과도 연결될 수 있게 되었다.

로마제국의 구조

로마제국의 영토는 매우 넓어서 그리스 사람들이 경험하지 못했고 페르시아 사람들이 해결하지 못했던 통치 상의 문제들을 해결해야만 했다. 이를 위해 대단히 복잡하고 광범위한 관료제도가 등장하게 되었다. 한 예로 100인 대장과 그보다 높은 계급의 지휘관들은 로마에 집중되어 있었다.

속주의 관리들은 대부분 군인 출신으로 실무적인 행정에 있어서는 아마추어였다. 속주에 주둔하고 있던 군대는 전투뿐만 아니라 그 이상의 많은 일을 했다. 로마제국이 속주의 관료들에게 지시한 업무는 상당히 제한되어 있었다. 그 사항들 중 가장 중요한 것은 국가 세입에 관한 것이었다. 로마제국은 일단 세금을 거둬들이고 나면 각 지역들이 자기 지역의 관례대로 행정업무를 해나가는 것에 대해 간섭하지 않았다. 로마는 관대했다. 야만족들이 로마 문명을 본보기로 자신들의 전통적인 관례들로부터 벗어날 수 있는 기회를 마련해주었다.

아우구스투스 시대에 행정 관료들에 대한 개혁이 시작되었다. 원로원은 여전히 1년 임기를 기본으로 하여 관료들을 임명했다. 그러나 국경지대의 속주들에서는 관리들이 황제를 대신하는 권리를 갖고 있었고 각자의 상황에 따라 1년 이상 관직에 머무르기도 했다. 분명한 것은, 로마제국의 행정제도가 이전의 공화정 시대에 비해 눈에 띄게 발전해 있었다는 사실이다. 로마제국은 페르시아보다 훨씬 더 중앙집권화 되고 세분화되어 있었다.

로마제국은 속주 신민들을 단결시킬 수 있는 정책들을 계속 실시하였고, 점점 더 많은 신민들에게 로마 시민권을 줌으로써 지배권을 확장해나갔다. 시민권을 갖는다는 것은 중요한 특권들을 부여받는다는 뜻이다. 시민

로마제국의 코스모폴리타니즘은 제국의 거대한 규모 덕분에 가능했다. 이것은 기원후 3세기의 건물 바닥 모자이크의 일부분으로, 로마 속주인 아프리카 프로콘술라리스의 하드루메툼 항구에 있는 한 대저택에서 발견된 것이다. 묘사된 동물들은 아프리카의 야생동물들에게서 영감을 받은 것이 분명하다. 그러나 이 장면은 본질적으로 로마적인 것으로, 동물의 신이자 포도주와 황홀경의 신인 디오니소스의 개선 행렬을 보여주고 있다.

로마가 이룩한 찬란한 업적 51

*로망스어

라틴어에서 유래한 언어로, 남유럽 지방에서 많이 사용한다. 이탈리아 북부나 스위스의 알프스 지대 등이 이 언어를 사용한다.

라틴어와 라틴문학

로마제국의 공식 언어였던 라틴어는 로마 문명의 가장 위대한 유산 중 하나다. 라틴 문자는 기원전 4세기라는 이른 시기부터 이미 사용되고 있었다고 한다. 기원전 3세기로 추정되는 가장 초기의 라틴문학의 증거자료는 여러 세기가 흐르는 동안에도 비교적 원래 상태대로 보존되었다.

중세시대와 르네상스 시대 동안 철학이나 과학의 주요 저서들은 계속 라틴어로 쓰이면서, 라틴어는 국제적으로 문화적 언어가 되었다. 그러나 구어체 라틴어는 그보다 훨씬 더 빠르게 발달하여 다양한 로망스어*의 기초가 되었다.

헤아릴 수 없이 많은 작가들이 여러 세기에 걸쳐 로마 문학에 영감을 받았고, 로마 문학이 후일 유럽 문학에 깊은 영향을 미쳤다는 것은 부인할 수 없는 사실이다. 로마인들은 그리스인들이 이미 정립해놓은 문학 장르들인 희곡, 시, 역사 서술을 발전시켰다. 그들은 또한 풍자 문학을 포함해서 새로운 장르들을 발전시켰고, 수사학을 중시했다.

4세기의 이 모자이크는 아프리카 북부의 한 가옥에서 발견된 것으로, 기원전 1세기의 위대한 시인 베르길리우스에 대한 로마인들의 존경심을 엿볼 수 있다. 베르길리우스의 양옆에는 서사시의 여신인 칼리오페와 비극의 여신인 멜포메네가 서 있다. 그의 무릎에는 『아이네이드』 제8권이 펼쳐져 있다. 여기서 시인은 여신들에게 도움을 청하고 있다.

권을 가지면 무엇보다도 법적인 문제가 발생했을 때 속주의 지방법원 뿐만 아니라 로마 황제에게 직접 탄원할 수 있는 권리가 있었다. 시민권은 속주의 유력자들에게서 충성심을 끌어내는 수단이기도 했다. 여러 세기가 흐르면서 점점 더 많은 비 로마인들이 원로원과 로마에 모습을 드러냈다. 그리고 기원후 212년, 마침내 제국의 모든 자유 신민들에게 시민권이 주어졌다.

코스모폴리타니즘

시민계급의 확대는 로마의 관용성을 보여주는 대표적인 사례다. 로마제국 자체와 제국이 전파한 문화는 명실 공히 세계주의적인 것이었다. 로마제국은 매우 다양한 계층에서 행정 관료들을 선발했다. 로마의 행정은 한 명의 로마인 엘리트나 전문적인 관료에 의해서 이루어진 것이 아니다. 오히려 속주 출신의 지역 엘리트들을 기용해 그들을 로마 문화에 동화시켜 행정 업무를 보게 했다.

기원후 1세기부터 원로원에는 이탈리아 혈통을 가진 의원들이 점점 줄어들었다. 로마는 다른 민족들이 원로원 의원직을 맡을 수 있는 기회를 점점 더 넓혀나가는 관대함을 보였다. 로마제국은 이탈리아 혈통이 아닌 이들에게 신분 상승의 기회가 전혀 주어지지 않는 인종차별적인 국가가 결코 아니었다.

폼페이 보스코레알레의 대저택에서 발견된 이 프레스코화는 기원전 10년에 제작된 것으로, 아우구스투스 시대부터 로마에서 대단히 인기가 높았던 전원풍 회화양식의 한 예다. 도시를 배경으로 자연을 이상화시키면서 농촌생활의 미덕들과 소박함을 예찬하고 있다.

하지만 로마제국의 신민들 중 유일하게 유대인들만은 차별을 받았다. 그 이유는 오직 종교 때문이었다.

로마의 그리스 유산

헬레니즘 문명은 이미 동양과 서양 세계를 훌륭하게 혼합하고 있었다. 로마제국은 훨씬 더 광범위한 지역에 걸쳐 그러한 동서양의 혼합과정을 계속해나갔다. 로마가 이룩한 새로운 코스모폴리타니즘에서 가장 분명한 요소는 그리스적인 것이었다. 왜냐하면 로마인들은 그리스로부터 많은 것을 물려받았기 때

로마의 묘지에서 발견된 이 작품은 한 가정교사가 부유한 가정의 자녀들을 가르치고 있는 장면을 묘사한 것이다. 로마의 교수법은 기원후 1세기와 2세기 동안 개선되었고, 교육과정은 초등학교, 문법학교, 수사학 학교, 이렇게 3등급으로 나뉘어져 있었다.

토목공학과 건축

로마인들의 공학 기술은 대단히 뛰어났다. 로마의 위대한 기념물들은 그 웅장함뿐만 아니라 벽들과 아치형 천장의 내구력도 놀라울 정도로 우수했다. 이것은 로마의 건축 기술자들이 아주 숙련된 기술을 갖고 있었다는 것을 의미한다.

기원전 3세기까지 로마인들은 나무와 진흙 벽돌로 건물들을 지었고, 도시의 벽들만 재단된 돌로 만든 블록들을 쌓아 만들었다. 기원전 3세기부터 시멘트가 사용되면서 건축공법이 혁신되었다. 시멘트 건물의 정면 외벽을 돌 부조나 타일들로 장식하지 않을 경우 그 표면은 대개 치장 회반죽이나 백색도료로 덧칠했다.

기원전 1세기부터 로마인들은 점토를 구워 만든 타일을 사용했다. 이 구운 타일들은 내열성이 있었기 때문에 목욕탕을 만들 때 가장 이상적인 건축 자재였다.

거대한 기둥들과 재단된 돌을 이용하는 그리스의 전통 양식은 대형 공공건물들의 장식에 널리 이용되었다. 로마 시대에 이르러 처음으로, 내부 공간들이 단지 장식을 위한 공간 이상의 주거 공간으로 인식되기 시작했다. 로마인들은 빈 공간과 조명에 신경을 썼다. 그러나 다리와 수로 같은 시민들을 위한 공공사업들은 장식적인 측면보다는 기술적이고 기능적인 측면들을 고려하여 설계했다.

이 대리석 묘지의 부조는 기원후 100년의 것이다. 이 묘지를 만든 사람들 중 한 명을 기리기 위해 신전을 건축하고 있는 모습이 표현되어 있다. 왼쪽의 크레인은 노예들이 거대한 바퀴 안에 들어가 바퀴를 발로 밟아 작동시켰다.

스페인 알칸타라의 타구스 강을 가로지르는 이 다리는 기원후 1세기에 만들어진 것이다. 로마제국은 속주들과 로마를 빠르고 효과적으로 연결시키기 위해 많은 노력을 했는데, 이 다리 역시 그런 목적으로 만들어졌다. 이것을 만든 건축가는 자랑스럽게 "이 다리는 영원할 것이다"라는 비문을 남겼다.

로마에서 판테온 신전을 처음 세운 사람은 기원전 27년 아우구스투스의 사위인 아그리파였다. 아그리파의 신전은 후일 화재로 파괴되었고, 기원후 118~128년경에 하드리아누스가 재건했다.

벽돌과 서로 다른 여섯 종류의 콘크리트가 판테온 건축에 사용되었고, 제국의 많은 지역들로부터 가져온 다양한 색깔의 대리석도 사용되었다. 이 구조물의 외부는 그다지 뛰어나지 않지만, 내부는 아주 넓고 인상적인 원형 공간이며 거대한 반구형 돔으로 둘러싸여 있다. 빛은 중심부의 구멍, 즉 천장의 오쿨루스를 통해 들어온다. 오쿨루스는 '눈'이라는 뜻의 라틴어다.

건물 현관을 둥글게 에워싸고 있는 벽감*에는 원래 태양계 신들의 조각상이 들어 있었다. 태양이 돌 때 그 각각의 조각상들은 지붕으로부터 들어오는 광선에 의해 차례로 조명을 받았다.

지붕은 하늘의 신 주피터를 의미한다. 판테온은 로마 건축공학의 기념비며, 상징적으로나 종교적으로 매우 중요한 건축물이었다. 콘크리트로 만들어진 돔은 무게가 5,000t이고 두께가 거의 6m인 벽들로 받쳐져 있다.

*벽감
서양 건축에서 벽체의 오목하게 파인 부분으로, 여기에 조각품 등을 세워두기도 했다.

로마가 이룩한 찬란한 업적

로마의 법

*불문법과 성문법
불문법은 문서의 형식을 갖추지 않은 법으로, 관습법이나 판례법등이 속한다. 반면 성문법은 문자로 표현되고 문서의 형식을 갖춘 법으로, 일정한 형식과 절차를 거쳐서 공포된다.

*『칙법휘찬』
유스티니아누스가 당시의 혼란스럽던 법 상태를 정리하기 위해 편찬한 로마법대전의 일부. 이 『칙법휘찬』은 이전 시대의 법전들을 정리한 것이다.

로마의 불문법*을 집대성하려는 최초의 시도는 기원전 450년경에 일어났다. 그리고 이 때 12표법이 만들어져 로마의 대 광장에 게시되었다. 12표법은 로마법 발달의 출발점으로, 채무관계, 재산, 소유권, 상속 등과 같이 주로 개인적인 문제들을 다루었다. 초기의 황제들은 원로원의 결정을 통해 새로운 법들을 만들었지만, 그 후의 황제들은 입법형태들을 무시하고 단순히 포고령을 내렸다. 기원후 529년 유스티니아누스 황제는 로마 황제들의 칙령들을 모아 『칙법휘찬』*을 편찬했는데, 이것은 서양 문명권 대부분의 지역에서 법의 발전에 큰 영향을 미쳤다.

타불라 클라우디나는 48년에 클라우디우스 황제가 원로원에서 연설했던 내용을 청동에 새긴 것이다. 그는 이 연설에서 갈리아인들을 로마 원로원에 받아들이겠다고 했다.

*혼성국제어
'세계어', '공통어'라고도 하는 국세석으로 통용되는 언어를 뜻한다. 모국어가 다른 사람들이 필요에 의해 습관적으로 사용한다.

문이었다. 그러나 로마인들이 가장 잘 알고 있던 것은 고대 그리스인들이 아닌 헬레니즘 시대의 그리스인들이었다.

교육을 받은 로마인들은 그리스어를 모국어인 라틴어만큼이나 능숙하게 사용할 줄 알았다. 이는 그리스 문명이 그들에게 얼마만큼 중요한 것이었는지를 말해준다. 물론 라틴어는 공식적인 언어로서 군사용어로 사용되었을 뿐만 아니라 서양에서 널리 사용되고 있었다. 군사기록들에 의하면 라틴어를 읽고 쓸 수 있는 로마인들의 비율은 아주 높았다고 한다.

그리스어는 지중해 동쪽의 속주들에서 혼성국제어*로 사용되었다. 그 지역의 모든 관리들과 상인들이 그리스어를 알아들었고, 소송 당사자가 원하는 경우 법정에서 그리스어를 사용할 수도 있었다. 로마의 지식인들은 그리스의 고선들을 읽으며 성장했고, 그 고전들에서 윤리적 잣대를 발견했다.

대부분의 로마 작가들은 그리스의 고전에 버금가는 작품을 만들어내려는 야망을 품고 있었다. 기원후 1세기에 그들은 결국 그리스의 고전에 근접하는 작품들을 내놓기 시작했다. 그리고 제국의 황실을 예찬하고 서사시

로마의 도로

로마인들은 8만km의 도로를 건설했다. 이 도로들 덕분에 로마는 제국에서 멀리 떨어져 있는 속주와 손쉽게 연결될 수 있는 교통망을 구축할 수 있었다. 주로 군사적 목적으로 건설된 대부분의 도로들은 로마 문명에 거의 동화되지 않은 지역들에 흩어져 있는 속주 도시들과 연결되었다.

로마의 도로들은 오래 지속될 수 있도록 만들어졌다. 그래서 큰 돌을 가지런히 놓고 그 위에 잘게 부순 돌을 깐 뒤 다시 자갈로 덮은 다음 화산재로 틈새를 다지는 공법을 이용했다. 도로들의 표면은 가장자리보다 중앙 부분이 약간 더 높았기 때문에 배수가 잘 되었다. 그 덕분에 1년 내내 아무 불편 없이 도로를 이용할 수 있었다. 로마의 많은 도로들은 중세시대에도 중요한 교통망으로 사용되었다.

의 전통을 부활시킨 시인 베르길리우스*에 이르러 문화적으로도 뛰어난 수준에 다다르게 되었다.

바로 여기에 로마 문화의 특징을 설명해줄 수 있는 단서가 있다. 로마 문화에 독창성이 부족한 가장 큰 원인은 로마 사회에 그리스 문화가 널리 퍼져 있었기 때문이다. 게다가 로마 사상가들은 정적이고 보수적이어서 그리스 문화의 영향에서 더욱 벗어나려 하지 않았다. 그들은 그리스로부터 물려받은 유산과 로마 공화국의 전통에 초점을 맞추려했다.

실제적인 환경이 변화하면서 그 두 전통들이 더 이상 시대에 맞지 않게 되어갔지만, 이상하게도 그리스와 로마의 전통은 여전히 지속되었다. 여러 세기 동안 로마의 교육은 거의 변하지 않았다. 로마의 위대한 역사가 리비우스는 자신의 역사책 『로마 건국사』에서 공화국의 가치들을 되살리고자 노력했다. 로마 문명이 돌이킬 수 없을 정도로 도시화되어 농민들이 몰락했을 때조차 자영 농민들의 삶과 미덕들은 계속 찬양되었다. 부유한 로마인들은 농촌의 소박한 생활로 돌아가 모든 것을 잊고 푹 쉬기를 갈망했다. 물론 농촌의 실제 모습이 그렇게 여유 있는 것은 아니었다.

＊베르길리우스
기원전 70~19년에 활동한 고대 로마의 시인. 로마의 건국과 사명을 노래한 민족 서사시 '아이네이스'를 썼다.

로마의 부유층들은 웅장하고 화려한 대저택에서 살았다. 그 저택들에는 값비싼 가구들과 사치스러운 장식들로 가득 차 있었다. 이 벽화는 로마 저택의 침실 벽을 장식하고 있던 것으로 폼페이의 북쪽 보스코레알레에서 발견되었다. 기원전 35년경에 만들어진 이 벽화는 이상화된 고전 시대의 정원을 묘사하고 있다.

***에피쿠로스와 스토아 철학**
고대 그리스의 양대 철학. 에피쿠로스 철학은 정신적 쾌락을 추구한 반면, 스토아 철학은 금욕과 극기를 추구했다.

***신플라톤주의**
3세기 이후 로마시대에 성립된 그리스 철학의 한 학파. 철학가 플로티노스가 창시했다.

58 로마와 고대의 서양세계

또한 로마인들은 그리스의 조각 작품들을 계속 모방했으나, 그리스인들의 수준을 따라잡지는 못했다. 로마의 철학 역시 그리스적이었다. 에피쿠로스 철학과 스토아 철학*이 여전히 로마 철학의 중심에 있었다. 신플라톤주의*는 혁신적인 것이었지만, 그것은 동양에서 온 것이었다. 신비종교들 역시 마찬가지였다. 로마인들은 신비종교를 통해 그들의 문화가 충족시켜주지 못했던 부분들을 채워나갈 수 있었다.

법과 토목공학, 도시계획

로마인들은 법과 토목공학이라는 두 가지의 실용적인 분야에서 유일하게 혁신적인 업적을 남겼다. 법률가들의 업적은 비교적 늦은 시기에 이루어졌다. 그들이 판례를 모으기 시작한 것은 기원후 2세기와 3세기 초였다. 이것은 후일 성문법으로 집대성되어 중세 유럽의 귀중한 유산이 되었다.

토목공학 분야에서 로마인들이 이룬 업적은 훨씬 더 인상적이다. 로마인들은 토목공학을 건축과 분리시켜 생각하지 않았다. 이 분야는 로마인들의 자부심의 원천이었다. 이는 자신들이 그리스인을 능가한다고 확신했던 몇 안 되는 것들 중 하나였다.

토목공학의 업적은 값싼 노동력을 통해 이룰 수 있었다. 로마에서는 노예들과 속주의 변방 수비를 맡고 있던 군인들이 댐, 교각, 도로 등 대규모의 토목공사에 동원되었다. 그러나 로마의 토목공학 분야가 비약적으로 발전하게 된 데에는 그런 실질적인 요인 이외에 또 다른 이유가 있었다.

도시의 저택을 묘사한 로마의 프레스코화. 우아한 포르티코가 특징이다. 지붕이 있는 현관이나 긴 복도를 뜻하는 포르티코는 대저택에 살고 있는 부자들이 외부의 열기나 강렬한 햇빛, 비 때문에 불편을 겪지 않게 해주었다.

집의 현관 홀 구실을 했던 아트리움은 로마의 주택에서 대단히 중요한 공간이었다. 폼페이에 있는 이 집의 내부에서 볼 수 있는 것처럼, 지붕에 뚫린 구멍으로 자연광이 들어오고, 홀 바닥의 직사각형 못 안으로는 빗물이 흘러들어갔다. 침실들은 아트리움 주변으로 배치되어 있었다. 이런 호화주택들은 로마의 부유한 가문들이 살던 곳이다. 도시에 거주하는 대부분의 사람들은 여러 가구가 함께 사는 공동주택 내의 아주 작은 방에서 살았다.

로마인들은 구체적인 도시계획을 세워 인더스 강 서쪽에 도시를 건설했으며, 콘크리트의 발명과 아치형 돔의 사용으로 건물들의 형태를 획기적으로 발전시켰다. 또한 외부 장식에만 치중하던 그리스의 건축과는 달리, 로마인들은 건물 내부의 장식을 중시했다. 로마 건축에 있어서 용적률*과 조명은 건축의 아주 중요한 요소가 되었다. 후기에 건축된 바실리카*식 기독교 교회당은 건물들의 내부 공간에 대한 그들의 관심을 확실하게 보여주는 최초의 건축물이라 할 수 있다.

로마의 토목공학이 남긴 위대한 업적은 동쪽의 흑해에서부터 북쪽의 하드리아누스 장벽, 그리고 남쪽으로는 아틀라스 산맥에 이르기까지 광활한 지역에 펼쳐져 있다. 물론 가장 화려하고 뛰어난 유적들은 수도인 로마에서 찾아볼 수 있다. 다른 어떤 곳에서도 볼 수 없는 이처럼 화려하고 풍부한 장식들은 로마제국이 얼마나 부강했는지를 그대로 보여준다.

그들은 로마를 화려하게 치장하기 위해 제국의 부를 쏟아 부었다. 그들은 대리석 표면을 화려하게 단장하고 다양한 재료를 사용해 밋밋한 돌덩어리에 다채로운 변화를 주었다. 이를 보면, 로마인들이 그 이전 바빌론의 건축양식에서 어느 정도 영향을 받은 것은 분명

*용적률
땅 면적에 대한 지하층을 제외한 건물 전체 면적의 비율

*바실리카 양식
고대 그리스 신전을 로마식으로 발전시킨 건축양식. 고대 로마공화정 시대에 공공의 목적으로 사용된 대규모의 건물을 말하기도 한다.

이 초상화는 폼페이의 어떤 대저택과 빵집 사이에 있는 폐허에서 발견되었다. 그래서 초상화의 주인공들이 누구인지 확인하기가 어렵다. 서판과 파피루스는 이 인물들이 교육을 받은 귀족이라는 것을 짐작하게 해준다. 그러나 이들의 소박한 외모로 볼 때 평민일 가능성도 있다.

로마에서의 생활에 대하여

"내가 왜 물조차 말라버린 노멘툼 근처의 작은 땅뙈기와 시커먼 벽난로가 있는 시골집을 자주 찾아가는지 궁금한가?

스파르수스여, 로마에는 가난한 사람이 생각하거나 휴식할 장소가 없다. 학교 선생들은 아침마다 신세를 한탄하고, 빵 굽는 사람들은 저녁마다 신세를 한탄한다. 망치질하는 구리 세공사들은 하루 온종일 신세를 한탄한다. 한편에서는 한가한 고리대금업자들이 더러운 금고를 덜거덕거리며 네로의 동전을 넣고 있고, 다른 한 편에서는 스페인 사금을 빻는 일꾼이 너무 오래 써서 닳아버린 돌 위에 반들대는 나무망치를 연신 두드려댄다.

벨로나 여신에 열광하고 있는 사람들도 사는 게 절망스럽다고 말하지 않으며, 포대기로 싸맨 트렁크를 든 수다스러운 방랑자도, 자기 어머니에게서 구걸하는 법을 배운 유대인도, 유황으로 표백한 도기를 팔러 다니는 눈이 짓무른 행상인도 삶을 포기하지 않는다. 느긋하게 게으름을 피우며 잠을 자본 적이 언제인지 계산할 수 있는 사람이 누가 있을까? 그는 우리에게 말할 것이다. 콜키스의 마법의 바퀴에 하늘의 달이 잘리고 밟혀 상처를 입는 동안에도 그 도시의 손들은 수없이 많은 항아리들과 냄비들을 쾅쾅거리며 두드려대고 있다고.

스파르수스여, 당신은 이 모든 것에 대해 아무 것도 모를 것이다. 페틸리안의 영지에서 무엇 하나 부러울 것 없이 살고 있는 당신은 알 수가 없다. 당신의 발아래 언덕 꼭대기들이 내려다보이는 그곳, 어떤 혀도 당신을 방해하지 않는 고요함이 있는 그곳, 그리고 햇살 한 줄기조차 허가 없이는 들어올 수 없는 그런 곳에 당신은 살고 있다. 하지만 나는 지나가는 인파에 떠밀려 정신을 차려보면 로마가 바로 내 옆에 있다. 내가 아플 때, 로마에 넌더리가 나고 지쳐서 편히 잠을 자고 싶을 때, 나는 나의 시골집으로 간다."

마르티알리스(기원후 40~104년경)의 『풍자시집』 12권 v.57(D. R. 섀클턴 베일리의 영어 번역) 중에서 발췌.

로마의 도시

로마 문명은 도시생활에 집중되어 있었다. 로마인들은 속주들에 제국의 도시들을 새로 건설하거나 더욱 발전시켰다. 그리고 그 도시들은 각 지방의 정치나 문화 활동의 본거지가 되었다. 유럽의 많은 도시가 로마시대를 그 기원으로 하고 있다. 이러한 사실은 잘 보존된 유적들뿐만 아니라 그 도시들에 남아 있는 옛 도로들을 통해서도 분명하게 확인할 수 있다.

전형적인 로마의 도시설계는 대체로 길과 길이 수직으로 만나는 바둑판 모양의 구조였다. 이런 설계 유형은 그리스에서 비롯된 것이지만 로마군 주둔지의 유적들에서도 이런 설계의 흔적을 찾아볼 수 있다. 각 도시에는 여러 개의 광장과, 종교·행정·경제·대중 오락문화와 관련된 다양한 공공건물들이 있었다. 도시로 들어가려면 개선 아치들과 관문들을 통과해야 했다. 도시들은 때때로 요새화된 벽들로 둘러싸여 있었고, 특히 외부로부터의 침입이 자주 발생했던 제국의 후기에 접어들면서 도시를 요새화하는 경우가 더욱 많아졌다. 로마의 도시들은 또한 발달된 기반시설을 갖고 있었다. 예를 들어, 물은 도관과 수로 시스템을 통해 도시들로 전달된 다음 중앙 저수지들에 저장되었다. 그 저수지들은 상수도로 연결되어 시민들에게 물이 공급되었다. 기원후 3세기 말에 로마는 11개의 무료 공중목욕탕과 800개 이상의 사설 목욕탕이 있었다. 기원후 216년에 카라칼라 황제에 의해 개장된 카라칼라 목욕장은 한꺼번에 1,600명까지 수용할 수 있었다. 많은 로마 도시에는 하수도 시설이 갖추어져 있었다.

로마의 카라칼라 목욕장은 기원후 4세기부터 문을 닫게 되었다. 결국 그 건물은 헐리고 거기서 나온 돌들은 다른 건물들을 짓는데 이용되었다. 그래서 목욕장이 있던 장소는 현재 상태로 황폐화되었다.

하다. 하지만 로마의 기념물에는 확실히 천박하다고 말할 수 있는 것도 있었다. 바로 여기서 로마와 그리스 간의 차이를 쉽게 찾아볼 수 있다. 로마 문명은 가장 위대한 기념물들에서도 천박함과 물질적 가치를 추구하는 특성이 드러나는 것이다.

로마의 빈부 격차

로마의 물질만능주의는 제국의 근간을 이루던 사회적 현실들을 그대로 반영한 것이라 할 수 있다. 모든 고대 사회들이 그렇듯이, 로마 역시 부자들과 가난한 자들이 분명하게 구분되는 사회였다. 수도 로마의 빈부 격차는 대단히 심했으며, 빈부의 격차는 공공연히 드러나 있었다. 빈부의 극명한 대조는 신흥부자들의 화려한 대저택들과 최저빈민층의 다닥다닥 붙어 있는 주택들에서 분명하게 드러났다. 신흥부자들은 당시 제국의 영토 확장 과정에서 손쉽게 벌어들인 돈으로 수백 명의 노예를 거느리며 크고 화려한 저택에서 생활했다.

사실 현대에 이르기 전까지 빈부 격차 문제에 대해 심각하게 고민했던 문명은 거의 없었다. 그러나 로마제국만큼 부유층과 빈민층의 구분을 드러내놓고 과시한 문명 또한 거의 없었다. 안타깝게도 로마사회의 부富의 실체를 정확히 파악할 수 있는 역사자료가 충분하게 남아있지 않다. 로마의 재정 상태에 관해 오늘날까지 남아있는 자료는 플리니우스의 조카인 소小플리니우스라는 원로원 의원이 작성했다고 전해지는 자료뿐이다.

로마인들의 도시 생활

로마의 생활양식은 제국의 모든 대도시들에서 쉽게 찾아볼 수 있다. 로마가 정복한 모든

＊테라코타
점토에 유약을 발라 구운 물건이나 그 기법. 벽돌이나 지붕, 석관 등에 많이 사용했고, 값이 싸고 용도가 다양해서 그릇이나 조형물을 만들 때에도 많이 사용되었다.

로마의 대중오락

로마의 도시들에 사는 사람들은 지역의 총독이나 원로원 의원들, 때로는 황제가 직접 비용을 대는 오락거리들을 자주 즐겼다. 후원자들이 자금을 대어 극장이나 원형경기장 같은 곳들에서 볼거리들을 무대에 올리는 것은 자신들의 부와 사회적 권위를 보여줌으로써 더 많은 인기를 얻기 위한 하나의 방법이었다.

로마인들이 가장 좋아한 볼거리들은 검투시합, 야생동물 사냥, 그리고 이륜전차 경주였다. 시합에서 이기느냐 지느냐는 참가자들에게는 죽느냐 사느냐의 문제일 수 있었다. 이 경기들은 피가 난무하는 대단히 잔인한 구경거리들이었다. 원형 검투경기장 바깥에서도, 서로 대항하는 선수나 팀의 후원자들 사이에 격렬한 싸움이 빈번히 일어났다.

테라코타＊로 만든 이 작은 입상들은 서로 싸우고 있는 검투사들이다. 대부분의 검투사들은 전쟁 포로들이나 사형 선고를 받은 죄수들이었다. 하지만 이들 중에는 보수를 받고 싸우는 자유인들도 있었다. 이들은 로마의 검투사 황실 학교에서 싸움에서 이기는 방법을 훈련 받았다.

오늘날 로마 문명을 공부하는 학생들이 생각하기에는 대중들이 그처럼 폭력이 난무하는 잔인한 경기를 보면서 즐겼다는 사실이 끔찍하게 여겨질 수도 있지만, 그 시합들은 제국의 도시생활에서 매우 중요한 역할을 하고 있었다. 그 시합들은 사회적 긴장을 풀 수 있는 효과적인 배출구 역할을 했고, 문화적 정체성을 인식할 수 있게 해주었다. 경기 시간 동안 관중들에게 무료로 음식을 나누어주는 경우도 많았는데, 이는 도시 빈민들의 궁핍함을 어느 정도 해결해 주었다.

전차 경주는 가장 오래된 대중 경기였다. 이 경주는 원형 경기장에서 치러졌고, 참가하는 선수들은 옷 색깔로 구분되었다. 이것은 바르셀로나 근처의 한 저택에서 발견된 4세기 모자이크의 일부로, 말 네 마리가 끄는 전차를 보여주고 있다. 제국 시대 말기에는 이베리아 반도에 말들을 기르고 수출하는 전문 시설들이 있었다.

튀니지의 엘 젬에 있는 이 원형경기장은 경제 사정으로 완공되지는 못했지만, 아프리카의 로마 속주 중에서 가장 규모가 큰 것이었다. 기원후 3세기 초에 세워진 이 원형경기장의 구조와 장식은 로마의 콜로세움을 모방한 것이다.

*쿠리알레스 계층
고대 로마에서 지방의 도시참사회라는 기관을 구성했던 회원. 원로원이 관직에 오른 사람 중에서 5년마다 엄격한 자격검사를 통해 임명했다. 임기는 평생 지속되었고, 도시 규모에 따라 그 인원이 달랐다.

지역들이 로마의 생활양식에 깊은 영향을 받았기 때문이다. 그래서 로마의 영향을 많이 받은 속주 도시의 생활양식은 토착민들이 사는 시골지역과는 완전히 달랐다.

속주의 도시들은 수도 로마의 도시구조를 모방하기 위해 필요한 건물들을 빠짐없이 갖추었다. 그 결과 어느 도시나 거의 비슷한 구조의 획일적인 모습이 되었다. 각 도시들에는 광장, 신전, 극장, 목욕탕 등이 반드시 존재했다. 그리고 도시의 기본 구조는 바둑판 모양처럼 규칙적으로 건설되었다.

속주의 도시들은 시의 유력자들인 쿠리알레스 계층*이 자체적으로 운영하고 있었다. 적어도 속주 도시들이 자유롭게 자치권을 행사할 수 있었던 트라야누스 시대 이전까지는 그랬다.

그러나 트라야누스 시대가 시작 되면서 속주의 도시들에 보다 엄중한 감시가 가해지게 되었다. 속주 도시들 중 알렉산드리아, 안티오키아, 그리고 로마인들이 재건한 카르타고 같은 곳들은 매우 큰 규모로 성장했다. 하지만 모든 도시들 중 가장 큰 도시는 역시 로마였으며, 그 인구는 백 만 명이 넘었다.

로마 문명권이라면 어디나 원형경기장이 있었다. 우리는 이를 통해 로마 문명의 잔인성과 천박함을 엿볼 수 있다. 로마 문명을 전체적으로 이해하려면 원형경기장을 빠뜨려서는 안 된다. 로마 문명이 훗날 좋지 않은 평가를 받게 된 이유 중 하나는 원형경기장 같은 로마인들의 오락시설들 때문이었다.

오늘날 우리는 원형경기장을 통해 로마인들의 심리를 상당히 깊이 통찰할 수 있다. 왜냐하면 검투시합과 야생동물 사냥은 그리스 문화와는 전혀 다른 로마의 독자적인 대중오락이었기 때문이다. 대중오락이 그처럼 쉽게 열광하는 대중들에 의해 발전한 경우는 그 어떤 시대에서도 찾아보기 힘들다.

기원후 1세기의 부조 작품으로, 자유를 얻은 노예 부부의 무덤에서 나온 것이다. 그들의 이름 뒤에 씌어 있는 철자 L로 그것을 알 수 있다. 이는 노예 신분에서 해방된 자유인이라는 뜻의 리베르투스(Libertus-남성)와 리베르타(Liberta-여성)의 첫머리 글자다. 그들이 손을 잡고 있는 모습으로 묘사된 것은 그들의 결혼이 법적으로 인정되었다는 것을 말해준다.

로마가 이룩한 찬란한 업적

소아시아의 에페수스에 있는 이 하드리아누스 신전은 기원후 2세기에 지방의 한 귀족 가문이 세운 것이다. 정문에 있는 두 개의 벽기둥 꼭대기에는 코린트식* 기둥머리가 얹혀 있었다. 코니스*는 하나의 아치로 이어져 삼각형 박공벽까지 연결되어 있었을 것이다. 하지만 현재는 소실되고 없다. 아치의 쐐기돌에는 에페수스 여신의 모습이 나타나 있다.

*코린트 양식
그리스의 고전 건축양식 중 하나로, 아칸서스 잎을 묶은 듯한 모양의 기둥머리가 특징적이다. 화려한 장식효과를 즐기던 로마인에 계승되어 복잡하게 구성된 콤포지트 양식으로 발전하였다.

*코니스
서양식 건축에서 벽 앞면을 보호하거나 처마를 장식하고 끝손질을 하기 위해 벽면 꼭대기에 장식된 돌출 부분.

더욱이 로마 당국은 구경거리를 즐기기 위해 대규모의 시설들을 건설하고 대중오락 산업을 정치적 수단으로 이용할 수 있게 허락해 주었다. 이로써 대중오락 문화가 지닌 매력적인 측면들을 제도화했다. 흥미진진한 시합들을 대중에게 제공하는 것은 부유층이 자신의 부를 이용해 정치적 출세를 확보하기 위한 하나의 수단이었다.

고대 이집트나 아시리아의 대중들이 어떤 식으로 여가를 즐겼는지 전혀 알 수 없다는 사실을 고려해볼 때, 이 검투시합은 로마의 독자적인 오락문화였음이 분명하다. 로마의 검투시합은 그 어느 시대의 오락보다 규모가 컸으며, 인간의 잔인함을 이용한 오락이었다. 아마도 20세기에 영화가 탄생하기 전까지는 경쟁상대가 없는 최상의 오락이었을 것이다.

사실 이런 종류의 시합들이 시작된 것은 에트루리아 시대부터였다. 그러나 그 시합들이 급속도로 발전한 것은, 로마 문명이 도시화되면서 대규모의 관중을 동원할 수 있었고 이러한 대중들을 정치적으로 이용할 필요성이 있었기 때문이었다.

노예 제도

로마 사회의 잔인성을 보여주는 또 다른 한 가지는 노예제도다. 물론 노예제도가 로마에만 있었던 것은 아니다. 그리스 사회에서와 마찬가지로, 로마의 노예들 역시 그 종류와 역할이 매우 다양했기 때문에 일반화시켜 간단히 말할 수는 없다. 많은 노예가 임금을 받았으며, 어떤 노예들은 돈으로 자유를 사기도 했다. 로마의 노예들은 법적인 권리를 가지고 있기도 했다.

1세기경에 대농장이 등장하면서 로마의 노예제도는 새롭게 변화하게 되었다. 그러나 로마의 노예제도가 다른 고대 사회들의 노예제도보다 더 가혹했다고 말하기는 어려울 것이다. 어쨌든 거의 모든 로마인이 노예제도를 당연한 것으로 여겼다. 로마의 도덕주의자들까지도 후일의 기독교인들만큼이나 노예제도를 당연하게 생각하면서 노예들을 소유하고 있었다.

로마의 종교

근대 이전 대중의 정신세계에 관해 우리가 알고 있는 것은 대부분 종교와 관련된 것들이다. 로마인들의 삶에 있어서 종교는 중요한 부분을 차지하고 있었다. 하지만 그것을 현대적 의미로 이해한다면 오해가 생길 수도 있다. 로마의 종교는 개인적인 구원과는 아무런 상관이 없었으며, 종교적 믿음이 개인의 행동에 별다른 영향을 미치지도 않았다.

로마에서 종교는 무엇보다도 '공공의 문제'였다. 다시 말해 로마의 종교는 '레스 푸블리카'의 일부분이었다. '레스 푸블리카res publica'는 '공공의 것'이라는 뜻의 라틴어로, '공화국republic'이라는 용어가 이 말에서 유래했다. 로마인들은 자신들의 국가를 그렇게 불렀다. 즉, 국가는 그 누구의 소유도 아닌 모두의 것이며 왕에게도 신에게도 귀속될 수 없고 다만 '공공의 것'이어야 한다는 의미다.

따라서 종교는 국가의 이익을 위해 계속 유지해야 하는 일련의 의식들이며, 그것을 무시하는 사람들은 처벌을 받았다. 다른 민족들과는 달리 로마에는 성직자 계급이 따로 없었다. 성직자에 해당하는 신관은 일종의 질서를 유지하는 공무원과 같은 개념이었다. 그들은 사제직을 사회적·정치적 수단으로 생각했다. 거기에는 교리도 종파도 없었다. 로마인들에게 요구된 것은 규정된 의식과 활동들을 늘 해오던 방식대로 수행해 나가야 한다는 것 뿐이었다. 신전을 관리하고 의식을 수행하는 책임은 해당관리들이 맡고 있었다. 규정에 따라 의식들을 정확히 준수하는 것은 대단히 실리적인 목적을 갖고 있었다. 리비우스는 "철저하게 수행하는 종교의식 덕

기원전 2세기 말에 세워진 승리자 헤라클레스의 원형 신전은 로마에서 가장 오래된 대리석 신전이다. 이 신전은 헤라클레스에게 바쳐진 것이긴 하지만, 흔히 '베스타 신전'으로 불린다. 그 이유는 한 때 이 신전 내에 가정의 여신 베스타의 신성한 불이 있었기 때문이다.

기원후 1세기의 것인 이 조상은 클라우디우스를 주피터 신으로 묘사하면서, 이 황제의 무한한 힘을 강조하고 그의 영광을 칭송하고 있다.

*팍스 디오룸
인간이 의식을 통해 신들을 즐겁게 해주면 그 신들은 인간들에게 호의를 베풀게 된다는 것. 즉 신과 인간의 협력관계에 의해 이루어진 평화라는 뜻이다.

로마시대 부조의 세부 모습으로, 기원후 1세기 동안 아우구스투스 황제를 기리기 위해 개최되었던 축제의식들의 한 부분인 희생제의 행렬을 나타내고 있다. 전면에 보이는 인물들은 미니스트리, 즉 가정과 사회의 수호신인 라르 신들의 작은 조각상들을 옮기기 위해 특별히 선발된 노예들이다.

종교의식

로마의 공식적인 종교의식들은 그리스 신화와 축제들, 고대 로마의 풍습들에서 유래된 의식들이 혼합된 것이었다. 따라서 그 의식 절차들에는 농경과 관련된 것들이 아주 많았다. 그리스 신화에서 시작되어 로마에 자리 잡게 된 종교의식들 중 하나는 12월에 열리는 '사투르날리아'라는 농신제였다. 이것은 크리스마스로 변형되어 오늘날까지 전해지고 있다. 그러나 농업의 신 사투르누스를 섬기는 이 종교의식은 로마에 들어오면서 공식적인 종교의식의 차원을 넘어서 각종 연회, 경기, 행렬들이 펼쳐지는 축제로 변모했다. 로마인들은 절충주의와 세계주의라는 틀 안에서 종교를 바라보았다. 모든 종류의 종교와 신앙이 로마제국에 들어올 수 있었다. 그 신앙이 공공질서를 깨뜨리거나 국가의 종교의식들을 방해하지만 않는다면 어떤 종교든 받아들였다. 대부분의 농민들은 자신들이 살고 있는 지역에서 대대로 전해져 내려오는 자연숭배적인 미신을 계속 믿었다. 반면에 도시 사람들은 새로운 종교가 유행하면 열광적으로 그 종교에 빠져들곤 했다. 그리고 지식층은 고대 그리스의 신들을 믿는다고 말하면서 그 신들을 위한 의식에 사람들을 끌어들였다. 그리고 각 씨족과 가문들은 자신들만의 조상신에게 제물을 바치면서, 출산, 결혼, 질병, 죽음 등 중요한 순간들을 맞이할 때마다 그에 알맞은 특별한 의식들을 올렸다. 각 가정에는 제단이 마련되어 있었고, 거리 모퉁이마다 우상이 서 있었다.

황제 숭배 전통

로마가 동방의 헬레니즘 문명과 가까워지면서 로마의 전통 신앙

분에 우리나라가 이처럼 황금기를 누리게 되었습니다. 신들은 우리가 빈틈없이 지켜나가는 종교의식들을 보면서 흡족해하고 있습니다"라고 말하기도 했다.

아우구스투스 시대의 평화를 '팍스 디오룸*'이라고 부른다. 로마와 신들 사이의 평화라는 뜻이다. 아우구스투스가 강조했던 것처럼, 로마인들은 자신이 신들에게 경건하게 경의를 표했기 때문에 신들이 상으로 평화를 내려 준 것이라고 생각했다. 심지어 키케로는 사회 내의 혼란을 방지하기 위해 신들이 필요하다고 말했다. 이 말 역시 로마가 종교를 실리적인 목적으로 이용하고 있었다는 것을 보여준다.

그렇다고 해서 로마인들이 신을 거짓으로 믿거나 아예 믿지 않았다고 생각하면 안 된다. 예언들을 해석하기 위해 점술가들에게 도움을 청하고 중요한 정책을 추진할 때 그들의 결정을 받아들였던 것을 보면, 로마인들은 분명 신의 존재를 믿고 있었다. 그러나 로마의 공식적인 종교의식들에 비추어 볼 때, 로마의 종교는 신비스러운 것이 아니라 지극히 현실적인 것이었다.

로마 군인들은 소아시아에서 처음 페르시아의 신 미트라스를 접하게 되었다. 부활과 사후 세계에 대한 희망을 제시한 미트라스교는 로마 군대 내에 아주 널리 퍼지게 되었고, 곧이어 로마제국 전역으로 빠르게 퍼져나갔다. 이 조각상은 미트라스 신이 황소를 죽이고 있는 장면이다. 이 소의 피로부터 우주의 생명이 흘러나온다고 믿었다.

폼페이의 신비의 별장에 있는 프레스코 벽화의 일부분으로, 기원전 1세기의 것이다. 베일을 쓴 여자가 디오니소스의 신비제의에서 전수자 역할을 하고 있다. 헬레니즘 시대 동안 미트라스교를 포함해서 다양한 종교들의 입문식이 지중해 전역에서 행해졌다. 입문한 사람들만이 그 종교의 '신비', 즉 비밀들을 알 수 있었다. 신비종교의식들은 참가자들이 종종 정신착란과 같은 광란 상태에 빠져들었고 제의를 이끄는 지도자들이 의심스러운 월권행위들을 했기 때문에 로마에서 금지되었다. 그러나 그 의식들은 종교적 열정, 금지령, 신비주의의 분위기에 가려진 채 비밀리에 계속되었다.

은 조금씩 파괴되어갔다. 기원전 2세기가 되면서 몇몇 회의론자들은 로마의 전통 신앙에 대해 냉소적인 태도를 보였다. 반면 아우구스투스 시대에는 로마의 옛 신앙을 부활하려는 의도적인 시도가 있었다.

그러나 아우구스투스 이후로 황제는 폰티펙스 막시무스 즉 대제사장직도 겸하게 되었다. 황제가 정치와 종교를 모두 장악하게 된 것이다. 이로 인해 황제 숭배가 본격화되기 시작했다. 이러한 현상은 선조들의 관습들과 옛 방식들을 존중하는 로마인들의 타고난 보수적 성향과 잘 맞아떨어졌다.

황제 숭배는 신들의 노여움을 달래고 도움을 기원하거나 뛰어난 인물들과 사건들을 기리는 전통, 그리고 아시아로부터 전해져온 신성한 왕권에 대한 존경심과 연결되었다.

로마 시와 원로원에 많은 제단들이 세워졌고, 사람들은 그 제단들을 황제의 제단이라고 생각하게 되었다. 황제 숭배는 제국 전체로 퍼져나갔다.

하지만 공화국의 정서가 남아 있었기 때문에 기원후 3세기 전까지는 황제 숭배의 전통이 완전히 뿌리를 내리지는 못했다. 그럼에도 불구하고 황실의 개인적인 가족 신들을 국가의 공식적인 신으로 숭배하게 되면서 황제가 신격화되었다. 황제 숭배는 곧 국가와 통치자에 대한 충성심을 의미하게 된 것이다.

외부의 영향

로마가 동방으로부터 받은 영향은 통치자들을 신격화하는 것만이 아니었다. 그리스의 신들과 마찬가지로, 로마의 신들 역시 다양한 신앙과 의식에 혼합되어 정체성을 잃어갔다. 또한 마술에서부터 철학적 일신론에 이르기까지 온갖 신앙들이 마구잡이로 뒤섞여갔다.

로마제국의 지식인들과 종교인들은 무엇이든지 쉽게 받아들였으며, 무엇이든 쉽게 믿고 분별력도 없었다. 로마인들이 매우 실리적인 사고방식을 가지고 있었다는 사실 때문에 이러한 현상을 이상하게 생각할 필요는 없다. 실리적인 사람들이 오히려 미신을 더 잘 믿는 경향이 있기 때문이다.

그리스의 유산 역시 로마에서 이성적이고 합리적인 방식으로만 받아들여진 것은 아니었다. 기원전 1세기까지 로마인들은 그리스의 철학자들을 하늘의 계시를 받은 성스러운 인간들로 여겼다. 계시의 가르침은 그리스 철학자들이 가장 열심히 탐구하던 연구 분야였다. 그리스 문명 또한 항상 대중적인 미신과 지역의 종교적 관습들에 크게 의존하고 있었다. 이러한 이유들로 인해 로마제국에는 온갖 부족의 다양한 신들이 난무했다.

고대 로마의 관습에 대한 비평을 요약하면 다음과 같다. 로마의 전통적인 관습들은 더 이상 도시 문명과 어울리지 않았지만, 농민들에게는 여전히 남아 있었다. 그러나 도시 인구가 농민보다 훨씬 더 많았으며, 농경과 관련된 신들은 로마인들의 기억에서 잊혀지기도 했다.

도시 사람들은 앞날을 예측할 수 없는 불확실한 현실 속에서 종교 이상의 것을 필요로 하게 되었다. 그들은 자신들이 사는 세상에 의미를 부여할 수 있고 현실을 어느 정도 극복할 수 있는 것이라면 그것이 어떤 것이든지 필사적으로 매달렸다. 이러한 현상들로 인해 과거의 미신들과 새롭게 등장한 신들이 주목받게 되었다.

로마에서 이집트의 신들에 대한 관심이 증가한 것이 이러한 현상의 대표적인 예다. 로마제국이 안정과 평온을 찾아가면서 다른 지역과의 교류와 여행이 쉬워졌으며, 이로 인해 로마제국 전역에서 이집트 신들을 숭배하는 사람들이 급격히 늘어났다. 심지어 이집트 신을 숭배하는 집단들은 리비아 황제인 셉티무스 세베루스로부터 후원을 받기까지 했다.

과거 어느 때보다 훨씬 더 복잡하고 다양한 양상을 띠게 된 로마 사회에는 점점 증가하는 새로운 신앙의 대상에 대한 호기심이 작용했다. 이교적인 고대의 마지막 위대한 스승들 중 한사람인 티아나의 아폴로니오스*는 인도의 브라만들과 함께 살면서 공부했다고 전해지기도 한다. 이러한 혼란 속에서 사람들은 오랫동안 새로운 구세주를 간절히 기다리고 있었다. 마침내 기원후 1세기에 그들이 기다리던 구세주 예수가 나타났다.

신비종교의 영향

로마가 동방의 영향을 받은 또 하나의 현상은 신비종교의 대중화였다. 신비종교는 비밀스러운 의식을 통해 입문자에게 특별한 교리와 비법을 전수하는 종교의식들을 말한다. 조로아스터의 신 미트라스에 대한 희생제사는 특히 군인들에게 큰 호응을 얻으면서 가장 유명한 신비종교가 되었다.

거의 모든 신비종교들은 물질세계의 억압으로부터 벗어나려는 간절한 소망과 현실세계에 대한 극도의 비관주의, 그리고 죽음에의 심취 등에 관심을 가지고 있었다. 신비종교들의 힘은 기존의 신들이나 종교의식을 통해서는 결코 얻을 수 없었던 정신적 충족감을 느낄 수 있게 해주는 데 있었다. 그래서 사람들은 신비종교들에 큰 매력을 느꼈다. 이는 훗날 사람들을 기독교로 끌어들이는 출

*아폴로니오스
고대 그리스의 철학자. 사람들은 그가 금욕적 방랑생활을 하면서, 예언을 하고 질병을 고쳐 주는 등 기적을 행했다고 여겼다.

로마의 종교

전통적인 로마 종교는 원래 공적으로는 그 나라의 대표자들, 개인적으로는 한 가문의 구성원들에 의해 거행되는 제례의식이었다. 로마인은 신과 인간과의 관계를 일종의 계약관계라고 생각했다. 그들은 신들이 그들을 보호해주고 행운을 가져다주리라 희망하면서 제식을 수행하고 제물을 바쳤다.

기원전 3세기에 로마의 신들은 인간의 모습을 하고 있었다. 이 때 로마는 그리스의 신들을 받아들였다. 로마 사회가 가장 숭배했던 고대 그리스에 기원을 두고 있는 신들은 주피터(그리스의 제우스), 주노(헤라), 미네르바(아테네)로 이루어지는 카피톨리누스 3신*이었다. 일반 가정에서는 가정의 수호신들인 페나테스, 조상신들인 라르, 그리고 베스타 여신이 숭배를 받았다.

그리스 정복 이후 헬레니즘 세계의 철학자들과 지성인들이 로마로 들어왔다. 특히 대중들 사이에 인기가 있었던 것은 디오니소스, 키벨레, 이시스, 오시리스, 미트라스에게 바치던 신비로운 제사의식들이었다. 이 종교들은 그 종교에 들어가는 첫 절차인 입문식에서 요구하는 사항들이 서로 비슷했다. 죽은 자가 구원을 받을 것인지 저주를 받을 것인지는 사후 심판으로 결정된다는 믿음 또한 유사했다.

로마의 돔형 판테온의 모형. 건물들 사이에 있는 이 판테온은 기원전 1세기에 로마의 모든 신들에게 바치는 신전으로 건축되었다.

＊카피톨리누스 3신
로마의 카피톨리누스 언덕에 있던 신전에서 비롯한 명칭. 이 곳에 각 신을 모시는 신전과 다양한 조각상들이 많이 있었다.

발점이 되기도 했다. 기독교 역시 초기에는 하나의 신비종교로 인식되어 많은 교인들이 몰려들었기 때문이다.

내부의 동요

로마의 통치방식이 모든 로마 신민을 항상 만족시키지 못했다는 사실은 기원전 73년 이탈리아에서 발생한 사건을 통해서도 알 수 있다. 공화정 말기에 발생한 노예들의 반란은 로마 군대가 3년간이나 진압에 나서야 할 정도로 심각했다. 이 때 사로잡힌 6,000명의 노예들은 카푸아에서 로마로 이어지는 길 위에 줄지어 십자가에 매달리는 형벌을 받았다.

지역에 따라 다르긴 했지만, 속주들에서 일어난 반란은 가혹하고 무자비한 폭정에 대한 분노의 폭발로 시작되는 경우가 많았다. 고대 브리타니아의 보아디케아 여왕이 이끈 반란이나 아우구스투스 시대에 판노니아에서 일어난 반란도 이러한 경우에 속한다. 우리는 이를 통해 반란과 폭동이 자주 일어났던 알렉산드리아처럼 각 지역에서 일어났던 독립운동의 역사를 살펴볼 수 있다. 예를 들자면, 유대인들의 반란이 대표적이다.

유대인의 반항과 저항의 역사는 로마 통치 시대를 넘어 기원전 170년으로 거슬러 올라간다. 당시 유대인들은 헬레니즘 왕국들의 관습과 전통을 따르는 것에 결사적으로 저항했다. 헬레니즘 왕국들의 관습과 전통들은 후일 로마에 의해 계승 되었다.

로마의 황제 숭배 전통은 유대인들의 더 큰 반발을 불러왔다. 유대인들은 로마제국의 카이사르에게 세금을 내는 것은 당연하다고 생각했지만 황제의 제단에 제물을 바치는 것만큼은 결코 용납하지 않았다.

기원후 66년에 대대적인 유대인들의 반란이 일어났다. 그리고 트라야누스와 하드리아누스 시대에도 반란이 일어났다. 그들은 언제 터질지 모르는 화약고와 같았다. 그들의 민감한 정서로 미루어볼 때, 기원후 30년경 유대 지방에서 유대 지도자들이 예수를 사형에 처하라고 요구했을 때, 총독 빌라도가 어쩔 수 없이 그를 사형시킬 수밖에 없었던 이유를 어느 정도 이해할 수 있다. 그만큼 유대인을 다루기가 어려웠던 것이다.

티투스의 아치에 새겨져 있는 이 부조는 기원후 70년에 티투스 황제가 유다이아를 정복한 것을 기념하고 있다. 이 장면은 파괴된 예루살렘 신전으로부터 전리품들을 실어 나르는 로마 군인들의 행렬이다.

조세 정책과 경제

로마제국은 세금으로 운영되었다. 평상시에는 세금이 많지 않아서 사람들은 행정과 치안을 위해 아무런 불만 없이 세금을 냈다. 하지만 전쟁이 일어나면 전시물자의 징발이나 강제 징집 등과 같은 정책들로 조세가 급격히 늘어나게 되어 심각한 부담이 되기도 했다.

로마인들은 오랫동안 경제적으로 풍요로운 사회를 유지할 수 있었다. 이는 속주였던 다키아에서 금광 같은 것을 발견한 덕분만은 아니었다. 무역의 규모가 커지고 국경지대에 있는 주둔지들에 큰 시장이 형성되면서 새로운 산업들이 나타나게 되었다. 고고학자들이 발굴해낸 엄청난 수의 포도주 항아리들은 당시의 시장 규모가 얼마만큼 컸는지를 보여준다. 식료품, 섬유, 향료들의 상거래 흔적들도 찾아볼 수 있다.

그러나 로마제국의 경제적 토대는 언제나 농업이었다. 현대의 기준으로 보면 로마의 농

고대 세계에서의 유대교

수많은 유대인들이 아주 먼 옛날부터 지중해 동쪽과 갈리아 북부, 그리고 라인 강을 따라 유럽의 여러 도시들에 흩어져 살고 있었다.

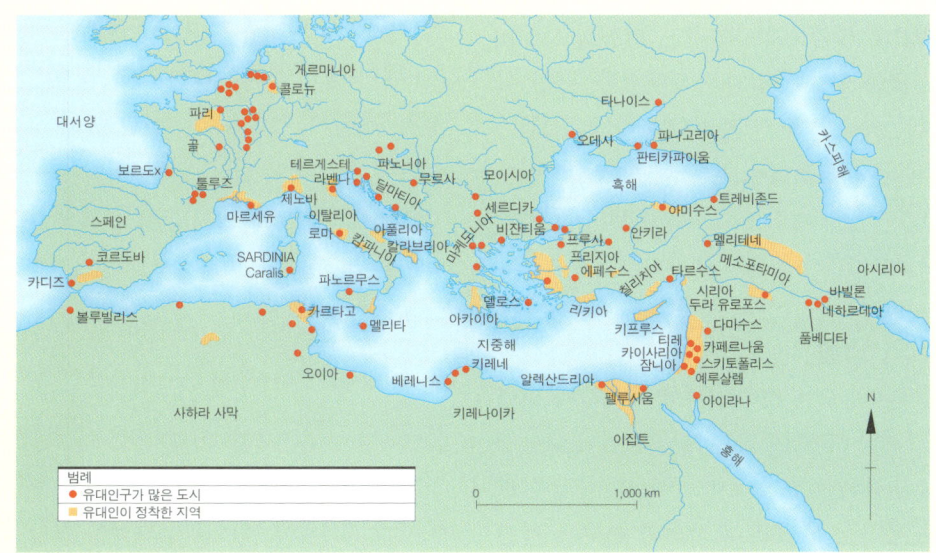

두 개의 손잡이가 달려 있는 이 항아리들은 포도주를 수송할 때 사용되던 것으로, 리구리안 해의 한 항구에서 발견된 상선에서 나온 것들이다. 포도주는 로마인의 식사에서 없어서는 안 될 필수품이었기 때문에 경제적 가치가 아주 높은 상품이었다. 올리브 오일과 더불어 포도주는 지중해의 여러 나라들로부터 로마 군단들이 주둔하고 있는 제국의 각지로 수송되었다.

업 생산량은 결코 풍족한 것이 아니었다. 당시의 농업기술이 원시적이었기 때문이다. 서로마제국이 멸망할 때 까지도 로마의 농부들 중에서 풍차를 본 적이 있는 사람은 하나도 없었고, 물레방아 또한 많이 보급되지 못했다. 로마인들은 농촌 생활을 동경하며 이상적인 것으로 생각하기도 했지만, 현실적으로 농촌 생활은 언제나 힘겨운 것이었다. 이런 이유 때문에라도 팍스 로마나(로마의 평화)는 절대적으로 필요했다. 팍스 로마나 시기에는 농민들이 잉여 농산물로 세금을 낼 수 있었고 토지를 빼앗기지도 않았기 때문이다.

군대의 역할

로마제국의 모든 것은 군대에 의해 좌우되었다. 그러나 600년이라는 세월에 걸쳐 로마제국이 변화해온 만큼 로마 군대 역시 많은 변화를 겪어왔다. 로마의 사회와 문화는 항상 군국주의적이었지만, 그 군국주의 제도들도 변화를 겪게 되었다.

아우구스투스 시대부터 군대는 모든 시민들에게 부과했던 병역의무에 의존하지 않았다. 그러면서 장기 복무를 하는 정규군으로 변화 되었다. 일반적인 로마 시민의 군 복무 기간은 20년이었고 복무 기간이 끝난 후에도 예비군으로 4년을 더 복무해야 했다. 그래서 시간이 흐를 수록 속주 출신의 군인들이 늘어났다. 이것은 놀랄만한 일이 아니다. 로마의 군인이 되면 어느 정도의 명성과 로마 시민권을 가질 수 있었기 때문에 추천장이 필요할 만큼 군 입대 경쟁률이 높았던 것이다.

게르마니아에서의 패배 이후 로마제국의 상비군이었던 28개 군단 중 약 16만 명의 병력이 국경지대로 분산 배치됐다. 그들은 로마 군의 핵심이었다. 기병대, 용병부대, 그 외의 부대들에도 많은 병력이 있었다. 이집트에 주둔하고 있는 군단들을 제외한 모든 군단들은 항상 원로원 의원들의 지시에 따라 움직였다. 그리고 수도 로마에서 정치활동의 최대 관건은 군대를 누가 장악하느냐에 있었다. 여러 세기가 흐르면서 점점 더 분명해졌듯이, 제국의 핵심적인 인물들은 바로 로마 군의 주둔지 내에 있었기 때문이다.

로마의 황제 친위대는 로마 군대가 황제를 선출할 권리를 가지고 있다는 것에 대해 때때로 반발하기도 했다. 그러나 로마 군은 언제나 제국의 역사에서 전무후무한 역할을 했다. 어떤 의미에서 보면, 로마 군대가 역사에 미친 영향은 유대 총독이 사형에 처했던 예수의 추종자들과 제자들이 역사에 미친 영향과 비교할 수 있을 만큼 중요한 것이었다.

기원후 2세기에 제작된 이 대리석 부조에는 황제 친위대인 '프라이토리아'의 모습이 묘사되어 있다. 황제 친위대는 아우구스투스가 공공질서를 유지하고 법을 강화하기 위해 창설했다. 이 군대의 가장 중요한 임무는 물론 황제를 안전하게 보호하고 지키는 것이었다.

3. 유대 민족과 기독교의 도래

로마의 성 코스마스와 성 다미안 성당의 이 모자이크는 기원후 6세기에 제작된 것으로, 그리스도를 전능자라는 뜻의 '판토크라토르'로 묘사하고 있다.

이 책을 읽는 독자들 중 아브가르 왕이 누구인지 아는 사람은 별로 없을 것이다. 아브가르 왕이 다스렸던 시리아 동쪽의 오스로에네 왕국에 대해 아는 사람은 더더욱 드물 것이다. 나 역시 이 책을 쓰기 전까지는 아브가르 왕이나 오스로에네 왕국에 대해 잘 알지 못했다. 이 절대군주는 오늘날 거의 알려지지 않은 채 어둠 속에 가려져 있지만, 사실상 우리가 역사를 이해하는 데 있어서 아주 중요한 인물이다.

아브가르 왕은 기독교로 개종한 최초의 왕으로 오랫동안 알려져 왔다. 하지만 그의 개종에 관한 이야기는 전설만큼이나 불확실한 것이다. 오스로에네 왕국이 기독교로 개종한 것은 아브가르 왕의 후손 아브가르 8세가 왕국을 다스리던 기원후 2세기 말로 추측되지만, 이 또한 정확하지는 않다. 그와 관련된 자료들 대부분이 부정확하기 때문이다.

왕국이 개종했다 하더라도 왕은 개종하지 않았을 수도 있다. 그러나 기독교의 성인들을 연구하는 학자나 작가들은 이런 사실 때문에 고민하지 않았다. 그들은 주저하지 않고 기독교 역사의 위대한 전통 맨 앞머리에 아브가르 왕을 올려놓았다. 그리고 그 전통은 유럽의 군주제 국가들에서 자연스럽게 이어져 나갔고, 세계의 다른 지역까지 퍼져나가 그곳의 통치자들에게 영향을 미치게 되었다.

기독교의 영향

그 후의 모든 절대군주들은 자신들을 기독교도라고 생각했기 때문에 이전의 절대군주들과는 다르게 행동했다. 그러나 기독교가 인류 역사에 미친 엄청난 영향력에 비추어볼 때, 절대군주들의 그러한 행동 변화는 그다지 대단한 것이 아니다. 기독교는 그 안에 담긴 의미나 창조력, 영향력을 통해 우리가 살고 있는 현재 세계를 만드는데 결정적인 역할을 했다. 이것은 마치 선사 시대가 인류에게 중요하고도 결정적인 영향을 미친 것 만큼이나 대단한 역사적 현상이었다. 선사시대 이후부터 산업사회가 도래하기 이전까지 기독교는 인류 역사에 가장 큰 영향력을 미쳤다.

기독교는 고대 로마제국 내에서 성장하면서 로마의 제도들과 융화되었다. 로마의 사회적·정신적 구조들을 통해 널리 전파된 기독교는 현대인들이 로마 문명으로부터 물려받은 유산들 중에 가장 중요한 유산이 되었다. 기독교는 지난 1,500년간 인류의 모든 위대한 창조과정에 영향을 미쳤다. 겉으로 보기에는 기독교와 전혀 상관없어 보이는 것들도 사실상 알게 모르게 기독교의 영향을 받은 것들이 아주 많다. 기독교는 뜻하지 않게 유럽 그 자체를 대변하는 것이 되었다. 오늘날 서양 문명이 현재의 모습을 갖추게 된 것은, 몇몇 유대인들이 자신들의 스승이자 지도자가 십자가에 못 박혀 죽는 것을 눈으로 보았고 그가 다시 죽음에서 부활했다는 것을 믿었기 때문이다.

| 기독교 속에 숨어 있는 유대 사상 |

기독교의 기원은 유대 사상에 있으며, 아마도 기독교가 존속할 수 있었던 것도 바로 그 때문이었을 것이다. 로마제국의 변방에서 발생한 이단에 불과했던 아주 작은 종파가 마침내 세계적인 종교가 되었다는 사실은 매우 놀라운 일이다. 하지만 당시 상황에서 그 종파가 모든 불리한 조건들과 험난한 역경을 뚫고 살아남았다는 사실은 놀라움을 넘어서는 기적과도 같은 일이었다.

이는 유대 사상이 근간이 되었기 때문에 가능한 일이었다. 유대 사상은 기독교의 모체이자 역사적 배경이었으며, 기독교의 근본적인 사상들 역시 유대 사상에서 비롯된 것이었다. 유대의 사상과 신화는 기독교를 통해 보편화되면서 전 세계에 영향을 미치게 되었다. 유대 사상과 신화의 중심에는, 역사란 신의 섭리에 의해 예정된 의미심장한 서사시이며, 전능하고 유일한 신이 선택한 민

두라유로포스 유대교 예배당은 기원전 200년경에 세워졌다. 예배당 벽을 장식하고 있는 아주 잘 보존된 이 프레스코화들은 헤브라이 성서에 나오는 장면들을 묘사하고 있다.

연대표(기원전 587~기원후 70년)

기원전 600년	기원전 500년	기원전 50년	기원후 1년	기원후 25년	기원후 50년	기원후 75년
	기원전 538년 추방당한 유대인들이 예루살렘으로 돌아옴			기원후 26~36년 로마 총독 본디오 빌라도의 통치 시기. 그리스도의 죽음		기원후 66~70년 로마에 대한 유대인들의 반란이 일어남
기원전 587년 바빌로니아가 예루살렘을 파괴함		기원전 63년 폼페이우스가 유대 지방에 로마법을 강요함	기원전 37~4년 헤롯 대왕의 재위 기간. 이 시기에 그리스도가 태어난 것으로 추정됨		기원후 49년 예루살렘 사도회의	

요르단 강 계곡의 네비 산에 위치한 이슬람교 사원. 이슬람교도들은 모세의 무덤이 이 부근에 있다고 믿고 있다.

족을 위해 계획하고 펼치는 광대한 드라마라는 유대적인 시각이 깔려 있다.

애초에 신과 유대 민족은 계약을 맺었고, 그 계약을 통해 유대 민족은 '성스러운 백성'이 되기 위해 신의 가르침인 율법에 따라 행동해야 했다. 신의 율법은 올바른 행동을 위한 지침서였고, 그 율법을 어기면 언제나 징벌이 따랐다. 그래서 율법을 지키지 않은 시나이 사막과 바빌론 강가에 사는 모든 사람이 징벌을 받았다. 신의 이 거대한 각본은 유대인들의 역사 기록에 창조적 영감을 불러일으켰다. 또한 로마제국 내에 흩어져 살고 있던 유대인들은 그 본보기를 통해 자신들의 삶을 의미심장하게 받아들였다.

유대 민족의 역사

그러한 신화는 유대 민족의 역사적 체험 속에 하나의 본보기로 확실하게 뿌리를 내리게 되었다. 위대한 솔로몬 시대가 끝난 후 유대인들은 고난과 박해로 이어지는 혹독한 역사를 체험했다. 그들은 이방인들에 대한 증오심을 품고 어떻게든 살아남아야 한다는 의지를 다져나갔다. 사실상 이 범상치 않은 민족이 온갖 고난과 역경 속에서도 생명력을 유지하면서 살아남았다는 사실

초기 기독교 미술에는 유대인들을 주제로 한 작품들이 자주 보인다. 4세기에 제작된 이 벽화는 로마의 비아라티나 카타콤에 있는 것으로, 야곱과 그의 자식들이 이집트에 도착하는 모습을 그리고 있다.

자체가 놀라운 일이었다.

기원전 587년에 바빌론의 정복자들은 신전을 파괴한 후 수많은 유대인을 바빌로니아로 강제로 끌고 갔다. 그때부터 시작된 바빌론 유수는 유대인들이 자신들의 민족적 정체성을 확립하는 과정에서 근대 이전에 마지막으로 겪은 결정적인 경험이었다. 그 경험을 통해 유대인들은 역사를 이해하는 시각이 분명해졌다.

에스겔과 같은 선지자들은 유대인들에게 언젠가는 잃어버린 땅으로 되돌아갈 수 있다는 희망의 약속을 계속 들려주었다. 그 선지자들의 말을 요약하자면 다음과 같다. 유대 민족은 성전이 파괴되고 자신들의 땅에서 추방당하는 것으로 자신들이 저지른 죄에 대한 징벌을 충분히 받았다. 이제 신은 유대 민족을 다시 돌아볼 것이고, 이스라엘 백성을 이집트에서 탈출시켰던 것처럼 유대 민족을 바빌론에서 구해줄 것이다. 그리고 성전은 재건될 것이다.

아마도 바빌론 유수의 유대인 소수집단만이 그 예언에 귀를 기울였을 것이다. 하지만 그 예언은 그들만을 위한 것이 아니라 훨씬 더 광범위한 것이었다. 그리고 마침내 그 예

언대로 민족의 앞날을 책임지게 될 '남은 자의 구원'이 이루어졌다. 다시 말해 그들은 예루살렘으로 되돌아갈 수 있었다. 예루살렘으로 돌아간 사람들 역시 소수였을 것이다. 하지만 그들 중에는 유대 지방의 종교계와 정치계의 중추 세력들이 포함되어 있었다.

바빌론 유수

예루살렘으로 돌아오기 전, 바빌론 유수 사건은 유대의 예언을 입증해주었을 뿐만 아니라 유대인들의 삶을 변화시켰다. 학자들은 이러한 변화들이 바빌론 유수의 유대인들 사이에서 일어났는지, 아니면 유대 지방에 남아 있던 유대인들 사이에서 일어났는지에 관해 서로 다른 의견을 제시하고 있다. 하지만 어쨌든 유대인들의 종교생활은 크게 달라졌다. 그 중 가장 중요한 변화는 '경전 읽기'가 유대교의 중심에 자리 잡게 된 것이다. 유대인들은 바빌론 유수에서 돌아온 직후, 율법 형식으로 전해져 오던 다섯 권의 책, 즉 모세가 기록한 것으로 간주되어온 '모세 오경'을 실질적인 최종본으로 완성시켰다.

유대인들은 성전에서 드리는 예배의식보다 경전을 읽고 해석을 듣는 주간 모임을 더 중요하게 생각했다. 경전에는 미래에 대한 약속과 신의 율법을 충실히 지킴으로써 약속의 날에 도달할 수 있다는 내용이 포함되어 있었다. 이것은 경전들의 내용을 일치시키고 설명해야 했던 율법학자들과 기록자들이 오랫동안 노력해온 결과들 중 하나였다.

유대인들은 성전이 복구되기를 간절히 바라고 있었다. 그러나 마침내 이 주간 모임들로부터 '시나고그'라 불리는 유대교도들의 집회가 발전하게 되었다. 그리고 유대교 자체는 장소와 종교의식에서 벗어나 새로운 형태를 띠게 되었다. 결국 유대인들이 함께 모여 경전을 읽을 수 있는 곳이라면 그곳이 어디든지 유대교의 성전이 되었다. 이런 믿음의 방식을 도입한 것은 유대인들이 최초였다. 훗날 기독교도들과 이슬람교도들이 이러한 믿음의 방식을 받아들였다. 이처럼 어디서나 함께 모여 경전을 읽고 해석하는 것은 경전에 보다 몰두하고 신의 뜻을 보다 널리 퍼뜨릴 수 있게 해주었다.

반면에 경전을 중요시하는 경향에는 문제점도 있었다. 유대교가 성전 예배에서 벗어나긴 했지만, 어떤 선지자들은 신의 약속에

이 동전에 새겨진 인물은 시리아 셀레우코스 왕조의 안티오쿠스 4세이다. 그는 예루살렘의 솔로몬 성전을 그리스 신전으로 바꾸었고, 그로 인해 마카베 가문의 반란이 일어났다.

유대교는 서아시아 지역의 유일한 종교가 아니었다. 기원전 75년경의 이 프레스코화는 두라유로포스의 팔미라 신전 안에서 발견된 것으로, 예배의식을 거행하고 있는 사제들이 묘사되어 있다.

유대주의

유대주의는 유대민족의 종교적 전통을 의미한다. 이들의 가장 오래된 문서들은 헤브라이 성서 또는 기독교의 구약성서에 들어 있다. 성서에 기록된 대로, 모세 시대에 야훼와 유대민족 간의 계약이 맺어졌다. 모세는 기원전 13세기에 살았던 것으로 추정되는 전설적인 유대민족의 지도자다.

유대인들은 오직 야훼만을 섬겼다. 바로 그것이 다신교를 믿는 민족들과 유대민족의 차이점이었다. 야훼는 전지전능하고 영원불멸한 신이며 만물의 창조주였다. 그는 엄격하고 공정한 신으로, 믿음이 없는 자들을 벌하고 자신의 적들을 파멸시켰으나, 충성스럽게 믿는 자들에게는 자비를 베풀었다. 야훼는 율법을 어긴 자들을 엄중하게 벌했다. 반면에 그는 자신이 선택한 민족인 유대인들에게는 너그럽고 인정 많은 아버지이기도 했다. 그래서 야훼는 유대인들에게 그들의 적들을 물리치고 승리를 이끌어줄 메시아를 보내겠다고 약속했다.

기원전 8세기부터, 선지자들은 이스라엘이 이방의 정복자들에게 지배당하고 계속해서 불운을 겪게 된 것은 이스라엘 백성들이 약속을 지키지 않은 것에 대한 야훼의 징벌이라고 경고했다. 그들은 또한 이스라엘에 닥친 고난들은 유대인들을 정화시켜 미래의 영광을 맞이할 준비를 시키기 위한 것이며, 마침내 야훼가 전 세계의 민족들로부터 경배 받게 될 것이라고 주장했다.

나라의 주권을 빼앗기고 페르시아, 마케도니아, 로마 등의 제국에 연이어 정복당한 유대인들은 지중해와 서아시아의 여러 지역들에 유대인 공동체를 형성하게 되었다. 팔레스티나 이외의 지역에 사는 유대인 및 그 공동체를 뜻하는 '디아스포라'가 생겨나게 된 것은 정복자들이 유대인들을 유대 땅에서 강제로 추방해 분산시켰기 때문이었다.

기원후 1세기와 2세기에 로마에 대항한 민족주의적인 혁명들이 실패하면서, 유대인들은 팔레스티나에서 완전히 사라지게 되었다. 그러나 유대교는 랍비들의 지도하에 '디아스포라'에서 살아남았다. 기원후 3세기 초에, 유대인들은 구전율법들을 모아 『미슈나』를 만들었다. 『미슈나』와 그에 대한 주석 『게마라』를 집대성한 것이 바로 『탈무드』다.

다가가려면 모세의 율법을 훨씬 더 엄격하게 따라야 하며, 그 전에 먼저 죄로 물든 자신을 깨끗이 해야 한다고 생각했다. 에스라*는 바빌론에서 돌아온 이후 자기 민족들에게 계율들을 보다 철저히 준수할 것을 요구했다. 그래서 과거 유목민 시절의 관례와 의식들을 도시화되어가는 사람들에게 엄격히 따르게 했다. 도시의 유대인들은 자신들의 순수한 혈통을 더욱 확실하게 지켜나가야 했다. 그래서 유대인이 아닌 이교도를 아내로 둔 유대인들은 정화를 위해 반드시 이혼을 해야 했다.

유대인의 독립과 저항

기원전 538년 페르시아가 바빌론을 정복한 이후, 유대인들은 예루살렘으로 돌아와 그들의 성전을 재건할 수 있게 되었다. 유대 지방은 페르시아 총독의 통치 하에 있었지만 실질적인 행정권은 유대인 고위 성직자들이 갖고 있었다. 그 후 로마에 의해 멸망되기 전까지 유대인들은 독립성을 유지하면서 왕국의 명맥을 이어나갔다.

페르시아의 통치가 끝나면서, 알렉산더의 후계자들로 인해 유대인 사회에 새로운 문제들이 발생했다. 유대 지방은 이집트의 프톨레마이오스 왕조의 식민지가 되었다가 결국 시리아의 셀레우코스 왕조의 지배를 받게 되었다. 이 과정에서 유대민족 상류계층의 생활방식과 사고는 헬레니즘의 영향을 받게 되었다. 그 때문에 빈부 격차와 더불어 도시와 농촌 간의 지역 갈등이 악화되면서 유대민족 자체 내에 분열이 일어났다. 이것은 또한 성직자 계급과 시민 사이에 위화감을 조성했다.

앞서 유대교 집회에 대해 설명했던 것처

*에스라
기원전 5세기 무렵의 선지자. 페르시아 왕의 허락으로 유대인을 이끌고 예루살렘으로 귀환했으며, 이후 교육에 힘썼다.

럼, 시민들은 율법과 예언의 전통을 철저히 지켜나가고 있었다. 그리스 문명에 동화된 시리아의 왕 안티오쿠스 4세는 그것을 못마땅하게 생각하면서 유대인들에게 그리스 종교와 문명을 강요했다. 그러자 유대교 성직자 계급은 그리스의 문화를 받아들였지만 민중들은 그것에 반발했다.

그 결과 기원전 168~164년, 마침내 마카베 가문의 반란이 일어났다. 안티오쿠스는 너무 앞질러 자신의 생각을 밀고 나가려 했다. 유대인들이 헬레니즘 문명을 받아들이려 하지 않자, 안티오쿠스는 유대인들의 종교의식을 방해하고 성전을 모독했다.

유대인들의 반란이 간신히 진압된 후 셀레우코스의 왕들은 회유 정책을 펴기 시작했다. 하지만 유대인들은 그런 정책에 넘어가지 않았다. 그들은 항쟁을 계속하다가 마침내 기원전 142년에 내정간섭을 받지 않는 완전한 독립 국가를 이루었고, 80년 가까이 독립을 유지했다. 그러나 기원전 63년에 폼페이우스가 유대 지방을 로마의 식민지로 만들었다. 이후로 거의 2,000년 동안 서아시아에서 유대인 독립 국가는 자취를 감추게 되었다.

하지만 나라가 독립한 상태였을 때도 유대인들은 결코 행복하지 못했다. 성직자 가문 출신들이 연이어 왕위를 계승하면서 왕들의 잘못된 정책과 독단으로 무질서 상태에 빠졌다. 왕들에게 아첨하고 그 왕들의 정책에 군말 없이 따르는 성직자들을 보며 유대인들은 분노했다.

새롭게 등장한 엄격한 율법학자 집단은 왕권을 위협했다. 이 율법학자들은 예배보다는 율법이 유대교의 본질이라고 주장하면서 율법에 충실히 따를 것을 요구하는 한편, 율법 자체를 새롭고 엄격하게 재해석했다. 그 새로운 율법학자들이 바로 바리새인들이었다.

바리새인들은 유대 지방이 그리스화 되어

가면서 민족의 정체성을 상실할 위기에 처했을 때마다 유대사회를 구하기 위해 나섰던 개혁세력의 후예들이었다. 그들은 이교도들의 개종을 받아들이면서, 부활과 최후의 심판에 대한 믿음을 가르쳤다. 그들의 가르침에는 민족적인 것과 보편적인 것이 혼합되어 있었다. 그리고 그들은 일신교인 유대교의 숨겨진 의미들을 부각시키는데 공헌했다.

유대교의 확산

바리새인들은 다윗 왕국의 변방에 위치한 유대 지방에서 주로 활동했다. 그러나 로마제국의 다른 시대들에 비해 아우구스투스 시대에 그곳에 살았던 유대인들의 수는 훨씬 적었다. 이후 7세기부터 유대인들은 문명화된 세계 전역으로 퍼져나갔다. 이집트, 알렉산더, 셀레우코스의 군대들에는 유대인 부대들이 따로 있었다. 그리고 어떤 유대인들은 무역이나 장사를 하면서 해외에 정착했다.

가장 큰 규모의 유대인 공동체들 중 하나는 알렉산드리아에 있었다. 그들은 기원전 300년경부터 그곳에 모여 살았다. 알렉산드리아의 유대인들은 그리스어를 사용했다. 구약성서가 최초로 그리스어로 번역된 것도 바

성서에는 야훼가 자신을 따르는 자들을 보호하기 위해 놀라운 능력을 보인 일곱 편의 이야기가 담겨 있다. 그 중 가장 널리 알려진 것은, 세 명의 유대 청년들이 네부카드네자르 왕의 신상 앞에 엎드리기를 거부하자 화가 난 왕이 그들을 불가마 속에 던졌다는 이야기다. 기원후 3세기의 이 벽화는 로마의 프리실라 카타콤에 있는 것으로, 세 명의 유대인들이 불가마 속에서 전혀 데지 않고 무사히 걸어 나오는 모습을 묘사하고 있다.

예루살렘

현재까지 남아 있는 것은 거의 없지만, 헤롯 왕은 기원전 37년에 로마의 도움으로 유대 왕이 되어 예루살렘에 수없이 많은 건축물들을 세웠다. 특히 그는 예루살렘 성전을 재건하기 시작했다. 이 재건 사업은 완성되기까지 46년이나 걸렸다. 성전 재건 계획에는 거대한 단 위에 성전을 세우고, 성전 광장을 새로 만드는 것도 포함되어 있었다. 그 광장에서 환전상들과 재물을 파는 장사꾼들이 장사를 했다. 헤롯은 또한 성전을 보호하기 위해 안토니아 요새를 새로 만들었다.

기원후 66년에서 74년 사이에, 유대인들은 로마의 통치에 반대하여 반란을 일으켰다. 기원후 70년 3월, 로마 군대는 예루살렘을 포위했고, 그 해 5월에 두 개의 외곽 성벽이 무너졌다. 그로부터 4개월 후, 로마 군은 마침내 도시 안으로 밀고 들어왔다. 그들은 예루살렘의 주민들을 닥치는 대로 죽였고 살아남은 자들은 노예로 만들었다. 그리고 성전을 파괴하고 도시를 불태웠다. 기원전 587년에 같은 장소에 솔로몬이 세운 최초의 성전을 바빌론 사람들이 파괴한 이후 600년이 지난 후였다. 당시에 파괴된 예루살렘 성전의 서쪽 벽(통곡의 벽)은 오늘날까지 남아 있다.

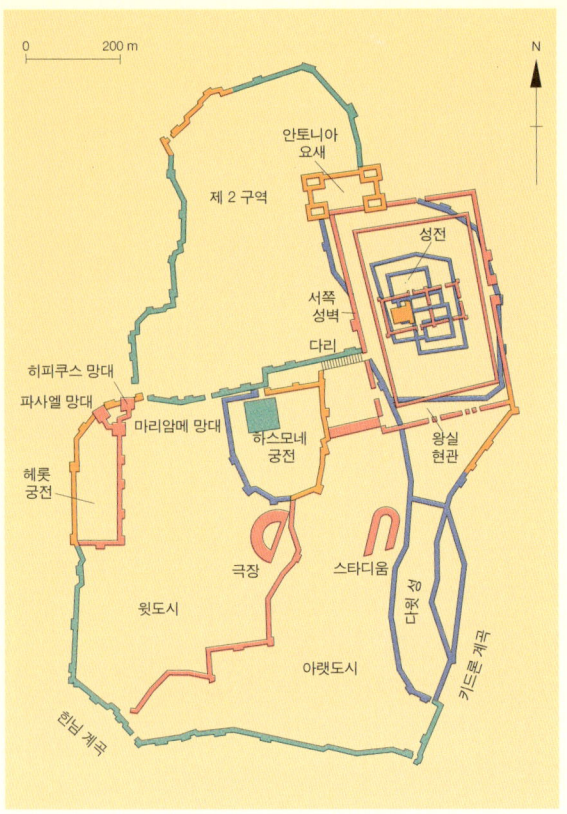

범례	
	다윗과 솔로몬의 통치 기간, 기원전 10세기
	하스모네 왕조 시대, 기원전 2세기
	헤롯 대왕이 복구하고 재건한 구 건축물들
	헤롯 대왕 통치 시기, 기원전 40~4년

헤롯 왕 시대의 예루살렘 도면(위), 그리고 서쪽에서 바라본 현재의 예루살렘 전경(아래). 전경에 보이는 벽들은 헤롯 왕이 세운 성전의 바닥 단을 따라 세워져 있다. 오른쪽에, '바위의 돔'이 있다. 이곳은 솔로몬 신전이 있던 자리에 7세기에 세워진 이슬람교 사원으로, 이슬람교의 세 번째 성소다.

로 알렉산드리아에서였다. 그리고 예수가 태어나던 당시, 아마도 예루살렘보다 알렉산드리아에 더 많은 유대인들이 살고 있었을 것이다. 로마에는 약 5만 명의 유대인들이 살고 있었다. 그처럼 집단을 이루어 살게 되자 이교도들을 개종시킬 기회가 더욱 많아졌지만, 공동체들 간의 충돌 위험 역시 더욱 커졌다.

유대교의 매력

유대교는 전통적인 종교의식이 거의 사라진 로마 사회에 많은 영향을 주었다. 할례와 금식은 이교도들에게 거부 반응을 불러일으켰다. 그러나 경전과 예배당, 성직자에 의존하지 않는 예배 형태, 그리고 무엇보다도 확실히 구원받을 수 있다는 믿음은 이교도들에게 많은 호감을 주었다. 이처럼 유대교는 많은 매력을 가지고 있었기 때문에 이교도들을 쉽게 개종시킬 수 있었다.

구약성서 편찬자들은 이사야를 가장 위대한 선지자라고 생각했다. 그러나 이사야는 분명히 바빌론 유수를 체험한 인물이었다. 그는 이교도들에게 복음을 알렸고, 그들 중 많은 이들이 기독교도들보다 훨씬 먼저 복음을 받아들였다. 기독교도들은 그 복음을 널리 전파한 사람들이었다.

개종자들은 유대인들의 역사적 저술에 영감을 불어넣은 그 위대한 이야기 속에서 자신들이 선택받은 사람들이라는 것을 확인할 수 있었다. 그들의 역사적 저술은 과학사에 있어서 그리스의 발명과 비교될 만한 위대한 업적이었다. 또한 이 세상에서 일어나는 비극적인 사건들의 의미를 깨닫게 해주었다. 현실에서 발생하는 고난과 비극은 최후의 심판을 위한 단련이라는 의미로 받아들인 것이다. 유대인들은 자신들이 겪고 있는 역사에 숨어 있는 중요한 의미들을 확실하게 이해했다. 그들은 자신들이 심판의 날을 맞이하기 위해 온갖 시련의 불길 속에서 계속 단련되고 있는 것이라고 생각했다.

유대교가 기독교에 전해준 위대한 유산 중 하나는, 그들이 선택받은 민족이라는 선민의식과 하나님을 통해서 이 세계와 인간과 삶

*복음
기쁜 소식. 기독교에서 그리스도에 의해 인류가 구원을 받게 된다는 가르침.

*할례
유대인들이 옛날부터 행하던 의식 중 하나로, 남성의 음경 표피를 조금 끊어내는 풍습.

이 항공사진은 헤롯왕이 예루살렘 근처에 만든 헤로디움 요새를 찍은 것이다. 헤롯은 기원전 4년에 이 요새에 묻혔다. 대부분의 현대 역사가들이 주장하는 바에 의하면, 헤롯은 예수 탄생 직후 죽었다고 한다.

사해 근처 쿰란에 있는 동굴들에서 기원전 1세기에 쓰인 사본들이 발견되었다. 그 중 어떤 사본들은 이 사진에서처럼 항아리 속에 보관되어 있었다. 이 사본들은 금욕생활을 하던 에세네파 유대인들이 쓴 것으로 추정된다.

을 설명하려는 시도일 것이다. 기독교도들은 세상을 구원하려고 노력하면서, 이 세계를 천천히 변화시켜나가야 한다고 생각했다. 이런 생각들은 유대인들의 역사적 경험과 어려운 환경 속에서도 생존해 왔다는 사실 자체에서 비롯된 것이다.

로마 지배 하의 유대인들

로마 총독들은 유대인들과 유대교 개종자들의 대규모 공동체들 때문에 골치를 앓았다. 유대교 집단들의 규모뿐만 아니라 그들의 끈질긴 배타성 때문에 통치에 큰 어려움을 겪었다. 고고학적으로 볼 때, 유대교 예배당들은 기원후로 접어들어서야 비로소 나타난다. 도시에서는 유대인들이 자신들만의 예배당과 법정을 중심으로 무리를 이루면서 다른 구역들과 확연히 구별되는 유대인 거주 지역을 만들어나갔다.

유대교로의 개종이 널리 확산되었고, 로마인들 중에서도 유대교에 관심을 갖는 사람들이 늘어났다. 반면에 노골적으로 유대인을 혐오하고 배척하는 조짐 역시 로마에서 나타나기 시작했다. 알렉산드리아에서는 유대인들의 반란이 빈번하게 일어났고, 그런 현상은 서아시아의 다른 도시들로 빠르게 번져나갔다. 그래서 행정당국은 언제 폭발할지 모르는 유대인 집단 때문에 항상 긴장해야 했고, 급기야 상황이 악화되어 유대인 공동체들을 해체시키게 되었다.

유대의 왕 헤롯

유대 지방은 불안하고 위험한 곳으로 인식되었다. 그런 인식이 생기게 된 것은 150년간의 종교적 갈등이 있었기 때문이었다. 기원전 37년에 유대인인 헤롯은 원로원의 지지를 얻어 유대의 왕이 되었다. 하지만 그는 유대인들에게 인기를 얻지 못했다. 로마의 지원을 받아 왕이 된 그는 친로마정책을 통해 로마인들의 환심을 얻으려 했다. 따라서 유대인들은 당연히 그를 싫어할 수밖에 없었다.

하지만 유대인들이 헤롯 왕을 싫어하게 된 이유는 그것만이 아니었다. 그는 겉으로는 유대교에 대한 충성심을 과시하면서도 왕실에서는 그리스적인 생활양식을 따랐다. 게다가 백성들에게는 엄청난 세금을 부과했다. 그 때문에 헤롯 왕에 대한 유대인들의 반감은 더욱 고조되었다. 게다가 그 조세들 중 상당 부분이 궁전, 요새, 원형 경기장, 성전, 항구와 같은 대규모 건축 공사에 쓰였다.

헤롯 왕은 수많은 갓난아기들을 죽이기도 했다. 그러나 그런 사건이 아니더라도 그는 역사에서 결코 좋은 평가를 받지 못했을 것이다. 기원전 4년에 그가 죽고 난 후 유대 왕국은 그의 세 아들에게 분배되었다. 그의 아들들은 영토 분배에 불만스러워 했고, 결국 기원후 6년에 그 분배가 무효화되면서 유대 지방은 로마의 속주가 되었다. 기원후 26년에 본디오 빌라도가 행정장관, 즉 총독으로 부임하여 10년 동안 그 불편하고 힘겨운 자리에 앉아 있었다.

이것은 쿰란에서 발견된 사해 사본들 중 하나로, 이사야서의 한 부분을 필사한 것이다.

라벤나 대성당의 부속건물인 네오니앙 세례당의 중앙 돔을 장식하고 있는 모자이크. 5세기에 만들어진 것이다. 정 중앙에 세례 요한이 그리스도에게 세례를 베풀고 있는 장면이 보인다. 그리스도가 물속에 잠겨 있고 성령이 그 위에 임하고 있다.

유대사회의 동요

기원전 1세기 말은 유대인들의 역사에 있어서 아주 힘겨운 시기였다. 200년 가까이 계속되던 사회적 동요가 절정을 향해 치닫고 있었다. 유대인들은 이웃인 사마리아인들과 갈등이 고조되어 있었고, 연안 도시들에서 밀려드는 그리스계 시리아인들 때문에 화가 나 있었다. 그들은 로마가 유대를 정복한 수많은 나라들 중 마지막 정복자라는 사실과 그들이 요구하는 세금 때문에 로마를 미워했다. 또한 유대인들은 세리들을 미워했다. 그들이 세금을 징수해갔기 때문만이 아니라, 징수한 세금을 로마에 갖다 바쳤기 때문이었다.

그러나 더 심각한 문제는 유대사회 내에서 유대인들끼리 서로 분열되어 극심한 내분을 겪고 있었다는 사실이다. 이러한 분열로 인해 종교적 대축제들은 종종 유혈 폭동으로 얼룩지기도 했다. 바리새파*는 부유한 귀족 계급과 제사장 계급을 대변하는 사두개파와 극심하게 대립하고 있었다. 그리고 다른 종파들은 그 둘 모두를 거부했다.

가장 흥미로운 유대교 종파들 중 하나가 현대에 발견된 사해사본*을 통해 우리에게 알려지게 되었다. 그 종파는 초기 기독교가 했던 약속을 신도들에게 했던 듯하다. 그 종파는 이후 유대교에 등을 돌리면서, 메시아의 출현으로 얻게 될 최후의 구원을 기다렸다. 그러한 종말론적인 교의에 매료된 유대

*바리새파와 사두개파
유대교의 분파로, 바리새파는 율법을 철저히 지키는 것을 매우 중시했다. 반면, 사두개파는 영혼 불멸성, 몸의 부활, 천사 같은 영적 존재를 부인하며 그리스도교의 출현을 크게 경계했다.

*사해사본
사해의 북서쪽 연안에 있는 쿰란 지역의 동굴 등지에서 발견된 히브리어로 된 구약성경. 특히 이사야서 사본寫本이 발견되어 구약 성경의 연구에 중요한 자료가 된다.

유대민족과 기독교의 도래

*젤로테파
유대교의 한 파벌로, 호전적인 애국자 집단. 자신들을 신이 선택한 민족이라고 확신하고 로마제국의 지배에 반대하여 직접적인 폭력이나 무력을 행사했다.

인들은 메시아가 언제 오게 될지 미리 알아내기 위해 예언자들의 글을 찾아 헤맸다. 어떤 유대인들은 그보다 직접적인 방법을 추구했다. 호전적인 애국단체인 젤로테파*는 민족적인 저항운동이야말로 최후의 구원을 위한 최고의 방법이라고 생각하면서 저항운동에 모든 희망을 걸었다.

나사렛 예수

이처럼 긴장된 분위기 속에서 예수가 태어났다. 당시 그의 동포들은 자신들을 군사적으로나 상징적으로 승리의 길로 이끌어줄 진정한 지도자, 위대한 예루살렘의 시대를 열어줄 메시아의 도래를 애타게 기다리고 있었다. 예수의 생애에 관해서는 그의 사후에 쓰인 복음서에 자세히 기록되어 있다. 이 복음서는 초기 기독교인들이 실제로 예수를 알았던 사람들의 증언에 근거하여 기록한 내용들과 사람들 사이에 구전되어오던 이야기들을 바탕으로 기록한 내용들이다.

복음서는 사실 만족할만한 증거자료가 아니다. 아니, 복음서는 증거자료로서 너무 부적절한 것이다. 왜냐하면 복음서는 예수의

이 무덤은 기원전 1세기 키드론 계곡의 암벽을 파서 만든 것이다. 그리스도의 시신은 이와 유사한 무덤 속에 안치되었을 것이다.

산상수훈

예수께서 무리를 보시고 산에 올라가 앉으시니 제자들이 나아온지라 입을 열어 가르쳐 가라사대,
"심령이 가난한 자는 복이 있나니 천국이 저희 것임이요, 애통하는 자는 복이 있나니 저희가 위로를 받을 것임이요, 온유한 자는 복이 있나니 저희가 땅을 기업으로 받을 것임이요, 의에 주리고 목마른 자는 복이 있나니 저희가 배부를 것임이요, 긍휼히 여기는 자는 복이 있나니 저희가 긍휼히 여김을 받을 것임이요, 마음이 청결한 자는 복이 있나니 저희가 하나님을 볼 것임이요, 화평케 하는 자는 복이 있나니 저희가 하나님의 아들이라 일컬음을 받을 것임이요, 의를 위하여 핍박을 받은 자는 복이 있나니 천국이 저희 것임이라."
"나로 인하여 너희를 욕하고 핍박하고 거짓으로 너희를 거슬러 모든 악한 말을 할 때에는 너희에게 복이 있나니 기뻐하고 즐거워하라. 하늘에서 너희의 상이 큼이라, 너희 전에 있던 선지자들을 이같이 핍박하였느니라."

마태복음 5장 1~12절에서 발췌.

초자연적 권위를 증명하고, 오랜 세월동안 예언되어왔던 메시아의 도래가 마침내 실현되었음을 예수의 생애를 통해 증명하기 위해 쓰인 것이기 때문이다. 그러므로 마치 흥미로운 위인전 같은 이 복음서의 내용들만으로 역사를 제대로 생각해볼 수는 없다.

복음서의 내용 중 많은 것들은 그 당시 유대의 종교 지도자라면 충분히 했을 법한 말과 행동이었다. 따라서 나름대로 설득력을 갖고 있다. 또한 그런 사실들을 거부할 필요도 없다. 그보다 훨씬 더 까다로운 문제에 훨씬 더 부적절한 증거가 이용되는 일도 많기 때문이다. 오늘날 우리가 과거의 사실들을 이해하는 기준에 비추어 볼 때, 너무 엄격하고 정확한 잣대로 초기 기독교를 바라볼 필요는 없을 것이다. 그렇지만, 복음서에 진술된 내용들에

대한 확정적인 증거를 다른 기록들에서 발견하는 것은 대단히 어려운 일이다.

복음서에 묘사된 예수

복음서에 묘사된 예수는 왕족의 후손이며 가난하지도 부유하지도 않은 집안 출신이다. 예수가 왕족의 후손이라는 주장이 아무런 근거가 없는 것이었다면, 틀림없이 예수의 적들이 그 주장을 부인했을 것이다. 예수가 자란 갈릴리는 유대교의 경계지역 같은 곳이었다. 그곳은 유대인들의 종교적 정서를 자극하는 그리스계 시리아인들과 쉽게 부딪칠 수 있는 곳이었다.

그 부근에서 요한이라 불리는 선지자가 설교를 했는데, 군중들은 그의 설교를 듣기 위해 구름처럼 몰려들었다. 하지만 요한은 결국 체포되어 사형 당했다. 오늘날 학자들은 요한이 사해사본을 후세에 남긴 쿰란 공동체와 관련이 있었을 것이라고 믿고 있다. 한 복음 전도자는 요한이 예수의 사촌이었다고 전하고 있다. 이것은 어쩌면 사실일 수도 있다.

그러나 그것보다 훨씬 더 중요한 것은, 요한이 심판의 날이 다가오는 것을 두려워하여 자기를 찾아오는 수많은 사람들에게 세례를 베풀었으며, 예수에게도 세례를 베풀었다는 내용이 모든 복음서에서 일치하고 있다는 점이다. 그리고 요한은 예수가 자신과 같은 선지자가 아니라 그보다 훨씬 고귀한 존재라는 것을 알아보았다고 전해지고 있다. 성서에서 요한은 예수에게 이렇게 말했다.

"오실 그이가 당신이오니이까, 아니면 우리가 다른 이를 기다리오리이까?"

예수는 자신이 메시아라는 것을 알고 있었다. 군중들은 그가 베푼 기적들을 통해 그의

기원후 4세기에 제작된 이 돌로 만든 기독교식 관에는 구약과 신약의 주요 장면들이 장식되어 있다. 아래쪽 한 가운데 보이는 것은 그리스도의 예루살렘 입성 장면이다.

유대민족과 기독교의 도래 85

5세기에 만들어진 이 대리석 석관에는 사도들에게 둘러싸인 그리스도의 모습이 새겨져 있다. 초기 기독교 미술에서 그리스도는 이 부조에 묘사된 것처럼 수염이 없고 로마인 복장을 하고 있는 모습으로 나타나 있다. 이 석관은 밀라노의 세인트 암브로시우스 성당으로 옮겨져 설교단으로 사용되었다.

가르침과 신적인 성격을 확신했다. 그리고 열광하면서 예수를 따라 예루살렘으로 달려갔다. 이는 그들의 자발적인 감정에서 우러나온 것이었다. 그들은 도래할 메시아를 기다리면서 다른 위대한 스승들을 따랐던 것처럼 예수를 따랐다.

하지만 그 결말은 비참했다. 유대인들은 예수를 신성 모독죄로 고발하여 법정에 세웠다. 가뜩이나 소란스러운 그 도시에서 더 큰 소란이 일어나는 것을 원치 않았던 로마 총독은 격앙된 유대인들의 감정을 누그러뜨리기 위해 그들의 고발을 받아들였다.

예수는 로마시민이 아니었고, 그런 사람들에게 내리는 최고의 형벌은 매질을 한 후 십자가에 못 박아 처형하는 것이었다. 예수가 못 박혔던 십자가에는 '유대인의 왕, 나사렛 예수'라는 글귀가 새겨져 있었다. 이것은 예수와 유대인들 사이에 어떤 정치적 연관성이 있었다는 것을 명백히 보여주는 문구였다. 그리고 총독은 라틴어, 그리스어, 헤브라이어로 그 문구를 게시함으로써 누구라도 그 글을 읽을 수 있게 했다. 예수의 십자가 처형 시기를 기원후 29년이나 기원후 30년으로 보기도 하지만, 기원후 33년에 예수가 처형되었던 듯하다.

예수가 죽은 후, 제자들은 예수가 죽음에서 부활했다고 믿었다. 그들은 부활한 예수

5~6세기경에 제작된 로마의 산타 코스탄자 성당의 모자이크. 그리스도가 성 베드로에게 기독교 교회의 열쇠를 넘겨주고 있다.

를 자신들의 눈으로 직접 보았고 예수가 하늘로 올라갔다고 믿었다. 그리고 자신들은 예수로부터 성령을 받았고 그 힘은 최후의 날까지 그들과 그 후예들을 지켜줄 것이라고 믿었다. 그들은 또한 심판의 날이 곧 올 것이며, 그 날이 오면 예수는 신의 오른편에 앉아 있는 심판자로 우리에게 올 것이라고 믿었다. 이 모든 것은 성서의 복음서에 그대로 전해지고 있다.

예수의 가르침

최초의 기독교인들은 그리스도를 통해 죽음과 부활, 다가올 심판의 날과 같은 복음을 알게 되었다. 하지만 예수의 가르침에는 이러

4세기 제작된 이 벽화는 로마의 도미틸라 카타콤에 있는 것으로, 사도들 한 가운데에 그리스도의 모습이 크게 부각되어 있다.

로마 성 베드로 성당 지하실의 모자이크에 묘사된 성 바울. 그는 기원후 1세기에 전도 활동을 펼친 것으로 추정된다. 바울의 가르침을 통해 기독교는 비로소 유대교로부터 벗어나기 시작하여 독자적인 정체성을 갖게 된다.

한 내용보다 훨씬 보편적으로 적용할 수 있는 요소들이 들어 있었다.

예배에 관한 예수의 생각은 유대인들의 생각과 크게 다르지 않았다. 그가 지시한 것은 개인적인 기도와 함께 성전에서의 예배가 전부였다. 지극히 현실적인 의미에서 예수는 한 명의 유대인으로 살다 죽었다. 그러나 그의 도덕적 가르침은 회개와 죄로부터의 구원, 그리고 유대인들뿐만 아니라 이 세상 모든 사람들이 얻을 수 있는 '구원'에 초점을 두고 있었다.

예수의 가르침에는 징벌도 포함되어 있었다. 이 점에 있어서 예수의 견해는 바리새인들의 견해와 일치했다. 그리고 대단히 놀랍게도, 신약성서에 나와 있는 보다 무시무시한 내용들은 대부분 예수에게서 비롯된 것들이다. 율법을 충실히 지켜나가는 것은 필수적인 일이었다. 그러나 그것만으로 충분하지 않았다. 율법을 준수하는 것을 넘어서서, 잘못을 저질렀을 경우 그 잘못을 회개하고 변상할 의무, 심지어 잘못을 변상하기 위해 자기희생까지도 받아들여야 한다는 의무들이 있었다. 예수가 전한 사랑의 계율은 올바른 행동을 위한 지침이었다.

예수는 정치적 지도자의 역할을 완강하게 거부했다. "내 왕국은 이 세상 것이 아니다"라는 예수의 말에는 엄청나게 많은 의미가 담겨 있다. 예수의 정치적 정적주의* 역시 이 말에서 분명하게 확인된다. 그러나 많은 이들은 정치적 지도자가 되어줄 메시아를 기다리고 있었다. 또 어떤 이들은 유대교가 국가종교로 자리 잡는 것에 반대하는 지도자를 찾으려 했다.

따라서 단지 종교적 정화와 개혁에만 목적을 두고 있었더라도, 그들은 질서를 해칠 가능성이 있는 위험요소였다. 다윗의 자손인 예수는 행정당국의 눈에는 위험인물일 수밖에 없었다. 예수의 제자들 중에는 시몬이라는 의외의 인물이 있었다. 그는 극단적인 종파인 젤로테파에 속해 있던 사람이었기 때문이다. 예수의 가르침 가운데 많은 것이 지배적인 종파인 사두개파와 바리새파에 대한 반감을 불러일으켰다. 그래서 그 두 종파는 예수가 한 말들 속에서 로마를 음해하는 내용을 찾아내려 애썼다.

바울이 코린트에서 기독교인들에게 쓴 편지

"내가 받은 것을 먼저 너희에게 전하였노니, 이는 성경대로 그리스도께서 우리 죄를 위하여 죽으시고, 장사 지낸 바 되었다가 성경대로 사흘 만에 다시 살아나사, 게바에게 보이시고, 후에 열두 제자에게와 그 후에 오백여 형제에게 일시에 보이셨나니, 그 중에 지금까지 태반이나 살아 있고 어떤 이는 잠들었으며, 그 후에 야고보에게 보이셨으며 그 후에 모든 사도에게와 맨 나중에 만삭되지 못하여 난자 같은 내게도 보이셨느니라. 나는 사도 중에서 지극히 작은 자라 내가 하나님의 교회를 핍박하였으므로 사도라 칭함을 받기에 감당치 못할 자로라. 그러나 나의 나된 것은 하나님의 은혜로 된 것이니, 내게 주신 그의 은혜가 헛되지 아니하여 내가 모든 사도보다 더 많이 수고하였으나 내가 아니요, 오직 나와 함께 하신 하나님의 은혜로라. 그러므로 내나 저희나 이같이 전파하매, 너희도 이같이 믿었느니라.

"그리스도께서 죽은 자 가운데서 다시 살아나셨다 전파되었거늘, 너희 중에서 어떤 이들은 어찌하여 죽은 자 가운데서 부활이 없다 하느냐? 만일 죽은 자의 부활이 없으면 그리스도도 다시 살지 못하셨으리라. 그리스도께서 만일 다시 살지 못하셨으면 우리의 전파하는 것도 헛것이요, 또 너의 믿음도 헛것이다."

고린도전서 15장 3~14절에서 발췌

*정적주의
기독교에서 인간의 자발적이고 능동적인 의지를 최대한 억제하고, 초인적인 신의 힘에 전적으로 의지하려는 사상.

그리스도를 따랐던 사람들

당시의 정치적 상황을 통해 예수의 최후와 유대인들의 절망에 대한 전후사정을 알 수 있다. 하지만 예수의 가르침이 끝까지 살아남은 이유는 당시의 정치적 상황만으로 이해하기 어렵다. 예수는 정치적으로 불만에 찬 사람들뿐만 아니라, 율법이 자신들의 삶에 있어서 더 이상 충분한 지침이 아니라고 느끼고 있던 유대인들의 마음을 사로잡았다.

성 바울의 전도 여행 경로

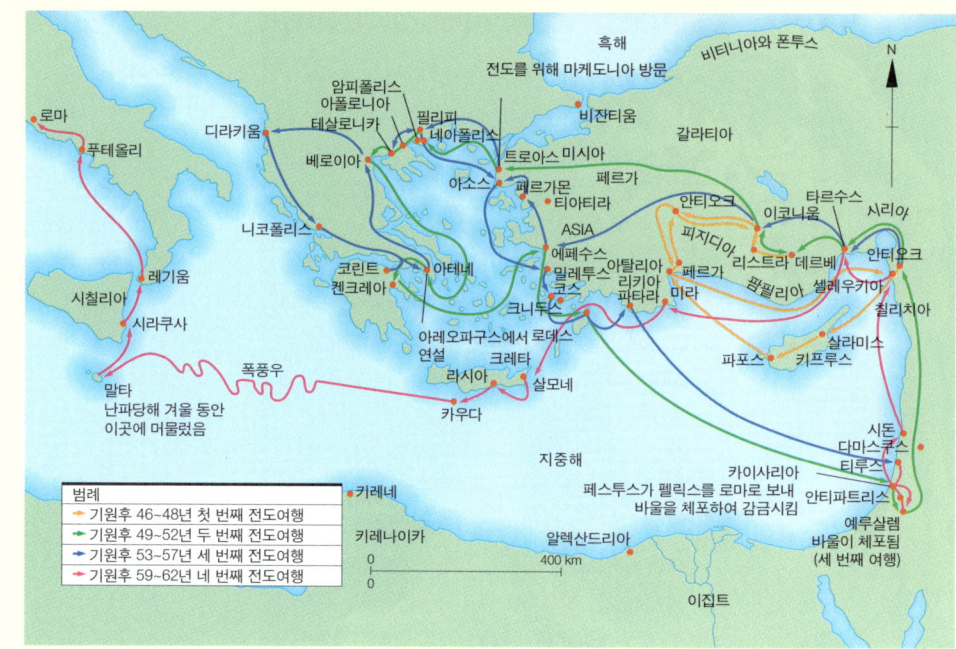

이 지도는 사도행전에 기록된 바울의 전도 여행 경로를 보여주고 있다. 바울은 지중해 동쪽의 수많은 도시를 방문하여 유대인들과 이방인들을 기독교로 개종시키기 위해 설교했다. 바울은 이방인들을 기독교인으로 개종시키려면 기독교 교리에서 유대의 뿌리들을 잘라내야 한다고 주장했다. 바울은 또한 이미 그 지역에 자리 잡고 있던 기독교 공동체들을 개인적으로 여러 차례 찾아가고 장문의 편지로 기독교에 대한 자신의 견해를 밝혔다.

개종을 하여 이스라엘의 2등 시민권을 얻었지만 그것보다는 마지막 심판의 날에 구원받아 영생을 얻고 싶어 하는 비 유대인들의 마음까지도 사로잡았다.

또한 가난한 사람들과 소외계층들도 예수의 가르침에 매료되었다. 그 당시에는 엄청난 빈부격차로 구석으로 내몰린 소외계층이 아주 많았다. 하지만 바로 그러한 사회현실 때문에 사람들은 예수의 가르침에 더욱 열광하게 되었고, 그의 사상들은 마침내 깜짝 놀랄 만한 결과를 낳게 되었다. 그러나 예수에게 열광하던 사회적 분위기는 예수의 죽음과 함께 사라진 것처럼 보이기도 했다.

예수가 죽음을 맞이할 당시, 그의 추종자 집단은 유대의 많은 종파들 중 아주 작은 종파에 불과했다. 그러나 그들은 다른 종파들로서는 생각할 수도 없는 엄청난 일이 일어났다고 믿었다. 그들은 그리스도가 죽음에서 부활했다고 믿었으며, 자신들의 눈으로 그것을 직접 확인했다고 믿었다. 그리고 그리스도가 그의 세례로 구원받은 모든 사람을 하나님의 심판 이후 그리스도 자신처럼 죽음에서 부활시켜 영생을 얻게 해줄 것이라고 믿었다.

이 메시지가 보편성을 획득하고 문명화된 세계에 소개된 것은 예수가 죽은 지 50년이 지난 후였다. 예수의 제자들은 그 가르침을 굳게 믿으면서 예루살렘에 그대로 남아 있었다. 시간이 흐르면서 예루살렘은 서아시아의 유대인들이 순례를 위해 모여드는 성지이자 새로운 교리의 발생지가 되었다.

예수의 죽음 이후, 예수의 제자였던 베드로와 예수의 동생이자 제자였던 야고보는 곧 오게 될 메시아를 기다리면서 작은 종교 집단을 이끌었다. 그들은 성전에서 하나님께 예배를 올리고 참회를 하면서 열심히 메시아를 맞이할 준비를 하고 있었다. 그들은 분명히 유대인 종교 집단에 속했다. 그 집단들이 다른 유대교 종파들과 구분되는 점은 오직

6세기 로마 석관의 일부. 예수의 수난 장면들이 묘사되어 있다. 중앙에 보이는 것은 그리스도의 부활을 상징하는 장면이다. 십자가 위쪽에는 두 마리의 비둘기가 그리스도의 상징을 떠받치고 있고, 십자가 아래쪽에는 두 명의 로마 병사들이 앉아 있다.

세례의식뿐이었을 것이다. 그러나 다른 종파에 속한 유대인들은 그들에게서 어떤 위험요소를 발견할 수 있었다.

베드로와 야고보가 이끌던 집단들은 유대 지역 밖에서 온 그리스어를 사용하는 유대인들과 교류하면서, 성직자들의 권위에 대해 의심을 품게 되었다. 그 때문에 다른 유대인들은 그들에게 반감을 가지게 되었다. 그 집단의 일원이자 기독교 최초의 순교자인 스데반은 유대인들이 던진 돌에 맞아 죽었다. 스데반을 죽이는 일에 가담했던 인물 중 하나였던 바울은 소아시아 타르수스 출신이었다. 그는 베냐민 지파이자 바리새인이었다. 그리스 문명에 동화된 유대인이었던 바울은 유대교의 정통성과 율법을 특별히 중요시한 인물이었다. 그는 자신의 종교에 자부심을 가지고 기독교를 박해했다. 그러나 바울은 예수 이후 기독교 발전에 가장 큰 영향력을 끼친 인물로 변하게 된다.

바울의 가르침

정확한 이유는 알 수 없지만 바울은 마음을 바꾸게 되었다. 그리스도의 추종자들을 박해했던 그가 그리스도의 추종자가 된 것이다. 아마도 팔레스티나 동쪽 사막에 머물면서 명상과 회개를 한 결과였던 듯하다. 그리스도의 추종자가 된 바울은 기원후 47년경에 일련의 여행을 시작했다. 이 여행 기간 동안 그는 지중해 동부 전역을 돌아다녔다. 이방의 기독교인들이 유대교에서 가장 중요하게 여기는 할례를 받지 않으려 하자, 기원후 49년 예루살렘의 사도집회는 할례를 받지 않아도 구원받을 수 있다는 예루살렘 교회의 입장을 전하기 위해 바울을 그들에게 보내기로 결정했다. 그 결정을 내린 것이 바울 자신이었는지, 그 집회였는지, 아니면 둘 모두였는지는 명확하지 않다.

소아시아에는 이미 순례자들이 전해준 새로운 가르침을 따르는 유대교 소집단들이 있었다. 그 집단들은 바울의 노력을 통해 대대

초기 기독교 미술에서 가장 인상적인 작품 중 하나인 이 벽화는 로마의 프리실라 카타콤에서 발견된 것으로, 3세기 중반에 제작되었다. 기도하는 인물은 무덤에 안장되어 있는 고인이다.

3세기에 제작된 석관의 부조 작품. 요나가 바다에 던져져 고래가 삼키는 장면이다. 고래 뱃속에서 사흘을 보내고 무사히 돌아온 요나에 관한 성서 이야기는 그리스도가 제자들에게 약속했던 부활을 비유하는 것일 수도 있다.

적으로 통합되고 강화되었다. 바울이 특별히 목표로 한 전도대상은 유대교로 개종한 그리스인들이었다. 바울은 그 이방인들에게 그리스어로 설교할 수 있었던 것이다. 그 결과 그들은 새로운 신앙서약을 통해 완전한 이스라엘 백성이 되었다.

바울이 가르친 교리는 새로운 것이었다. 철저한 율법주의자였던 그가 율법을 거부했다. 예수는 결코 율법을 중시한 적이 없었기 때문이었다. 또한 바울은 예수의 가르침에 담긴 본질적인 유대사상들을 그리스어로 번역하여 전파하고자 했다. 그는 세상의 종말이 임박했음을 계속 강조하는 한 편, 창조의 신비, 그리고 특히 보이는 세계와 보이지 않는 세계의 관계, 영혼과 육체의 관계에 대해 설교했다. 보이지 않는 세계가 보이는 세계보다 더 크며 육체는 죽어도 영혼은 하나님 앞에서 영원하다는 것을 그리스도를 통해 확인할 수 있다고 모든 민족에게 설교한 것이다.

그 과정에서 예수는 인간적 존재를 뛰어넘어 죽음을 극복한 구원자, 즉 신이 되었다. 그리고 이것은 기독교 신앙의 모체인 유대사상을 산산조각 냈다. 유대교에는 그런 사상이 뿌리내릴 자리가 없었다. 그래서 기독교는 유대교 성전에서 쫓겨나게 되었다. 그 이후로 기독교는 수백 년에 걸쳐 수많은 안식처들을 찾아냈다. 그리스의 지식인 사회는 기독교인들이 최초로 발견한 새로운 안식처였다. 그리고 이 변화를 토대로 하나의 웅대한 이론적 구조가 만들어졌다.

사도행전에는 바울의 가르침에 대한 반응뿐만 아니라, 공공질서를 해치지만 않는다면 모든 지성에 대해 관대했던 로마의 식민지 통치 정책에 관한 내용들도 많이 실려 있다. 그러나 바울의 가르침은 기존질서를 빈번하게 어지럽혔으며, 기원후 59년 로마인들은 예루살렘의 유대인들로부터 바울을 구해내야 했다. 그 다음 해에 유대인들의 불만을 사게 되어 다시 법정에 선 바울은 황제와 로마에 호소했고, 그 호소는 언뜻 보기에 성공적이었던 것 같다. 하지만 그 이후로 바울의 행적에 관한 기록은 찾아볼 수 없다. 그는 아마도 기원후 67년 네로 황제의 기독교 박해 때 순교한 듯하다.

92 로마와 고대의 서양세계

기독교의 확산

기독교인들은 각지에 흩어져 있는 유대인 공동체들을 찾아다니며 전도 활동을 시작했다. 기독교는 그곳들에 뿌리내린 이후 문명세계에 널리 보급되었다. 새로 등장한 기독교 공동체들은 서로 대등한 관계에서 각자 독립성을 유지하고 있었다. 그러나 예루살렘 교단만큼은 우위권을 인정받았다. 부활한 그리스도를 목격한 사람들과 그 후손들이 예루살렘에 모여 있었기 때문에 그것은 충분히 납득할 수 있는 일이었다.

각 공동체들이 신앙 이외에 서로 연결될 수 있는 유일한 끈은 세례의식이었다. 세례는 새로운 이스라엘의 백성으로 받아들인다는 상징적 의미이자, 예수가 체포되기 전날 저녁 제자들과의 마지막 만찬에서 거행된 의식을 재현하는 성찬식이었다. 세례의식은 오늘날까지 기독교 교파의 상징적인 의식으로 남아 있다.

각 지역 교파의 지도자들은 독립적인 권한을 행사할 수 있었다. 하지만 그들이 실제로 권한을 행사하는 일은 거의 없었다. 각 지역에 흩어져 있는 기독교 공동체들이 어떤 문제들을 결정할 때 의사를 조정하는 것이 전부였다. 한편으로 기독교인들은 예수의 재림을 기다리고 있었다. 기원후 70년 로마가 예루살렘을 함락시키고 예루살렘 성전을 파괴하자 많은 기독교인들이 뿔뿔이 흩어지게 되었다. 그 이후로 예루살렘 교단의 영향력은 쇠퇴했으며, 기독교는 유대 지방에서 활기를 잃게 되었다.

2세기 초 팔레스티나 외곽에 기독교 공동체들의 수가 점차 늘어나면서 그 중요성이 점점 커졌다. 그리고 그 공동체들에서 일어나는 문제들을 관리하기 위한 성직 위계제가 이미 발달되어 있었다. 그 위계제의 직분들은 후일 기독교의 세 직분, 즉 목사, 장로, 집사에 해당하는 것들이었다. 당시에 이 직분을 가진 사람들의 중요한 역할은 교단 관리

네로(54~68)는 기독교인들을 박해한 최초의 로마 황제였다.

기독교의 메시지

기독교는 그리스도라고 알려진 나사렛 예수의 설교로부터 시작되었다. 그리스도는 유대민족이 독점해오던 일신론을 민족과 국가를 초월하여 모든 인간을 위한 구원의 메시지로 바꾸었다. 그리스도가 죽고 나서 얼마 후, 그의 삶과 가르침에 대한 많은 이야기가 복음서에 기록되었다. 이것은 신약이라는 이름으로 후대에 전해지면서 구약 성서와 함께 기독교의 기본 경전이 되었다. 기독교인들에게 있어서 그리스도는 성부, 성자, 성령을 의미하며, 이 삼위 안에서 유일한 존재이자 유일한 신을 의미한다.

그리스도의 최초의 제자들은 모두 그리스도와 마찬가지로 유대인들이었다. 그러나 기독교는 특히 바울의 헌신적인 전도를 통해 빠르게 다른 민족들에게로 퍼져나갔다. 바울에게 있어서 예수의 죽음은 인류 전체의 죄를 대신하는 구원의 행동이었고, 그 행동으로 예수는 모세의 율법을 능가하게 되었다. 그리스도의 부활은 정의와 사랑의 율법인 신의 율법에 따르는 사람들이라면 누구나 영생할 수 있다는 것을 보여준 예였다.

로마제국 전역에서 기독교 공동체들이 생겨났다. 그들은 주교를 최상위에 두는 직분제를 통해 단단하게 결속되었다. 기독교는 현대 세계에서 가장 광범위하게 퍼져 있는 종교다.

로마의 모자이크 작품. 원형 경기장에서 벌어진 시합을 묘사하고 있다. 야생동물들에게 공격당해 죽은 사람들의 모습이 보인다. 자신들의 신앙을 포기하지 않았던 초기 기독교인들은 흔히 이런 끔찍한 운명에 처해지곤 했다.

와 운영이었기 때문에 그들의 성직자로서의 역할은 극히 미미했다.

유대 과격주의자들의 반란

어떤 새로운 종파가 출현했을 때 그에 대한 로마 당국의 반응은 쉽게 예측할 수 있었다. 로마의 통치 원칙은 간섭해야 할 특별한 이유가 없고 제국을 모독하거나 질서를 어지럽히지 않는 한 관대하게 대한다는 것이었다. 그러나 초기에 발생한 몇 차례의 과격한 유대인 민족주의 운동에 대해 로마는 강경하게 응징했다. 그 와중에 로마인들이 기독교인들을 유대인들과 혼동할 우려가 있었다. 하지만 전능한 신에 의한 통치를 바라는 기독교인들과 로마제국에 대한 적대감을 노골적으로 나타냈던 유대인들은 분명한 차이가 있었다. 따라서 기독교인들은 유대인에 대한 로마의 강경책에서 벗어날 수 있었다.

기원후 6년에 갈릴리는 반란의 소용돌이에 휩싸여 있었다. 아마도 그 반란에 대한 나쁜 기억 때문에 총독 빌라도는 과격주의자들인 젤로테파를 제자로 둔 예수를 심판할 때 부정적인 판결을 내리게 되었을 것이다. 그러나 기원후 66년에 일어난 유대인들의 대반란을 통해 유대 민족주의와 기독교는 명확하게 구분되었다.

그 반란은 로마제국 지배 하의 유대인 역사에서 가장 중요한 사건이었다. 유대인 극

단주의자들은 반란을 일으키고 유대 지방에서 로마 총독을 쫓아낸 다음 예루살렘에 혁명정부를 세웠다. 하지만 그들은 권력을 독차지하기 위해 서로 싸웠고 권력 다툼은 내란으로 번졌다. 유대인 역사가 요세푸스는 자신이 직접 체험한 내란의 잔인한 장면들과 예루살렘 성전에 대한 로마의 최후 공격, 그리고 승리를 거둔 로마군이 예루살렘 성전을 불태운 사실들을 상세히 기록했다. 로마가 예루살렘을 함락시키기 이전에, 유대인들은 내란과 생존을 위한 처절한 싸움으로 이미 처참한 상태에 놓여 있었다.

최근에 고고학자들은 유대인들의 반란 근거지로 이용했던 지하시설과 지하통로들을 발견했다. 반란군들은 아마도 이 통로들을 이용해 마사다로 이동했을 것이다. 마사다는 유대인들이 기원후 73년 로마군에게 함락되기 전까지 항전했던 마지막 요새였다.

각지로 흩어진 유대민족

로마에 의해 반란군이 진압되기는 했지만 유대인들의 혼란이 완전히 끝난 것은 아니었다. 그것은 오히려 유대인들에게 하나의 전환점이 되었다. 극단주의자들은 신뢰를 잃게 되어 다시는 이전과 같은 지지를 얻을 수 없게 된 반면, 율법은 그 어느 때보다 유대정신의 중요한 근본으로 자리 잡게 되었다. 유대인 학자들과 '랍비'라고 부르던 교사들이 반

기독교인들을 불신하던 사람들은 성찬식을 인육을 먹는 의식으로 오해하기도 했다. 성찬식 장면을 묘사한 3세기의 이 벽화는 로마의 프리실라 카타콤에서 발견되었다.

란 기간 동안 예루살렘이 아닌 다른 지역들에서 율법의 진정한 의미를 계속 탐구해나갔기 때문이다.

그들의 훌륭한 가르침은 이방에 흩어져 있던 수많은 유대인들을 구원했다. 그 후에 일어난 사회적 동요들이 대 반란 때만큼 심각하지 않았다는 것이 그 증거다. 하지만 기원후 117년 키레네이카에서 시작된 유대인 반란은 전면전으로 확대되었고, 기원후 132년에는 시몬 바르 코흐바가 유대 지방에서 또 다른 반란을 일으켰다. 반란을 진압한 하드리아누스 황제는 예루살렘에서 유대인들을

기원후 80년에 로마의 콜로세움이 완공되어 개막행사가 열렸다. 그 이후로 수없이 많은 기독교인들이 이곳에서 잔인하게 죽임을 당했다.

몰아내고 그곳을 이탈리아의 식민지로 만들었다. 그 후로 유대인들은 1년에 한 번씩만 예루살렘을 방문할 수 있었다.

하지만 그들은 교단의 자치권과 함께 특별한 관리자, 즉 총대주교를 둘 수 있는 권한을 보장받았다. 유대인들은 로마법을 따랐지만, 자신들의 종교적 의무들과 충돌하는 의무들은 따르지 않아도 되었다. 이로써 유대 역사의 한 페이지가 막을 내리게 되었다. 그 후로 1,800년 동안 유대인들은 뿔뿔이 흩어져 세계 각처를 떠돌게 된다. 그리고 마침내 그들은 팔레스타인에 다시 한 번 민족국가 이스라엘을 세우게 된다.

| 기독교에 대한 적개심 |

그 이후로도 한 동안 불안정한 상황이 계속되었지만, 극단적인 유대 민족주의자들이 아닌 이상 제국 내의 유대인들은 안전하게 살 수 있었다. 로마 행정당국이 보기에는 기독교와 유대교는 별 차이가 없었다. 기독교는 일신론을 주장하는 유대교의 한 변형에 지나지 않는다고 보았던 것이다. 그럼에도 불구하고 기독교인들은 유대인들보다 더 많은 고난을 당했다.

십자가에 못 박힌 예수의 수난, 스데반의 순교, 바울의 모험들에서 증명된 것처럼, 기독교를 처음 박해한 것은 로마인들이 아니라 유대인들이었다. 사도행전의 저자에 따르면, 예루살렘에서 최초로 기독교도들을 박해한 것은 유대 왕 헤롯 아그리파였다. 기원후 64년에 로마에 큰 화재가 일어났을 때 네로 황제는 그 죄를 뒤집어씌울 대상을 찾고 있었다. 어떤 학자들은 네로 황제가 기독교에 적개심을 품고 있던 유대인들을 부추겨 기독교도들을 방화범으로 지목하게 만들었을 거라고 주장했다.

그 박해가 어떻게 시작되었건 간에 기독교에서 전해 내려오는 바에 의하면, 성 베드로와 성 바울이 그로 인해 죽었고 원형 경기장의 끔찍하고 잔인한 학살이 이어졌다. 하지만 기독교인들에 대한 로마의 공식적인 박해는 그것으로 일단락되었던 듯하다. 유대인들의 반란 때 기독교도들은 로마인들에 맞서 무기를 들지 않았다. 그 때문에 로마는 기독교를 다소 우호적으로 바라보게 된 것이 분명하다.

2세기 초, 로마 정부의 공식적인 기록에서 기독교도들에 대한 부정적인 시각이 나타나

기독교인들은 자신들의 교리를 진정한 철학이라고 생각했다. 기독교도들의 석관에 철학자들의 모습이 나타나 있는 것도 그 때문이다. 3세기의 석관에 장식된 이 대리석 부조에는 철학자의 가르침에 귀 기울이고 있는 로마 소녀의 모습이 묘사되어 있다.

유대민족과 기독교의 도래 97

테오테크노 가문의 지하묘지에서 발견된 6세기의 벽화. 촛불에 둘러싸인 가족들이 부활의 순간을 조용히 기다리면서 기도하고 있다. 이 그림은 기독교에서 말하는 '죽음을 향해 평화롭게 다가가는' 모습을 감동적으로 표현하고 있다.

기 시작했다. 그 기록에 의하면, 기독교인들은 그때까지 황제와 로마의 신들에게 제물을 바치기를 거부했다. 그것은 로마를 노골적으로 무시하는 행동이었다. 하지만 유대인들은 그것을 거부할 권리를 갖고 있었다. 로마가 유대 지방을 속주로 만들 당시, 로마는 유대인들에게 그들의 전통적인 종교인 유대교를 합법적인 종교로 인정해주었기 때문이다. 앞서 설명했듯이, 로마는 속주들의 전통적인 종교에 대해 항상 관대했다.

그때부터 기독교인들은 다른 유대인들과 뚜렷하게 구별되었다. 기독교는 유대의 전통 종교가 아닌 신흥 종교였다. 로마는 비록 기독교가 합법적이지는 않지만 그렇다고 해서 박해의 대상이 되어서는 안 된다는 입장을 취했다. 그러나 기독교가 로마법을 위반했다는 고발이 들어오고 그 고발 내용이 명백하게 법정에서 증명될 경우, 로마 당국은 로마법에 의거해 가차 없이 처벌을 내렸다. 이로 인해 수많은 사람들이 순교했다. 로마 관리들은 기독교인들에게 로마 황제와 신들에게 제물을 바치든지 아니면 기독교 신을 부인하라고 설득했다. 기독교인들은 그 제의를 거부하고 죽음을 택했다. 하지만 로마가 기독교도들을 말살시키려고 계획적으로 그런 일들을 벌인 것은 아니었다.

로마의 기독교 박해

로마가 기독교에 대해 갖고 있는 반감보다 다른 유대교 종파들이 기독교에 대해 갖고 있는 적개심이 훨씬 더 위험했다. 2세기가 지났을 때, 기독교인들에 대한 조직적인 대학살과 일반민중의 공격이 빈번해지고 과격해졌다. 하지만 기독교는 불법적인 종교였기 때문에 기독교인들은 로마 정부로부터 보호를 받지 못했다. 기독교인들은 때때로 로마 정부를 위한 만족스러운 희생양이었을

유대민족과 기독교의 도래

*밀교
해석하거나 설명할 수 없는 경전이나 주문. 비밀스러운 종교.

*그노시스파
신비로운 신앙 지식을 중시하는 초기 기독교의 이단 중 하나. 이들은 신의 계시를 통해 비밀스러운 지식을 얻을 수 있다고 강조했다.

것이다. 아니면 위험한 전류의 방향을 딴 곳으로 돌리는 피뢰침 같은 존재들이었을 수도 있다.

당시는 자연적 재앙의 원인을 과학적으로 규명할 수 없는 시대였다. 그래서 미신을 믿던 당시의 로마인들은 기독교인들이 로마의 신들을 모독하고 화나게 만들어 기근, 홍수, 전염병과 같은 자연의 재앙들이 일어나게 된 것이라는 말을 쉽게 믿었다. 그들로서는 그 외에는 달리 그 원인을 설명할 방법이 없었기 때문이다. 로마인들 사이에 기독교인들은 악마의 마술을 부리고 근친상간을 하며 심지어 사람의 살을 먹는다는 유언비어까지 떠돌고 있었다. 사실 이는 기독교의 성찬식이 와전되어 생긴 잘못된 소문이었다.

기독교인들은 한밤중에 은밀하게 모임을 가졌다. 로마인들의 시각에서 좀 더 심하게 표현하자면, 기독교인들은 그동안 지극히 당연한 것으로 여겨져 온 부모와 자식, 남편과 아내, 주인과 노예의 전통적인 관계들을 파괴하여 사회질서를 어지럽히고 더 나아가 사회의 안녕을 위협하고 있었다. 기독교인들은 예수 그리스도 안에서는 속박당하는 자도 자유로운 자도 없으며, 그리스도는 가족과 친구들에게 평화가 아니라 불화를 일으키기 위한 칼을 주러 왔다고 주장했다.

따라서 기원후 165년 스미르나에서 일어난 폭동, 또는 177년 리옹에서의 박해와 같이 지방의 대도시들에서 대대적인 기독교도들에 대한 박해가 일어난 이유를 충분히 이해할 수 있다. 기독교가 이교적인 저술가들로부터 공격받기 시작했을 때, 기독교의 정당성과 우월성을 변호하는 변증가들이 나타나 그들과 맞섰다. 그러나 그 폭동과 박해들은 당시 사회의 기독교에 대한 반감이 얼마나 심각했는지를 여실히 증명해준다.

기독교의 생존

초기 기독교인들이 직면한 위험은 박해뿐만이 아니었다. 어쩌면 박해는 기독교가 직면한 위험 중에서 가장 가벼운 것이었는지도 모른다. 박해보다 훨씬 더 심각하게 기독교의 생존을 위협했던 문제는 따로 있었다. 로마제국 내에서는 여러 종파들이 고대의 신비종교로 변해가는 예가 아주 많았다. 따라서 기독교 역시 원래의 성격을 잃고 또 다른 종류의 종파로 발전해가서 결국에는 다른 종파들처럼 고대 종교의 마술적인 늪에 빠져들 수도 있었다.

신비종교의 예들은 서아시아 전역에서 찾아볼 수 있었다. 이 종교들의 핵심은 신도들을 어떤 특별한 신을 숭배하는 밀교*적인 의식에 입문하게 만드는 것이었다. 신비종교의 신도들은 죽음과 부활을 주제로 한 의식을 통해 자신들을 신성한 존재와 동일시함으로써 죽음이라는 인간의 운명에서 벗어날 수 있다고 믿었다. 많은 이들이 신비종교의 엄숙한 의식을 통해 어지러운 세상사에서 벗어나 자신들이 갈망하던 마음의 평화를 얻을 수 있었다. 그 때문에 신비종교들은 당시의 대중들에게 폭발적인 인기를 얻었다.

그노시스파의 등장

기독교가 또 다른 신비종교로 발전할 지도 모른다는 심각한 위기의식이 등장한 것은 2세기에 영지주의, 즉 그노시스파*의 영향력이 부각되면서부터였다. '그노시스'라는 명칭은 '지식'이라는 뜻의 그리스어에서 유래했다. 기독교의 그노시스파들이 주장한 지식은 모든 기독교인들이 깨달을 수 있는 것이 아니라, 몇몇 소수만이 깨달을 수 있는 난해하고 은밀한 것이었다.

그노시스파의 사상들 중 어떤 것들은 조로아스터교, 힌두교, 불교에서 온 것이었다. 이 종교들은 유대 기독교의 전통과 달리 물질과 영혼의 갈등을 강조했다. 그리고 그노시스파의 사상들 중에는 천문학이나 심지어 마술에서 비롯된 것들도 있었다.

그노시스파는 선과 악은 언제나 서로 대립되는 원리와 실체에서 비롯된다는 이원론적인 생각을 가지고 있었고, 물질세계의 가치를 부인했다. 그노시스파는 현실세계를 혐오했고, 따라서 현실을 비관적으로 보았다. 그들에게 있어서 구원은 오직 신비로운 지식에 있으며, 선택받은 입문자가 그 비밀들을 습득할 때만 가능했다.

몇몇 그노시스파들은 심지어 그리스도를 자기가 한 약속을 행동으로 입증하고 인간들에게 구원을 약속한 구세주가 아니라, 야훼의 실수로부터 인간을 구원한 자로 보았다. 그것은 어떤 형태로든 위험한 사상이었다. 왜냐하면 그런 사상은 그리스도가 전하는 계시의 핵심인 '희망'을 뿌리째 자르는 것이었기 때문이다. 기독교인들은 신이 세상을 만들었고 그 세상은 좋은 것이라는 유대의 전통을 받아들인 이래로 현세에서의 구원을 한 번도 포기한 적이 없었다. 하지만 그노시스파는 현세에서의 구원을 부인했다.

2세기에 기독교는 어떤 길을 택해도 치명적인 결과를 초래할 수 있는 갈림길에 서 있었다. 그 시점에서 기독교가 바울의 가르침을 외면하면서 유대교의 이단으로 남아 있었더라도, 결국에는 유대의 전통적 신앙에 흡수되었을 것이다. 다른 한편으로는 기독교를 거부한 유대사회로부터 분리되었더라도 기독교인들은 분명 헬레니즘 세계의 신비종교나 그노시스파의 절망 속에 빠져들었을 것이다. 하지만 몇몇 사람들 덕분에 기독교는 그런 위험들에서 벗어날 수 있었다.

| 초기 기독교의 교부들 |

이러한 위험들을 극복해 낸 초기 기독교 지도자들이 이루어 놓은 업적들은 하나같이 도덕적이고 경건했으며, 무엇보다도 지성적이었다. 그들은 자신들이 처한 위험에 자극을 받았다. 기원후 177년에 순교한 포티누스의 뒤를 이어 리용의 주교가 된 이레나이우스는 최초로 기독교 교리를 총체적으로 정리하고 성서에 입각한 정경의 교리와 정의를 제시했다. 그의 이론들은 유대교와 기독교를 명확하게 구분지어 주었다. 한편으로 그는 정통적인 기독교에 도전하는 이단 신앙들을 반박하는 글을 썼다.

기원후 172년에 최초로 열린 기독교 공의회는 그노시스파의 교리들을 전면적으로 부정했다. 기독교는 경쟁대상인 이단들의 도전에 맞서 싸우기 위해 점점 더 지적인 교리 연구에 빠져 들었다. 그런 면에서 이단과 정통 신앙은 동일한 출발점에서 함께 태어났다고 볼 수 있을 것이다. 그 시기에 새롭게 나타난 기독교 이론을 이끌었던 선도자들 중 한 명은 알렉산드리아의 클레멘스였다. 아테네 태생으로 추정되는 이 박식하고 비범한 변증가는 기독교로 개종한 플라톤주의자였다.

기독교인들은 클레멘스를 통해 헬레니즘의 전통 신앙이 신비종교들과 다르다는 것을 이해하게 되었다. 특히, 클레멘스는 기독교인들을 플라톤 사상으로 이끌었다. 클레멘스는 자신의 제자인 오리게네스에게 하나님의 진리는 이성적인 진리이기 때문에 기독교는 이성적인 교육을 받은 사람들이라면 더욱 쉽게 받아들일 수 있는 종교라는 생각을 심어주었다.

기독교의 전파

고전시대와 그 이후의 로마 사회는 새로운

교리를 전파하고 확장시킬 수 있는 가능성이 활짝 열려 있었다. 기독교인들은 이 시대 초기 교부들의 학문적인 노력과 기독교 교리의 호소력 덕분에 기독교를 널리 전파할 수 있었다. 기독교의 목회자들은 그리스 내에서 자유롭게 여행하면서 서로 대화를 나누거나 편지를 교환할 수 있었다.

또한 기독교가 종교적인 정서로 가득 찬 시대에 출현했다는 사실은 기독교를 전파하는 데 있어서 크나큰 이점으로 작용했다. 2세기에 만연한 미신 풍조의 이면에는 정신적 안정을 찾을 수 있는 새로운 것에 대한 깊은 갈망들이 숨어 있었기 때문이다. 그것은 고대 그리스 로마 사회가 이미 활력을 잃어가고 있다는 것을 의미했다. 그리스의 수도 아테네는 정신적 허기에 굶주려 있었고, 새로운 종교로 그 허기를 채우고자 했다.

이제 철학은 일종의 종교적 탐구가 되었고, 이성주의나 회의주의에 관심을 가지는 이들은 소수집단뿐이었다. 이러한 배경은 기독교에 유리하기도 했지만, 한편으로는 불리하기도 했다. 초기 기독교는 항상 강력한 신흥종교들과 경쟁해야 했기 때문이다. 종교들이 난무하는 시대에 어떤 종교가 새롭게 탄생하는 것은 그 종교가 성장하는데 도움이 되기도 하지만 많은 위험이 따르기도 한다. 기독교가 당면한 위험에 어떻게 대처하여 성공적인 기회를 잡게 되었는지는 로마제국의 멸망이 임박했던 3세기의 상황을 통해 자세히 알 수 있다. 그 위기 상황에서 기독교는 놀랄 만한 융통성과 필사적인 양보를 통해 살아남을 수 있었다.

기독교는 초기 교부들이 죽은 후 몇 백 년 만에 그 발생지와 로마 너머로 멀리 퍼져 나갔다. 이것은 9세기에 만들어진 아일랜드의 맥더넌 복음서에 실려 있는 그림이다. 성 누가가 교단을 상징하는 지팡이와 책을 들고 있다.

4 로마제국의 몰락과정

서기 200년 이후 로마인들은 새로운 눈으로 과거를 되돌아보기 시작했다. 그 이전까지 그들은 늘 과거의 황금기를 그리워하면서 그 시절을 이야기했다. 그러나 3세기에 접어들면서 로마제국 사람들에게 뭔가 새로운 변화가 일어나고 있었다. 제국이 종말을 맞이하고 있다는 것을 그들도 깨닫기 시작한 것이다.

로마의 성 에르미트 카타콤의 그리스도. 여기서 그리스도의 표정과 몸짓은 동로마 제국의 화가들이 발전시킨 비잔티움 풍 회화를 연상시킨다

104 로마와 고대의 서양세계

위기와 변화

역사가들은 이 시기를 '3세기의 위기'라고 표현했다. 하지만 그 표현은 이 시기의 특징들을 제대로 반영하지 못하는 불완전한 표현이다. 기원후 300년까지 로마인들은 많은 변화들을 받아들이고 실천함으로써 고대 지중해의 소중한 유산들을 지켜나갔다. 뿐만 아니라 로마인들은 그 유산들을 후대에 전달해주는 결정적인 역할을 했다. 그러나 그 변화에는 그만한 대가가 따랐다. 어떤 변화들은 로마 문명의 정신을 본질적으로 파괴하는 것들도 있었기 때문이다.

무엇인가를 복원하는 사람들은 그 무엇인가를 무의식적으로 모방하기 마련이다. 로마인들 역시 마찬가지였다. 과거 지중해 문명을 되살리려던 로마인들은 결국 지중해 문명이 맞이했던 운명을 그대로 따라가게 되었다.

4세기 초에 들어서면서 지중해의 운명에 불리한 상황들이 전개되기 시작했다. 우리는 때때로 눈으로 보는 것보다 더 빠르게 직감적으로 변화의 조짐을 느끼기도 한다. 급격하게 진행된 많은 변화들은 로마제국의 종말을 예고했다. 로마제국의 행정구조는 새로운 원칙들을 토대로 새롭게 만들어졌다. 로마제국의 이념 또한 변화를 겪었고, 과거에는 눈에 띄지도 않았던 기독교가 제국의 정통신앙으로 자리 잡았다. 그리고 로마제국의 많은 영토들이 외국인 이민자들과 같은 외부세력에게 넘어갔다. 그로부터 100년이 지난 후, 그 변화들은 로마제국의 정치와 문화를 붕괴시키는 결과를 가져오게 되었다.

마지막 황제들의 역할

황제의 권위에 변화가 나타나기 시작한 것은 로마제국의 정치와 문화가 붕괴되는 과정과 깊은 관련이 있다. 그리스 로마 문명은 2세기 말에 이르러 로마제국의 영토 전체로 퍼져나갔다. 고전 문명은 로마 문화 즉 '로마니타스'라는 개념으로 변질되었고, 로마 사회는 로마니타스에 의해 움직였다. 이러한 변화 과정에서 로마의 정치구조가 근본적인 결함을 가지고 있다는 점이 드러나게 되면서 다양한 문제가 발생했다.

로마 정치의 중심이었던 원로원은 이미 오래 전부터 황제를 보조하는 기관으로 전락해 있었다. 로마의 실질적인 정치 형태는 사실상 한 명의 황제가 다스리는 전제군주제로 변해버린 것이다. 하지만 황제의 지위와 생명은 군대의 손에 달려 있었기 때문에 황제는 군대의 눈치를 살피고 비위를 맞추어야만 했다.

세습이 아닌 양자상속으로 즉위한 다섯 명의 황제들이 로마를 다스렸던 오현제 시대가 끝나고, 180년 안토니누스 가문의 부적격한 인물이 로마 황제로 등극했다. 이후 내란이 발발하면서 끔찍한 시대가 시작되었다. 그

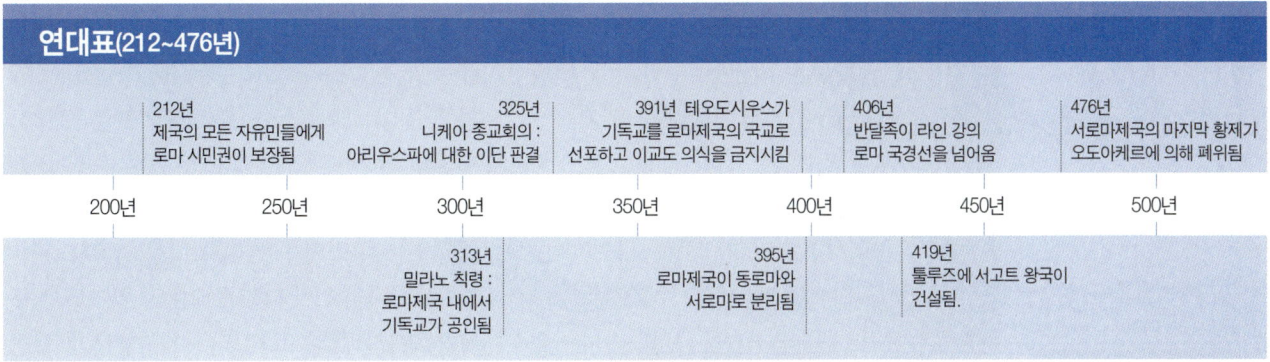

연대표(212~476년)

- 212년 제국의 모든 자유민들에게 로마 시민권이 보장됨
- 325년 니케아 종교회의: 아리우스파에 대한 이단 판결
- 391년 테오도시우스가 기독교를 로마제국의 국교로 선포하고 이교도 의식을 금지시킴
- 406년 반달족이 라인 강의 로마 국경선을 넘어옴
- 476년 서로마제국의 마지막 황제가 오도아케르에 의해 폐위됨
- 313년 밀라노 칙령: 로마제국 내에서 기독교가 공인됨
- 395년 로마제국이 동로마와 서로마로 분리됨
- 419년 툴루즈에 서고트 왕국이 건설됨.

로마 황제들은 영웅이나 신처럼 보이고 싶어 했다. 이 조각상에서 코모두스는 헤라클레스처럼 치장하고 있다. 2세기의 로마 황제였던 그는 자신의 권위를 과시하기 위해 헤라클레스와 자신을 동일시하고 싶어 했다.

3세기에 셉티무스 세베루스 황제는 새로운 궁전을 만들라고 명령했다. 이것은 팔라티누스 언덕 위에 마지막으로 세워진 황제 궁전이다. 이 궁전은 인공적으로 조성된 테라스 위에 세워졌는데, 이 사진에서 보이는 장엄한 아케이드*들은 그 테라스의 일부분이었다.

불행한 황제는 코모두스였다. 192년 코모두스는 자신의 애첩과 시종관의 명령을 받은 제3자의 손에 목이 졸려 죽었다. 그러나 그의 죽음으로 해결된 것은 아무것도 없었다.

코모두스가 죽고 나서 몇 달 후 네명의 황제가 난립하게 되었고, 마침내 아프리카 출신인 셉티무스 세베루스가 등장했다. 시리아인과 결혼한 그는 안토니누스 가문과 자신의 가문 간에 혼인을 통한 혈연관계를 맺어 황제 계승을 세습제로 되돌림으로써 제도적 결함을 근본적으로 해결하려 했다.

군대의 영향력

세베루스가 황제 계승을 세습제로 제도화하려 한 것은 사실상 자신을 황제로 지지한 세력의 뜻을 저버리는 행위였다. 세베루스 자신도 경쟁자들과 마찬가지로 속주 군대의 지지를 통해 황제가 되었기 때문이다. 3세기 내내 군대를 통해 황제가 배출 되었으며, 이는 곧 로마제국이 분열되고 붕괴되는 근본적인 원인이 되었다.

그렇다고 군대를 아예 없애버릴 수도 없었다. 국경지대에서 위협을 가해오고 있는 야만족들 때문에 오히려 군사력을 더욱 강화하고 군대의 비위를 맞추어야 했다. 4세기의 로마 황제들이 직면하게 될 가장 골치 아픈 문제는 바로 여기에 있었다. 세베루스의 아들 카라칼라는 군대를 매수해 황제가 되었지만, 결국 군인들의 손에 의해 살해당했다.

형식적으로는 아직도 원로원이 황제를 지명했다. 그러나 실제적으로 원로원은 경쟁관계에 있는 황제 후보자들 중 한 명을 승인하는 권한밖에 없었다. 원로원의 황제 지명권은 대단한 권한이 아니었지만, 과거의 전통을 유지하고 있다는 측면에서 아직도 상징적인 중요성을 갖고 있었다.

그렇지만 로마제국의 제도적 문제점들은 원로원과 황제 사이에 잠재해 있는 대립과 갈등을 악화시킬 수밖에 없었다. 세베루스는 기사계급 출신의 관리들에게 더 많은 권한을 주었다. 카라칼라는 원로원의 힘을 약화시키는 것이 강력한 전제정치로 나아가는데 도움이 될 것이라고 생각했다. 많은 군인 황제들이 그의 뒤를 이었다. 얼마 지나지 않아 원로원 계층이 아니라 기사계급 출신에서 황제가 나오게 되었다.

그 후로도 상황은 더욱 나빠졌다. 235년에는 아프리카 군대가 지지하는 막시미아누스라는 인물과 원로원이 지지하는 아프리카의 80대 노인이 황제자리를 놓고 경쟁하게 되었다. 많은 황제들이 자신들을 지지한 군대의 손에 살해되었다. 어떤

*아케이드
아치형의 지붕이 있는 통로. 로마시대에는 규모가 큰 것이 많았으며 콜로세움이 그 대표적인 예다.

이 서판에 묘사된 인물들은 셉티무스 세베루스와 그의 가족들이다. 셉티무스 세베루스는 자신의 아들들인 카라칼라와 게타에게 제국을 물려주었다. 그러나 211년에 세베루스가 죽은 후 카라칼라가 권력을 독차지했다. 그는 사람들을 시켜 동생 게타를 죽이고, 이 서판에서처럼 게타의 모습을 모두 지워버리라고 명령했다.

로마제국의 몰락과정

셉티무스 세베루스 황제와 카라칼라 황제 시대인 1~2세기 동안, 로마가 다스리던 아프리카의 렙티스 마그나에 새로운 로마 극장과 광장이 세워졌다.

황제는 전쟁터에서 자신이 임명한 최고사령관과 싸우다 죽었다. 황제를 죽인 최고사령관은 부하의 배신으로 고트족에게 죽임을 당했다. 실로 끔찍한 한 세기였다. 이 시기 동안 총 22명의 황제들이 나타났다 사라졌다. 게다가 이것은 단순히 황위를 노렸던 사람들, 가령 로마를 배반하고 갈리아 제국을 만들어 스스로 황제가 된 포스투무스 같은 인물들은 포함하지 않은 숫자다.

경제의 구조적 문제들

세베루스가 실시한 개혁들이 한 동안 효과를 거두기는 했다. 하지만 그 후계자들의 약해져버린 황권은 로마의 쇠퇴를 가속화했다. 카라칼라는 제국의 모든 자유민들에게 시민권을 주고 상속세를 내도록 만들어 더 많은 세금을 거둬들이려 했다.

그러나 근본적인 조세 개혁은 전혀 시도되지 않았다. 제국이 직면한 다양한 위기 상황들과 빈약한 재정 상태를 고려했을 때 로마의 몰락은 불가피했다. 권력자나 관리들은 자신의 이익을 위해 공권력을 남용하여 불법 행위를 일삼았으며, 돈으로 관직을 사고파는 등 부정부패는 날로 심해져갔다. 이런 현상들은 또 다른 문제를 발생시켰다. 3세기에 이르러 제국 경제의 구조적 결함이 드러나기 시작한 것이다.

도시 간의 조직망이 잘 갖춰져 있었음에도, 로마제국의 경제는 전적으로 농업에 의존하고 있었다. 로마제국의 경제 기반은 크든 작든 농촌의 농경지에 있었으며, 그것은 생산과 사회의 기본적인 구성단위였다. 농가의 경작지는 그곳에 살고 있는 모든 농촌 사람들의 생활터전이자 생계수단이었다. 그러므로 농촌에 살고 있던 사람들은 오랜 경기 침체보다는 제국이 영토 확장을 중단하면서

이 벽화는 폼페이 외곽지대 보스코레알레 지역의 호화로운 로마 별장 안에서 발견된 것이다. 이 별장은 79년 베수비오 화산이 폭발했을 때 용암 속에 파묻혔다.

로마제국의 몰락과정 109

＊인플레이션
화폐의 가치가 하락하여 물가가 지속적으로 상승하는 현상. 대체로 통화가 과다하게 팽창하였거나 총수요가 총공급보다 많을 경우에 발생한다.

더욱 무거워진 세금과 징발로 인해 더 큰 어려움을 겪게 되었다.

로마제국이 영토 확장을 멈추게 되자, 군대의 재정적 기반이 흔들리게 되었다. 그 동안은 정복지들을 통해 보급물자와 병력을 충분히 지원받아왔지만, 이제 더 이상 그것이 불가능하게 된 것이다. 결국 세금과 징발을 통해 군대에 필요한 자원을 충당할 수밖에 없었다. 하지만 그동안 계속된 전쟁으로 인해 많은 경작지가 황폐화 되었다. 과중한 세금과 징발로 농민들의 생활은 더욱 어려워졌으며, 시간이 흐를수록 상황은 더욱 악화되었다.

자영 농민들 가운데 스스로 농노가 되려는 자들이 늘어났다. 이것은 물가는 급등했지만 소비자들에게 돈이 없었음을 의미한다. 결국 농민들은 도시로 나가 빈민이 되거나 산적이 되었다. 그 수는 기하급수적으로 늘어나 치안 유지가 어려울 정도였다. 이러한 상황에 불안해하는 도시민들이 정부에 보호를 요청하면서 로마는 일대 혼란에 빠져들게 되었다.

과중한 징발과 늘어난 세금 때문에 인구가 급격히 감소하는 지역들이 생겨나기 시작했다. 3세기보다 4세기에 인구 감소 현상이 심해졌으며, 이 또한 로마가 멸망해가고 있다는 증거였다. 징발과 세금이 불공평하게 부과되었던 것도 큰 문제였다. 부자들은 대부분 세금을 면제받았고, 토지 소유자들은 당시의 인플레이션＊ 상황에서도 별다른 손해를 보지 않았다. 토지를 많이 소유한 가문들은 대부분 부와 명예를 계속 누릴 수 있었다. 이러한 현상은 3세기에 발생한 사회적 동요가 기득권층들의 사회적 지위나 부에 전혀 영향을 미치지 않았다는 것을 말해준다.

인플레이션과 증가하는 세금

로마 정부와 군대는 제국의 경제적 불안으로 인한 변화들을 체감하고 있었다. 3세기 로마

보스고레일레 별장에서 발견된 프레스코화의 세부모습. 이 프레스코화는 헬레니즘 양식의 회화가 유행했던 기원전 1세기 중반에 제작된 것으로, 마케도니아 궁전의 분위기를 재현하려 했던 듯하다.

사회의 가장 큰 문제는 인플레이션이었다. 당시의 인플레이션 발생 원인과 영향은 대단히 복잡해서, 오늘날까지도 학자들 간에 논쟁이 계속되고 있다.

야만족들의 침략을 막기 위해 그들에게 매년 막대한 양의 금괴를 공물로 바친 것이 통화 가치를 더욱 하락시켜 인플레이션을 불러왔을 수도 있다. 야만족의 침입 자체가 직접적으로 물자 공급에 부정적인 영향을 미치는 경우도 많았다. 이러한 물자 공급의 감소는 도시 경제에 심각한 영향을 미쳐 물가 상승을 부채질했다.

물가는 치솟는 반면 군인들의 봉급은 그대로였다. 그래서 군인들은 봉급 이외의 부수입을 챙겨주는 장군들에게 충성심을 보였고 그런 장군의 부대로 들어가려고 애를 썼다. 정확한 수치로 나타내기는 어렵지만, 당시의 화폐가치는 대략 초기 화폐가치에 비해 15분의 1 정도까지 떨어졌던 것 같다.

인플레이션으로 인해 로마는 심각한 재정 손실을 입었다. 3세기부터 많은 도시들의 규모와 재산이 현저하게 줄어들기 시작했다. 중세 초기에 이르러서는 번성했던 과거의 희미한 윤곽만을 간직하게 되었다.

이런 현상이 일어나게 된 또 다른 원인은 세금이 갈수록 늘어났기 때문이다. 인플레이션으로 인해 화폐의 가치가 하락하자, 4세기 초부터 관리들은 세금을 화폐가 아닌 물건으로 징수하기 시작했다. 세금으로 거둬들인 물품들은 속주 주둔군들에게 지급되기도 했지만, 관리들의 봉급 대신 지급되기도 했다. 그 때문에 로마 시민들은 정부를 더욱 불신하게 되었고, 세금을 올리기만 하는 지방 행정관들 역시 미움을 사게 되었다.

3세기 로마제국의 위기 중 하나는 인플레이션이었다. 화폐 가치는 하락하는 반면 물가는 치솟았다. 군인들을 비롯한 봉급생활자들은 인플레이션으로 인해 극심한 타격을 입었다.

3세기에 속주로 파견되는 관리들은 강압에 의해 마지못해 가는 경우가 많았다. 한 때는 서로 차지하려고 다퉜던 그 자리가 이제는 가능한 한 피하고 싶은 고생스럽고 위험한 자리가 된 것이다. 도시들은 야만족의 침입으로 피해를 입기 시작했다. 특히 국경지대의 도시에서는 피해가 막대했다. 3세기가 끝나갈 무렵, 결국 국경지대의 도시들은 자구책으로 성벽을 새로 쌓거나 보수하기 시작했다. 270년 직후 로마제국은 다시 한 번 도시의 방어를 강화하기 시작했다.

파르티아와의 대립

로마 군대의 규모는 점점 커져갔다. 하지만 야만족들의 침략을 막기 위해서는 로마 군인들에게 지급해야 할 봉급, 식량, 전투 장비 등 어마어마한 돈이 필요했다. 반면에, 야만족들의 침입을 막아내지 못하게 되면 그들에게 공물을 바쳐야 했다. 게다가 공물을 바쳐

로마 시의 성벽 건설은 아우렐리우스 황제 시대인 271년경에 시작되었다. 이 성벽은 게르만족의 침입에 맞서 도시를 방어하기 위한 것이었다. 벽돌을 쌓아 성벽을 세웠고, 방어탑들과 열네 개의 성문을 추가적으로 만들었다. 이 탑들과 성문들은 후일 다시 개축되었다.

팔미라는 로마제국과 파르티아제국 사이에 있는 시리아 사막의 독립적인 오아시스 도시였다. 중요한 대상 도시*였던 팔미라는 엄청난 부를 누렸다. 현재는 폐허만 남아 있지만 그 도시의 기념비적인 유적들을 통해 당시의 번창했던 모습을 추측할 수 있다.

*대상 도시
나라 간의 무역과 성지순례를 위해 무리를 이루어 여행하는 대상隊商들이 교역을 위해 자주 지나다니는 중요한 도시.

야 할 대상은 야만족들뿐만이 아니었다.

광대한 제국의 국경 중에서 그나마 안전한 곳은 아프리카의 국경지대밖에 없었다. 아프리카에는 로마제국을 위협하는 인접 국가들이 없었기 때문이다. 아시아의 상황은 매우 심각했다. 술라 시대 이래로 로마는 오늘날의 이란 지역인 파르티아와 냉전 상태를 유지하면서 때때로 전면전을 치르기도 했다.

로마와 파르티아가 우호적인 관계를 유지하지 못하는 데에는 두 가지 이유가 있었다. 그 중 하나는 그들의 관심사가 서로 같았기 때문이다. 이런 사실은 아르메니아에서 가장 확실하게 드러났다. 로마와 파르티아는 150년 동안 아르메니아를 서로 번갈아가면서 지배해왔다. 게다가 로마의 또 다른 골칫거리였던 유대인들이 반란을 일으켜 전쟁이 일어날 때 파르티아가 그 전쟁에 연루되어있었다. 파르티아 제국 내에서 계속되는 내분을 보면서 로마가 파르티아를 정복하려는 유혹을 계속 느껴왔다는 것도 혼란의 한 요인이었다.

이러한 요인들로 인해, 2세기에 로마와 파르티아 간에 아르메니아를 차지하기 위한 격렬한 싸움이 일어났다. 이 전투에 대한 자세한 내용들은 전해지고 있지 않다. 로마의 세베루스 황제는 메소포타미아 내부 깊숙이 밀고 들어갔지만 결국 철수해야 했다. 로마인들은 지나치게 욕심을 부리다가 결국 광대한 영토 때문에 결정적인 위기에 처하게 되었다. 하지만 로마의 적들 역시 지치고 쇠약해져갔다. 파르티아어로 씌어진 단편적인 기록들에 의하면 파르티아 역시 점차 쇠약해 졌다는 것을 알 수 있다. 파르티아의 금화는 화폐가치를 상실할 만큼 점점 조잡해져갔고, 초기의 그리스식 디자인들도 거의 사라져 버렸다는 점이 그 증거다.

페르시아의 위협

파르티아는 3세기에 멸망했다. 하지만 동방으로부터의 위협이 로마에서 완전히 사라진 것은 아니었다. 페르시아 문명은 새로운 역사적 전환점을 맞이했다. 225년경에 아르다시르는 파르티아의 마지막 왕을 죽이고 크테시폰에서 왕위에 올랐다. 그는 새로운 사산 왕조를 열면서 페르시아에 아케메네스 왕조를 재건하게 된다. 사산 왕조는 이후 400년이 넘는 기간 동안 로마의 가장 위협적인 적이 되었다.

파르티아와 사산왕조는 연속성을 가지고 있었다. 사산왕조는 파르티아 제국의 종교였던 조로아스터교를 계속 믿었고, 파르티아가 그랬던 것처럼 아케메네스 왕조의 전통을 되살렸다.

몇 년 후 페르시아인들이 시리아를 공격하기 시작하면서, 페르시아와 로마는 이후로 300년 동안 계속 싸우게 된다. 3세기에는 10년 이상 전쟁이 없었던 기간이 단 한 번도 없었다. 페르시아인들은 아르메니아를 정복하고 로마 황제 발레리아누스를 포로로 붙잡기도 했다.

하지만 297년, 페르시아인들은 아르메니아와 메소포타미아에서 쫓겨나게 되었다. 그로 인해 로마는 동쪽으로 티그리스 강까지 영토를 넓힐 수 있었다. 그러나 로마인들은 그 국경선을 계속 유지하지 못했다. 페르시아 역시 자신들이 빼앗은 영토를 계속 지키지 못했다. 막상막하의 공방전이 끝없이 계속되었다. 4세기와 5세기에는 양국 간에 팽팽한 힘의 균형 상태가 유지되었지만, 6세기에 이르러 그 균형이 깨지기 시작했다.

이런 과정이 진행되는 동안 로마와 페르시아 사이에는 새로운 경제적 유대관계가 형성되었다. 국경지대에서의 무역은 공식적으로 허가된 세 도시들에만 한정되어 있었지만, 페르시아 상인들 중 많은 이들이 로마제국의

기원후 400년경의 사산 제국

225년경, 파르티아의 마지막 왕조를 무너뜨린 아르다시르는 새로운 사산 왕조를 열면서 고대 페르시아 왕국을 재건했다. 페르시아인들은 재빨리 시리아를 침략하기 시작하여 서아시아 지역에서의 지배권을 장악하려 했다. 유명한 실크로드를 비롯해서 인도와 동아시아 지역에 이르는 주요 무역로들 중 많은 길들이 페르시아 영토를 지나갔다. 로마제국은 실크로드를 통해 향료, 보석, 비단 같은 귀중한 상품들을 중국에서 수입할 수 있었다. 3세기 말부터 로마인들과 페르시아인들은 실크 무역에 관한 교섭을 벌이기 시작했다.

203년에 셉티무스 세베루스와 그의 자식들을 칭송하기 위해 세운 아치. 로마 포룸의 서쪽 끝에 세워져 있는 이 아치에는 셉티무스 세베루스 황제가 파르티아인들과 아랍인들에 맞서 싸우는 장면이 부조로 조각되어 있다.

*실크로드
고대에 비단무역을 계기로 중국과 서양 세계의 정치·경제·문화를 이어준 교통로. 비단길이라고도 한다. 독일의 지리학자 리히트호펜이 이 말을 처음 사용했다.

대도시로 들어와 살게 되었다. 게다가 로마 상인들이 인도와 중국을 오가려면 반드시 페르시아를 거쳐야만 했다. 이 무역로*는 동양의 비단, 면직류, 향신료 등을 구입하려는 사람들뿐만 아니라 로마의 수출업자들에게도 아주 중요한 길이었다.

하지만 이런 경제적 유대관계가 두 나라 사이의 무력충돌을 막아주지는 못했다. 전쟁을 하지 않는 시기에도 두 제국 사이에는 긴장이 감도는 냉전 상태가 계속되었다. 두 나라의 관계는 국경지대의 양쪽에 정착한 공동체들로 인해 더욱 복잡해졌다. 게다가 완충지대 역할을 하는 왕국들 중 한 곳이라도 변화가 있게 되면 전략적인 균형이 깨질 위험이 항상 있었다. 아르메니아도 그런 왕국들 중 하나였다. 두 제국 사이의 끝없는 싸움의 마지막 라운드는 6세기에 시작되었다.

여기에서 6세기에 발발한 전쟁에 대해 이야기한다는 것은 너무 성급한 일이다. 그 이전에 로마제국에서 일어난 엄청난 변화들에 대해 먼저 이야기해야 하기 때문이다. 로마제국이 변하게 된 것은 사산 왕조의 영향 때문만은 아니었다. 도나우 강과 라인 강 변경지대로 이주해온 야만족들도 로마제국의 변화에 영향을 주었다.

3세기 이래로 게르만 민족의 이동 조짐이 나타나기 시작했다. 게르만 민족이 대이동을 한 원인은 그 민족의 역사적 기원 속에서 찾

114 로마와 고대의 서양세계

아야 할 것이다. 하지만 원인 보다는 그 결과가 더 중요하다. 어쨌든 게르만족들은 시간이 갈수록 점점 더 집요하게, 보다 큰 무리를 이루어 이동해왔다. 로마는 결국 그들이 로마 영토 내에 정착하는 것을 허락하지 않을 수 없게 되었다. 로마인들은 로마 영토 내에 거주하게 된 게르만족들을 우선 군에 입대시켜 다른 야만족들로부터 제국을 지키게 했다. 그러나 로마 군대가 점차 게르만족 용병들로 채워지면서, 제국의 세력은 결국 게르만족에게 넘어가게 되었다.

페르세폴리스 북부의 나크시 루스탐 절벽에 있는 암벽 부조의 일부분. 225년경 파르티아의 마지막 왕을 물리치고 돌아온 사산 왕조의 아르다쉬르 왕과 기마부대의 승리를 표현하고 있다. 왼쪽에 있는 아르다시르 왕이 마즈다 신으로부터 왕관을 받고 있고, 패배한 파르티아인들은 말발굽에 깔려 짓밟히고 있다.

유럽으로부터의 위협

서기 200년이 되었지만 야만족들이 로마제국에 동화되기까지는 아직 많은 시간이 필요했다. 하지만 분명한 것은 로마를 압박하는 새로운 민족들이 등장하게 되었다는 사실이다. 그들 중 가장 위협적인 민족들은 라인 강의 프랑크족과 알라마니족, 그리고 도나우 강 하구의 고트족이었다.

230년경부터 로마제국은 그들의 침략을 막기 위해 싸우고 있었다. 그러나 그 중 두 번의 전투에서 막대한 피해를 입었다. 로마제국은 페르시아와의 전쟁에 휘말리면서 알라마니족에게 황제 자리를 내주어야 했다. 그 황제의 뒤를 이은 후계자들이 다시 전쟁을 일으켰고, 그로 인해 로마는 페르시아의 위협뿐만 아니라 알라마니족의 위협까지 받아야 했다.

고트족은 이러한 상황을 이용해 도나우 강 남쪽의 로마 속주인 모에시아를 침략하여 251년 로마의 황제 한 명을 죽이기도 했다. 그로부터 5년 후에는 프랑크족이 라인 강을 건너왔으며, 알라마니족은 라인 강을 건너 밀라노까지 침입해 들어왔다. 고트족 군대들은 그리스를 침략하고 해상을 통해 아시아와 에게 해를 습격했다. 로마제국에 대한 다른 민족들의 도전이 물밀 듯이 시작된 것이다.

로마 군의 주둔지

로마 군의 주둔지를 나타낸 이 도면은 1세기에서 3세기 사이의 군사 서적에 나와 있는 야영지에 대한 설명을 토대로 만든 것이다. 일반적인 로마 군 주둔지는 4만 명의 군인들이 병영 생활을 할 수 있도록 설계되어 있었다. 주둔지 전체는 흙이나 탄화가 덜 된 석탄(이탄), 돌 등을 쌓아 만든 벽으로 둘러싸여 있었고, 외벽을 따라 물이 괴인 못(해자)이 둘러져 있었다. 주둔지 안에는, 두 개의 주요 도로가 작은 세로축들을 평행하게 가로지르면서 전체 공간을 세 개의 주요 구역들로 나누고 있었다.

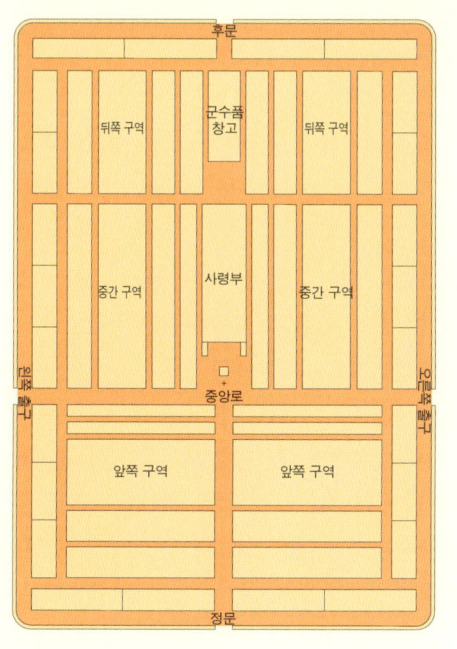

로마인들의 도시생활

기원전 3세기부터 점점 더 많은 로마인들이 도시생활을 선호하게 되었다. 도시들이 발달하면서, 도시 내에서의 장인들의 활동과 상거래가 점점 더 중요한 역할을 차지하게 되었다. 수많은 묘비 장식들을 통해 당시에 성행했던 상거래의 종류들을 충분히 짐작할 수 있다. 대부분의 상거래는 소매업이었다.

장인들의 작업장은 흔히 가족들에 의해 운영되었고, 몇몇 노예들과 견습생들을 고용하고 있었던 것으로 보인다. 또한 장인들의 작업장은 지역의 주요 고객들을 위한 가게로도 이용되었던 것 같다. 보다 복잡한 기계들이 동원되는 대규모 건축 공사를 제외하고는, 그들이 사용하던 연장들은 비교적 간단한 것들이었다.

붐비는 시장 안과 주변의 많은 상점들은 행상인들과 경쟁하면서 생필품을 팔았다. 어떤 선술집들은 여행객들에게 가공식품을 팔기도 했다. 대부분의 도시 거주자들은 거의 밖에서 하루를 보냈고 식사시간도 일정하지 않았다.

일반인들은 요리를 거의 하지 않았다. 부유층들의 경우에는 집에서 노예들이 진수성찬을 준비했다. 육류와 생선 요리들은 소스 없이 그대로 먹는 경우가 거의 없었다. 소스들은 향이 나는 허브, 후추, 피클, 오일, 식초, 포도주, 꿀을 기본으로 해서 만들었다.

트라야누스 시장은 2세기에 트라야누스 황제가 포룸 서쪽에 건축한 것이다. 다키아로부터 전쟁 배상금을 받아 지은 이 거대한 아치형 건물 안에는 상점들이 가득 들어서 있었다. 전체 6층인 이 건물은 반원형 주랑*으로 둘러싸여 있었다.

유럽에서 침략해 온 야만족들의 규모가 어느 정도였는지 정확하게 파악하기는 쉽지 않다. 아마도 야만족들은 2,000~3,000명 이상의 대규모 군대를 조직하지는 못했을 것이다. 하지만 여러 곳에서 한꺼번에 몰려드는 그들을 제국의 군대가 감당한다는 것은 매우 어려운 일이었다. 로마 군대는 일리리아 출신의 병사들이 주축을 이루고 있었다. 그리고 일리리아 출신들이 제국의 황제직을 계승하면서 상황이 완전히 달라졌다.

그들은 성실했고 뛰어난 통솔력을 갖고 있었으며 상황 대처 능력도 뛰어났다. 무엇이 가장 시급한 문제인지를 파악한 그들은 가장 큰 위협이 되고 있는 유럽 내의 문제를 제일 먼저 해결하려 했다. 로마는 팔미라와 맺은 동맹을 통해 페르시아와의 관계에서 시간을 벌면서 손실을 줄여 나갔다. 270년에 로마는 도나우 강 하류의 속주였던 다키아 지역을

*주랑
여러 개의 기둥만 나란히 서 있고 벽이 없는 복도

포도주 통들은 흔히 배로 운송되었다. 이 부조는 사람들이 뱃기둥에 밧줄을 묶어 배를 강둑 위로 끌어올리고 있는 모습을 표현한 것이다.

포기했다. 그리고 군대를 재편성하여 위험지역에 효과적으로 병력을 투입했다. 이 모든 것은 아우렐리아누스 황제가 이룬 업적이었다. 원로원은 그를 '로마제국의 재건자'라고 불렀다.

그러나 그 대가는 엄청났다. 만일 일리리아 출신 황제들의 시도가 제대로 진행되었더라면, 보다 근본적인 재건이 이루어졌을 것이다. 그리고 바로 그것이 디오클레티아누스가 의도했던 것이다. 대담하고 용맹스러운 군인 출신의 황제 디오클레티아누스는 아우구스투스 시대의 영광을 되살리고자 했으나 오히려 제국의 미래를 좌우하게 될 대 변혁을 불러오게 된다.

| 디오클레티아누스 시대 |

디오클레티아누스는 군인보다는 행정가로서 더 뛰어난 능력을 발휘했다. 그는 조직과 원칙에 대한 뛰어난 이해력을 가지고 있었고 질서를 사랑했으며, 적재적소에 인재들을 기용할 줄 아는 탁월한 안목이 있었다. 디오클레티아누스 황제가 가는 곳은 어디든 로마제국의 수도가 되었다. 디오클레티아누스는 제국 전역을 돌아다니면서 한곳에서 길게는 1년, 짧게는 하루나 이틀 정도를 머물면서 국정을 돌봤다.

그가 추진한 많은 개혁들의 핵심은 제국의 분할 통치, 즉 권력의 분산 정책이었다. 이 분권적인 권력구도는 로마에서 멀리 떨어진 속주들에서 황위를 노리는 자들 간에 내분이 일어날 위험을 방지하고 행정력과 군사력이 지나치게 신장되는 것을 막기 위한 것이었다.

285년에 디오클레티아누스는 막시미아누스를 공동 황제로 지명하면서 도나우 강에서 달마티아까지 이어지는 제국 서쪽을 맡겼다. 그리고 뒤이어 자신을 포함한 두 명의 '아우구스투스(정황제)'들의 보좌인으로 각각 한 명의 '카이사르(부황제)'를 임명했다. 카이사르들은 황제의 조력자이자 후일 계승자가 될 것이고, 그렇게 해서 권력이 자동적으로 계승 될 수 있을 것이라고 생각했다.

하지만 이 계획은 오직 디오클레티아누스 자신과 막시미아누스가 황위에서 물러났을 때만 의도한 대로 적용되었다. 그러나 분권적 권력구조에서 비롯된 실제적인 행정상의 분리는 이후로도 계속 유지되었다. 그리고 이때부터 황제 직위에 대한 새로운 개념이 명확하게 드러났다. 이제 더 이상 원로원 의장이자 로마의 제1인자라는 뜻의 '프린켑스'라는 칭호는 사용되지 않았다.

*사두정치
황제 두 명과 부 황제 두명, 총 네 명의 지도자가 나라를 다스리는 정치 형태

3세기 말, 디오클레티아누스는 사두정치 체제를 계획했다. 디오클레티아누스와 막시미아누스는 최초의 사두정치 체제 정황제들로, 그들 밑에는 각각 부황제가 한 명씩 있었다. 300년경에 제작된 이 조각상은 사두정치 통치자들의 결속력을 상징하고 있다.

황제들은 원로원이 아니라 군대의 지지를 받아 임명되었다. 그래서 그들은 동양의 왕들처럼 신과 같은 권력을 가진 황권을 부활시키고자 했다. 실제로 그들은 거대한 피라미드식 관료제를 통해 명령을 내렸다. 황제들이 직접 책임져야 하는 구역은 속주들을 그룹별로 분류한 것이었다. 이러한 속주들은 과거보다 크기는 훨씬 더 작아졌지만 그 수는 두 배 가량 더 늘어나게 되었다. 원로원 의원들이 권력을 독점하던 현상은 오래 전에 사라졌다. 원로원의 지위는 이제 하나의 사회적 계급 즉, 부유한 지주 계급이나 주요관직들 중 하나에 불과했다. 그리고 기사계급은 사라지게 되었다.

사두정치

사두정치* 시대에 로마 상비군의 규모는 아우구스투스 시대보다 훨씬 더 증강되었으며, 군사비용도 훨씬 더 많이 필요했다. 점령지에서 오랫동안 주둔 생활을 하다보니 로마 군단의 장점인 기동력은 현저히 떨어졌다.

디오클레티아누스는 국경지대의 군단 수를 두 배로 늘리고 기마부대와 특수부대를 정비하여 국경수비를 강화했다. 어떤 부대들은 한 곳에만 계속 주둔시킨 반면, 어떤 부대들은 과거의 군단들보다 규모를 축소해 기동부대로 활동하게 했다. 또한 징병제도가 다시 도입되었다. 무장한 병력의 수는 대략 50만 명 정도였다. 그들에 대한 지휘권은 한때 속주 정부가 갖고 있었지만 이제는 속주와 완전히 분리되었다.

이처럼 새롭게 군 조직을 개편하고 군사력을 강화시켰지만, 그 결과는 디오클레티아누스가 의도했던 대로 되지 않았다. 군사력이 크게 증강되어 국경은 안정되었지만 그 대가는 엄청났다. 한 세기 만에 로마군의 규모가 두 배로 증가함에 따라, 급격히 감소한 인구와 증가한 방위비로 인한 대가를 치러야 했던 것이다. 무거운 세금은 신민들의 충성심을 약화시키고 부정부패를 조장했다. 뿐만 아니라 세금제도의 기반이 무너지는 것을 막기 위해 체제를 강화하고 사회제도들을 엄격히 통제해야 했다.

정부는 인구 이동을 막기 위해 강제력을 행사했다. 이로 인해 농민들은 인구조사 때 자신들이 거주지로 등록한 지역 내에서만 살아야 했다. 아울러 물가를 동결시켜 제국 전역의 임금과 물가를 조절하려고 시도하기도 했다. 하지만 이러한 정책들은 완전히 실패했다. 어쨌든, 이런 다양한 시도들이 있었다는 것은 행정 업무가 더 복잡해지고 많아졌다는 것을 의미한다. 따라서 행정 업무 처리를 위해 더 많은 관리들이 필요했고, 정부 예산은 그만큼 더 늘어날 수밖에 없었다.

로마제국의 이념적 위기

황제의 지위에 대한 새로운 시각을 제시했다는 것이 디오클레티아누스가 이룬 가장 중요한 업적이었다. 그리고 황제에게 신적 권위를 부여한 것은 현실적인 문제에 대한 하나의 해결책이었다.

황위찬탈과 정책의 실패가 끝없이 반복되면서 사람들은 황제의 권위를 더 이상 당연하게 받아들이지 않게 되었다. 이것은 단지 민중들이 무거워진 세금에 분노하거나 비밀

경찰의 수가 증가하는 것을 두려워했기 때문만은 아니었다. 황제 통치권의 이념적 근거가 약해짐에 따라 황제와 제국에 대한 충성심도 점차 사라지게 되었다.

정치의 위기와 더불어 문명의 위기도 시작되었다. 그리스 로마 시대에 바탕을 두었던 정신적 기반이 흔들리고 있었다. 로마인들은 국가도 문명도 더 이상 당연하게 받아들이지 않게 되었다. 그들은 새로운 사회이념과 문화를 필요로 했다. 황제에게 독자적인 권한과 지위를 부여하고 황제의 신적인 성격을 강조한 것은 바로 이러한 요구에 부응하기 위한 것이었다.

디오클레티아누스는 의식적으로 나라를 구하는 영웅이나 혼돈을 바로잡는 신처럼 행동했다. 이는 인간의 삶을 선과 악의 영원한 투쟁으로 생각한 이전 시대 사상가들의 생각과 비슷했다. 그러나 황제를 신성시한 것은 그리스나 로마가 아니라 동양적인 시각이었다. 황제는 신과 같은 존재라는 시각을 받아들이고, 황제 숭배라는 새로운 개념을 받아들인다는 것은 그리스 세계의 전통적인 사고방식에서 벗어나는 것이었다. 이러한 황제 숭배의 강요는 제국의 운명을 좌우하게 되었다.

| 기독교의 성장 |

계속되는 로마 황제들의 태도 변화는 긍정적이든 부정적이든 기독교의 역사에 많은 영향을 미쳤다. 그리고 마침내 기독교는 로마의 유산을 물려받는 상속자가 되었다. 많은 종파들이 박해받는 소수집단이라는 지위에서 벗어나 합법적인 대우를 받게 되었다. 그 와중에 기독교가 다른 종파들보다 현저하게 두드러질 수 있었던 것은, 기독교가 유례없이 관대한 포용력을 보여주던 로마제국 후기에 탄생했고, 기독교와 로마제국 모두 고전문명을 중시하고 강조했기 때문이다. 고전 문명을 강화시키면서 성장한 기독교는 유럽뿐만 아니라 전 세계에 영향력을 미치게 된다.

3세기 초에 이미 기독교 전도자들은 소아시아와 북아프리카의 비 유대인들에게 신앙을 전했다. 특히 북아프리카 도시들에서 기독교는 최초로 대대적인 성공을 거두었다. 그 이후로 오랫동안 도시들을 중심으로 기독교가 호응을 얻었다. 하지만 그것은 여전히 소수집단들에만 해당되는 이야기였다. 제국 전역의 농민들은 여전히 전통신앙의 신들과 지역 신들을 숭배하고 있었다.

300년 무렵 로마의 기독교인들은 제국 전체 인구의 10분의 1 정도밖에 되지 않았다. 그러나 기독교에 대한 공식적인 지지와 승인이 이루어질 조짐들이 나타나고 있었다. 어떤 황제는 공식적인 기독교 신자였고, 또 다른 황제는 황실에서 숭배하는 신들 가운데

시리아의 성 시메온 바실리카는 480년경에 건축되었다. 중앙의 8각형 건축물의 일부인 이 인상적인 유적들은 4세기와 5세기 동안 서아시아에 세워진 기독교 교회들의 강건함을 증명해준다.

타르수스의 바울은 그리스어를 사용하는 로마 시민이자 실리시아 출신의 바리새인이었다. 그는 기독교로 개종한 후, 기독교는 유대인의 독점적인 종교가 아니라는 신념을 전파하면서 초기 기독교의 핵심적인 인물이 되었다.

예수 그리스도를 포함시키기도 했다. 황실에서 기독교가 받아들여졌다는 사실은 유대 문화와 고전 문화의 상호적인 교류가 이루어졌다는 것을 말해주는 것이다. 이것은 기독교가 제국 내에 뿌리를 내리게 된 과정에 있어서 대단히 중요한 부분이다.

기독교와 그리스의 첫 접촉을 시도한 인물은 아테네인들에게 그리스어로 전도할 수 있었던 유대인 바울이었을 것이다. 그 후, 2세기 초에 팔레스티나의 그리스인인 유스티누스 마르티르는 기독교가 그리스 철학과 관계가 있다는 것을 증명하려 했다. 유스티누스의 이러한 시도는 정치적 목적을 가지고 있었다. 그는 '기독교를 고전시대의 문화적 전통과 동일시하는 것은 제국에 대한 배신행위'라는 비난을 반박하고자 했던 것이다.

그의 논리에 의하면, 어떤 기독교인이라도 헬레니즘 세계의 이념과 문화에 동참한다면 훌륭한 제국의 시민이 될 수 있었다. 유스티누스는 165년경에 기독교를 위해 순교했다. 그는 플라톤을 비롯한 모든 위대한 철학자들과 선지자들을 기독교와 연결시켜 이성적인 기독교의 발전을 추구했다. 하지만 그는 모든 것은 오직 그리스도 안에서만 의미가 있다고 생각했다.

유스티누스 이후에도 그와 유사한 입장을 취하는 사람들이 나타났다. 그 가운데 가장 두드러진 인물들은 기독교를 이교적인 학문과 통합하려 했던 알렉산드리아의 신학자 클레멘스와 오리게네스다. 하지만 오리게네스의 저술들은 대부분 소실되고 없기 때문에 그의 논리에 대해서는 지금까지도 여전히 논쟁이 계속되고 있다. 북아프리카의 기독교 신학자였던 테르툴리아누스는 아카데미 학파가 기독교와 무슨 관계가 있느냐고 경멸하듯 오리게네스에게 물었다. 오리게네스는 기독교의 신앙이 이성적이고 합리적임을 증명

이 석관은 2세기나 3세기경에 제작된 것으로, 기독교인의 것으로 추정된다. 손에 책을 든 철학자가 남녀와 함께 있는 모습이 묘사되어 있다. 이 부조에 이용된 고전적인 기념물 양식은 이교도들의 석관 장식에 흔히 사용되던 것이었다.

하기 위해 그리스 철학의 개념들을 이용했던 교부들로부터 그 물음에 대한 대답을 얻을 수 있었다.

기독교인들에 대한 박해

기독교의 사후 구원에 대한 약속이나 삶의 목적에 대한 희망적인 가르침으로 인해, 3세기경의 기독교인들은 미래에 대한 희망과 확신을 갖고 살았을 것이라고 생각할 수 있다. 그러나 실제로 초기 기독교인들은 희망적인 삶을 살기는커녕 극심한 박해를 겪어야만 했다. 두 차례의 대대적인 박해가 있었는데, 그중 3세기 중반에 일어난 박해는 기독교의 존립 자체를 뒤흔드는 최대의 위기였다.

제국을 혼란에 빠뜨린 것은 경제적 압박과 전쟁에서의 패배뿐만이 아니었다. 로마의 번성에 기초가 되었던 국가 이념인 코스모폴리타니즘 역시 혼란의 원인이 되었다.

데키우스 황제는 로마의 전통적 가치들을 회복하려고 했다. 그리고 그 목적을 이루기 위해서는 과거의 방법들이 여전히 효력이 있을 것이라고 확신했다. 다시 말해 신들에게

306년부터 337년까지 재위했던 로마 황제 콘스탄티누스는 기독교를 위해 많은 업적을 남겼다. 그 때문에 어떤 사람들은 그를 '열세 번째 사도'라고 불렀다. 이 금화에는 그의 초상이 새겨져 있다.

제물을 바치는 제례의식을 부활시키고자 했던 것이다. 데키우스는 신들에게 제물을 바치면서 정성껏 제례를 올리면 신들이 자비심을 베풀어 로마제국을 예전처럼 번영하게 해줄 것이라고 믿었다.

그래서 데키우스는 기독교인들도 로마제국의 모든 시민들처럼 로마 신전에 나와 제물을 바쳐야 한다고 명령했다. 제물을 바친 자들에게는 제사증서가 주어졌고, 검문을 했을 때 제사증서를 제시하지 못하면 체포되어 박해를 받았다. 기독교인들 중 많은 이들이 박해를 피하기 위해 로마 신전에 제물을 바치기도 했다. 그러나 어떤 기독교인들은 그 명령을 거부하고 죽음을 택했다.

그로부터 몇 년 후, 발레리아누스 황제는 데키우스와 같은 생각을 갖고 기독교인들을 더 가혹하게 박해했다. 그러나 발레리아누스가 박해 정책을 실시한 이유는 팽창해나가는 기독교 세력에 대한 두려움 때문만이 아니었다. 박해의 근본적인 목적은 과도한 건축 공사와 식민지의 군대를 유지하기위해 고갈된 황실의 재정을 확보하기 위해 기독교인들의 재산을 탈취하는데 있었다. 발레리아누스 황제가 죽고 갈리에누스 황제가 등극하면서 더 이상 기독교인들을 해치지 말라는 칙령이 공포되었다. 이후 로마제국은 기독교를 옹호하지도 박해하지도 않았다.

그렇지만 신흥종교에 불과한 기독교를 근절시키기 위해서는 엄청난 노력과 시간, 그리고 강력한 의지와 결단이 필요하다는 사실이 기독교 박해를 통해 드러났다. 로마 정부가 박해를 통해 기독교를 근절시키기에는 기독교가 이미 너무 깊고 넓게 뿌리내려져 있었는지도 모른다.

초기 기독교의 배타주의적인 성향은 이미 오래 전에 사라졌다. 기독교인들은 아시아와 아프리카 속주들의 지방 행정에 점점 더 깊숙이 관여하게 되었다. 주교들은 관리들과 함께 실무를 보는 공인으로서의 지위를 차지하고 있었다. 로마, 알렉산드리아, 카르타고 등에서는 독자적인 기독교 전통들이 발전해 나가기도 했다. 이러한 사실은 기독교가 지역사회의 정서와 요구들을 대변할 정도로 그 사회에 깊이 뿌리를 내리고 있었다는 것을 말해준다.

제국 밖에서도 기독교의 미래에 희망적인 여건들이 조성되고 있다는 징후들이 나타났다. 페르시아의 지배를 받고 있던 지역들의 통치자들은 어떤 수를 써서라도 지지 세력을 확보해야만 했다. 그런 측면에서, 그들이 넓은 지역에 걸쳐 전파되어 있는 종교들을 존중한 것은 매우 효과적이었다. 이러한 상황으로 인해 시리아, 실리시아, 카파도키아에서 기독교 전도 사업은 대대적인 성공을 거두었다.

기독교인들이 사회적 중추세력을 이루고 있는 도시들도 생겨나게 되었다. 왕들을 개종시키는 데 있어서는 미신적인 요소가 많은 도움이 되었다. 즉, 기독교의 신은 절대적인 신으로 강력한 힘을 갖고 있기 때문에 그를 따르면 무한한 복을 누릴 수 있지만 그의 뜻을 거스르면 벌을 받게 된다는 논리였다. 이는 왕들에게 큰 설득력을 발휘했다. 이렇게 해서 지배층과 시민들은 기독교를 훨씬 더 호의적으로 바라보게 되었다.

기독교를 박해한 자들은 반드시 그 죄의 대가를 치르게 된다는 사실을 기독교인들은 직접 확인할 수 있었다. 기독교를 박해했던 데키우스는 동고트족과 싸우다 전사했다. 그리고 발레리아누스의 경우에는 페르시아인들이 포로로 붙잡아 산 채로 살갗을 벗겨내고 내장을 들어내 박제를 만들었다는 이야기

콘스탄티노플

리키니우스를 물리친 후 단독 황제가 된 콘스탄티누스는 324년에 동로마제국의 비잔티움이 있던 자리에 새로운 수도를 건설하기로 마음먹었다. 330년 5월 11일, 처음부터 기독교 도시로 출발한 '새로운 로마'가 문을 열게 되었고, 그 도시 중심에는 돌기둥을 세우고 콘스탄티누스가 말을 타고 있는 모습의 조각상을 그 돌기둥 위에 올려놓았다. 비잔티움 시대 내내 이 돌기둥은 콘스탄티노플의 영광과 영속성의 상징물이 되었다.

콘스탄티노플이 동로마제국의 명실상부한 중심지가 된 것은 4세기 말부터였다. 콘스탄티누스 황제는 이 도시에서 공개석상에 나와 자신이 신의 권위와 황제의 권위를 동시에 가지고 있다고 강력히 주장했다. 중세시대 동안 콘스탄티노플은 다시 비잔티움이라는 이름으로 불리다가, 1453년에 터키인들에게 정복당한 후 이스탄불이라는 명칭을 갖게 되었다.

유럽과 아시아를 잇는 보스포루스 해협에 위치한 지형적 조건 덕분에 콘스탄티노플은 급속한 경제적 성장을 누리면서 중심 도시로 떠올랐고, 다른 나라들의 선망의 대상이 되었다. 수많은 장인들과 상인들이 콘스탄티노플에서 무역을 했다. 그들은 원료와 상품을 동방으로부터 콘스탄티노플로 가져와 서로마제국에 수출할 수 있었다.

콘스탄티노플은 체계적인 도시계획을 통해 확장되어 나갔다. 이 시기 동안 교회와 광장 시청 등이 많이 건설되었다.

1436년 프랑스의 화가 페로네 라미가 그린 콘스탄티노플. 동로마제국의 수도 콘스탄티노플이 멸망하기 약 20년 전의 모습이다.

가 전해졌다.

그러나 디오클레티아누스는 그런 전례가 있었음에도 아무것도 깨닫지 못했던 듯하다. 303년에 그는 최후의 기독교 대 박해를 시작했다. 중점적인 박해 대상은 기독교 관료들과 성직자들, 그리고 기독교 교회 건물들과 서적들이었다. 그는 많은 기독교 관련 책들을 불태웠다. 그러나 꽤 오랫동안, 제물을 바치지 않는다는 이유만으로 기독교인을 사형시키는 일은 일어나지 않았다. 그럼에도 불구하고 많은 기독교인들이 제물을 바치며 배교를 했는데, 그들 중에는 로마의 주교도 있었다.

서로마제국의 카이사르였던 콘스탄티누스는 디오클레티아누스가 황제 직위에서 물러난 305년 이후 기독교인들을 심하게 박해하지 않았다. 그러나 디오클레티아누스의 뒤를 이은 동로마의 황제 갈레리우스는 박해를 더욱 강화하여 로마 신전에 제물을 바치지 않으면 사형에 처했다. 이는 기독교 박해가 이집트와 아시아에서 더 극심했다는 것을 의미한다. 이집트와 아시아에서 기독교 박해는 몇 년 간 더 지속되었다. 그러나 콘스탄티누스가 로마제국 전체를 다스리는 단독 황제가 되면서 기독교에 대한 박해는 마침내 사라지게 되었다.

| 콘스탄티누스 대제 |

콘스탄티누스 대제의 아버지 콘스탄티우스는 서로마의 아우구스투스, 즉 정황제로 즉위한 이듬해인 306년에 브리타니아에서 사

로마의 성 콘스탄스 묘. 콘스탄티누스 황제 시대인 4세기에 건축되었다. 이 사진은 묘의 내부다. 중앙의 돔형 공간은 큰 아치들을 받치고 있는 12쌍의 쌍둥이 기둥들에 둘러싸여 있다. 이 기둥들의 윗부분은 콤포지트 양식*으로 되어 있다. 원래는 황제의 딸 콘스탄티나의 석관이 이 아치들 중 하나의 아래 놓여 있었다.

*콤포지트 양식
로마의 건축양식의 하나로 이오니아 양식과 코린트 양식의 혼합형태.

*금본위 화폐제도
금을 기준으로 화폐의 가치를 재는 제도. 금화를 사용하면 무겁고 부피가 커서 금을 은행 같은 특정한 곳에 맡기고 증서를 발행받아 이를 금화대신 사용했다.

망했다. 콘스탄티누스는 그 당시 그곳에 있었다. 그는 아버지인 콘스탄티우스의 부황제가 아니었지만, 요크 지방의 군대에 의해 서로마제국의 황제로 추대되었다. 그 후 거의 20년 동안 혼란의 시기가 계속되었다. 혼란이 계속되었다는 것은 제국의 평화적 황위 계승을 위해 도입한 디오클레티아누스의 제도가 실패했다는 뜻이다. 혼란스러웠던 싸움들은 콘스탄티누스가 단독 황제가 되어 제국을 재통합한 324년에야 비로소 끝이 났다.

단독 황제가 되기 전부터 콘스탄티누스는 제국의 문제들에 관심을 기울이면서 강력하고 효과적으로 문제들을 해결해 나가기 시작했다. 그러나 그는 행정가보다는 군인으로서 더 많은 성공을 거두었다. 그는 기존의 국경 수비대와는 전혀 다른 황제 직속의 강력한 야전부대를 만들었다. 대부분 다른 민족의 병사들로 이루어진 이 부대는 제국 내의 주요 도시들에 배치되었다. 이것은 전략적으로 아주 현명한 결정이었다. 콘스탄티누스의 결정이 탁월했다는 사실은 그 이후로 2세기 동안 동로마에서 보여준 그들의 막강한 전투력을 통해 입증되었다. 콘스탄티누스는 또한 황제 친위대를 해산시키고 새로운 게르만 호위대를 창설했다.

한편으로 그는 새 금화 '솔리두스'를 주조하여 안정적인 금본위 화폐제도*를 되살렸다. 그리고 세금을 물품으로 납부하는 제도를 폐지하여 화폐경제가 되살아날 수 있게 했다. 국가재정에 관한 그의 개혁들은 많은 문제점을 낳기도 했지만, 부자들에게 더 많은 세금을 부과하도록 조세 제도를 고쳐나갔다. 그러나 이러한 많은 노력들 중에서도 동시대인들에게 가장 강력한 영향력을 미친 것은 기독교에 대한 정책이었다.

콘스탄티누스와 기독교

콘스탄티누스는 기독교에 합법적이고 공식

124 로마와 고대의 서양세계

적인 터전을 마련해주었다. 그는 그 어떤 기독교인들보다 기독교의 미래를 결정짓는 데 중요한 역할을 했다. 그리하여 '13번째 사도'라고 불리게 되었다. 그러나 그가 기독교인이 되기까지의 과정은 대단히 복잡했다. 그는 고전시대 후기의 많은 사람들처럼 일신론적인 신관을 가지고 성장했고, 죽음에 임박했을 때 마침내 확신에 찬 기독교 신자가 되었다. 당시에는 콘스탄티누스처럼 다른 유일신을 숭배하다가 기독교로 개종하고 개종한 이후에도 죽을 때가 되어서야 세례를 받는 경우가 많았다.

콘스탄티누스는 전능한 힘을 가진 신을 숭배하고 있었기 때문에 그의 믿음은 신에 대한 두려움과 희망에서 비롯된 것이었다. 그가 처음 숭배한 신은 태양신이었다. 그는 평생 동안 태양신 종교의 고위성직자였고, 황제가 된 이후 그는 태양의 제왕이라고 불리었다. 로마제국의 국교는 태양신 숭배였고, 제국의 황제는 곧 태양신과 같은 존재로 숭배 받았기 때문이었다.

하지만 312년, 전투에 나가기 전날 밤 그는 그리스도의 가호를 받아 십자가 환상을 보았다. 그래서 그는 자신이 기독교 신으로부터 계시를 받았다고 믿고 군인들에게 기독교의 문장을 군기와 방패에 새기라고 명령했다. 이것은 특별히 기독교에 대한 신앙심에서 우러나온 행동이라기보다는 어떤 신이라도 자신에게 은총을 베풀면 그에 상응하는 경의를 표시한다는 일종의 답례 같은 것이었다. 어쨌든 결과적으로 그는 그 전투에서 승리했다. 그 이후로 그는 태양신 숭배를 여전히 공개적으로 인정하면서도 기독교인들과 그들의 신에 대해 우호적인 태도를 보이기 시작했다.

밀라노 칙령

콘스탄티누스 황제가 기독교에 대해 갑자기 열성을 보이기 시작했다는 사실은 그 다음 해인 313년에 발표된 밀라노 칙령을 통해서도 확인할 수 있다. 이 칙령은 밀라노에서 콘스탄티누스와 제국을 노리는 또 다른 황제 리키니우스가 회담을 한 후 두 황제의 이름으로 발표한 것이다. 밀라노 칙령으로 기독교인들은 박해 시기 동안 빼앗겼던 재산을 되찾을 수 있었고, 다른 종교들과 동등하게 신앙의 자유와 관용을 보장받게 되었다.

콘스탄티누스가 기독교를 공인한 것은 기독교에 대한 그의 개인적인 심경 변화 때문이었다. 그러나 공동 황제인 리키니우스와의 회담에서 만족할 만한 타협점에 도달하려는 그의 정치적 바람도 큰 요인으로 작용했다. 밀라노 칙령의 조항들을 실행한다면, 다시

◀ 이 콘스탄티누스 청동흉상은 황제의 신성한 권위를 나타내기 위해 인물의 개인적인 특징들이 제거되어 있다. 이 청동상은 자신들을 기독교의 수호자라고 생각했던 황제들의 권위를 강조하는 새로운 양식의 탄생을 알리고 있다.

헬레니즘 시대에 셀레우코스 왕조에 의해 건설된 요새 도시 두라유로포스는 165년부터 로마군의 요새가 되었다. 이 도시에는 동서 문화의 특징들이 결합되어 있었다. 고고학자들은 이 도시에 있던 로마 신들의 신전들 주위로 유대교 예배당, 미트라스 신에게 바쳐진 성소, 기독교 교회가 각각 하나씩 세워져 있었을 것으로 추측하고 있다.

이 모자이크는 500년경에 제작된 것으로, 라벤나 아리우스 세례당의 돔을 장식하고 있다. 중앙에는 그리스도의 세례 장면이 묘사되어 있다. 오른쪽에 세례 요한이 있고, 왼쪽에는 의인화된 요르단 강이 앉아 있다. 열두 명의 사도들이 가장자리를 둘러싸고 있고, 왕좌에는 십자가가 올려져있다.

말해 기독교나 다른 모든 종교에 신앙의 자유를 베풀고 교회 재산을 되돌려준다면 "하늘의 옥좌에 앉아 있는 신이 은혜를 베풀어 우리와 우리의 권위 아래 놓인 모든 이들에게 행복을 내려줄 것이다"라는 희망으로 칙령을 끝맺고 있다는 점을 보아도 그것을 알 수 있다.

콘스탄티누스는 여러 교회에 막대한 재산을 기증했는데, 특히 로마 교회에 물질적인 후원을 아끼지 않았다. 그는 교회와 성직자들에게 상당한 세금 감면 혜택을 주었고 교회에서 금전이나 재산을 물려받을 수 있도록 허가했다. 그럼에도 불구하고 여러 해 동안 콘스탄티누스 시대의 화폐들에는 이교도 신들, 특히 '전지전능한 태양신'이 여전히 등장하고 있었다.

교회와 국가

콘스탄티누스는 점차 신의 대리인처럼 행동했다. 그리고 자신이 신의 봉사자로 선택받은 황제라는 것을 과시함으로써 황제로서의 권위는 한층 더 높아졌다. 그는 자신이 기독교의 신을 절대적으로 신봉하고 있다는 것을 공개적으로 밝히고, 자신은 기독교의 번영을 위해 봉사하는 신의 대리자라고 자처했다. 320년 이후 태양신은 그의 화폐들에서 자취를 감추었고, 군인들은 의무적으로 교회 행사에 참석해야 했다.

그러나 한편으로 그는 제국의 전통신앙에도 여전히 세심한 관심을 기울였다. 그는 호화로운 기독교 교회들을 건설하고 기독교 교인들을 고위 관리로 등용하여 기독교로의 개종을 장려했다. 그러면서도 이교도들의 종교와 제의 역시 너그럽게 허용해주었다.

디오클레티아누스와 마찬가지로 콘스탄티누스는 표면에 드러나지는 않았지만 이전부터 벌어지고 있던 초기 기독교의 교파 간의 분쟁들을 해결하기도 했다. 272년, 안티오키아의 기독교인들은 한 주교를 파문시켜달라고 황제에게 간청했다. 316년에 콘스탄티누스는 도나투스파라고 알려진 기독교 분파가 반대하는 인물을 카르타고 주교로 승인함으로써 북아프리카의 교리 논쟁과 사회문제를 동시에 해결하려고 했다.

콘스탄티누스는 자신이 기독교를 공인하고 막대한 기부금을 교회에 헌납한 것보다 더 큰 은혜를 신으로부터 입고 있다고 믿었다. 그는 이제 자신을 국가와 교회의 평화와 번영을 약속하는 보증인이라고 생각하게 되었고, 신이 계속 베푸는 은혜에 대한 보답으로 자신이 로마를 화합시켜 단일국가로 만들어야 한다고까지 생각했다.

그가 '기독교 국가로부터 박해받은 최초의 종파'라는 불명예를 도나투스파에게 안겨준 것은 바로 그런 생각 때문이었다. 콘스탄티누스는 세속의 통치자, 즉 황제가 종교적 신앙을 다스릴 신성한 권위를 가지고 있다는 황제교황주의의 시조였고, 그 후로 1,000년 동안 유럽에 확고히 자리 잡게 될 종교에 대한 개념을 처음으로 만들어낸 인물이었다.

니케아 종교회의

콘스탄티누스가 기독교를 위해 내린 가장 위대한 결단은 324년 자신이 기독교인임을 공식적으로 선언한 직후에 내린 결단이었다. 최초로 제국 전역의 교회 대표들을 소집하여 회의를 열기로 한 것이다. 그것이 바로 니케아 종교회의였다. 그런데 흥미롭게도 이것은 기독교인들을 박해해왔던 리키니우스 황제와의 결전을 앞두고 내린 결단이었다.

325년에 최초로 열린 이 회의에는 약 300명의 주교들이 참석했으며, 콘스탄티누스가 직접 회의를 주관했다. 이 회의의 목적은 교회의 분열을 초래한 아리우스파에 대한 기독교의 논의를 결정짓는 것이었다. 아리우스주의의 창시자인 아리우스는 삼위일체설*을 부정하면서 성부인 하나님과 성자인 예수 그리스도는 동일하지 않으며 성자는 성부처럼 신성을 가지고 있지 않다고 주장했다.

전문적이고 신학적이긴 하지만 이 민감한 교리상의 문제는 즉시 격렬한 논쟁을 불러일으켰다. 아리우스의 반대자들은 맹렬하게 그 주장을 반박하면서 아리우스를 비난했다. 콘스탄티누스는 이 논쟁을 가라앉히기 위해 노력했다. 결국 니케아 종교회의는 아리우스주의에 반대되는 교리, 즉 성부와 성자는 동일하다는 교리를 단호하게 채택했다. 그러나 동방의 많은 기독교인들이 이 결정을 거부하면서 논쟁은 끝나지 않았다. 결국 테오도시우스 황제 때 콘스탄티노플에서 열린 두 번째 종교회의에서 아리우스파를 다시 기독교 종파로 인정하게 되었다.

니케아 종교회의에서 내린 결정에 모든 주교들이 만족하지는 않았다. 또한 이 종교회의에 참석한 주교들 중 서로마에서 온 주교들은 거의 찾아볼 수 없었다. 그러나 중요한 것은 콘스탄티누스가 직접 이 종교회의를 주관함으로써 황제가 특별한 권위와 책임을 가지게 되었다는 것을 공식적으로 널리 알렸다는 사실이다. 이때부터 기독교는 황제의 권위를 상징하게 되었다.

기독교의 분열

기독교에는 또 다른 중요한 문제들이 남아있었다. 신학자들이 내세운 여러 가지 주장들의 이면에는 기독교의 원칙과 실제 상황이 서로 맞지 않는 데 대한 심각한 의문이 자리

◀ 4세기에 제작된 금메달. 신의 손이 콘스탄티누스에게 왕관을 씌우는 장면이 묘사되어 있다. 황제 옆에는 황제의 아들들이 승리의 여신으로부터 왕관을 받고 있다.

*삼위일체설
성부·성자·성령의 3위(位)가 동일한 본질을 공유하고 유일한 실체로 존재한다는 교리. 즉 하나님과 예수와 성령은 나누어질 수 없는 하나라는 것.

아리우스는 3세기 알렉산드리아의 기독교 사제였다. 게르만 민족들 사이에 널리 퍼져 있던 그의 교리는 라벤나 지역까지 알려졌다. 아래 사진에 보이는 것처럼 라벤나의 아리우스 세례당은 현재까지 원형 그대로 보존되어 있다. 그러나 325년 아리우스파는 콘스탄티누스가 주관한 니케아 종교회의에서 이단이라는 선고를 받았다.

테살로니카에서 갈레리우스 황제에게 바쳐진 개선문에는 황제가 승리했던 4세기의 전투 장면들이 묘사되어 있다. 이 세밀한 조각은 갈레리우스가 개선 행진에 참여하고 있는 장면이다.

정교하고 화려한 이 장식 걸쇠들은 5세기 게르만 공주의 무덤에서 발견된 것으로, 아마도 폰투스 지역에서 만들어진 것을 서로마로 가져온 듯하다.

하고 있었다. 기독교의 공인을 통해 이념적으로 새롭게 통일된 제국 내에서, 기독교의 전통들이 분열된 원인은 과연 무엇이었을까? 예를 들어, 시리아와 이집트의 교회들에는 헬레니즘 문화와 그 지역들의 민간 종교에서 비롯된 사고방식과 관습이 강하게 남아 있었다. 이런 점들을 고려해보면, 콘스탄티누스의 교회 정책이 왜 그의 기대에 미치지 못했는지 짐작이 간다.

우선, 니케아 종교회의는 교리 논쟁을 해결하기 위해 타협점을 찾으려는 노력을 전혀 하지 않았다. 만일 그 회의가 절충적인 교리를 만들어냈더라면 논쟁이 보다 쉽게 해결되었을 것이다. 아리우스파에 대한 콘스탄티누스의 태도는 곧 누그러져서 그의 임종 시에 아리우스파의 주교에게 세례를 받을 정도였지만, 알렉산드리아의 주교인 아타나시우스가 이끄는 아리우스의 반대자들은 자신들의 생각을 전혀 굽히지 않았다.

그 논쟁은 아리우스가 죽고 나서도 불안정한 상태로 남아 있었다. 그리고 얼마 지나지 않아 콘스탄티누스 황제가 죽었다. 하지만 아리우스파는 동로마에서 번성하지 못했다. 그 대신 러시아 남동쪽의 게르만족에게로 간 아리우스파의 전도단은 큰 성공을 거두었다. 그곳의 국가들을 통해 널리 전파된 아리우스주의는 서로마 지역에서 7세기까지 존속하게 된다. 그러나 이것은 먼 훗날의 이야기다.

콘스탄티누스의 유산

북아프리카의 기독교 교단이 로마 정부의 태도를 못마땅하게 생각하고 있었다 하너라노, 기독교가 끝까지 국가와 사회로부터 인정받지 못할 이유는 없었다. 하지만 그런 결과가 이루어지기 위해서는 누군가가 시작을 해야만 했다. 콘스탄티누스는 교회와 제국을 결합시키기 위한 대책을 마련한 인물이었. 그의 결정들은 역사적으로도 매우 중요하

둘로 갈라진 로마제국

3세기 이후로 동로마제국과 서로마제국의 차이가 점점 더 눈에 띄게 두드러졌다. 이 시기에 서쪽의 많은 도시들에서는 인구가 급격히 감소했고 그에 따라 무역과 생산성이 감소되었다. 이러한 쇠퇴현상은 지중해 동쪽 도시들의 급속한 발전과는 완전히 대조적인 것이었다. 지중해 동쪽 도시들은 동아시아 지역과의 무역 및 외교 관계를 통해 막대한 이익을 거둬들이고 있었다.

게다가 동로마제국은 지형적인 위치 덕분에 야만족들의 습격을 받지 않았다. 야만족들의 침입 경로가 동로마의 영토와는 무관했기 때문이다. 야만족들은 중앙유럽의 광활한 평원으로부터 서쪽으로 계속 전진했다.

다. 제국과의 결합을 통해 기독교는 아주 많은 것을 얻어냈다. 왜냐하면 이후로 기독교가 로마 자체를 종교적으로 이끌게 되었기 때문이다. 그에 비해 로마 자체는 크게 달라진 것 같지 않았다. 하지만 콘스탄티누스의 아들들은 어릴 때부터 기독교인으로 자랐다. 콘스탄티누스는 고전시대 로마의 전통과 단절했고 자신도 의식하지 못한 상태에서 마침내 기독교로 통합된 유럽을 만들었으며, 결과적으로 근대세계의 기초를 마련했다.

그의 결정들 가운데 유일하게 지속적인 결과를 낳지 못한 것은 콘스탄티노플을 건설한 것이었다. 그는 흑해 입구의 옛 그리스 식민지였던 비잔티움이 있던 자리에, 그의 말 그대로 옮기자면 "신의 명령에 따라" 그 도시를 건설했다. 그 도시는 330년에 콘스탄티노플이라는 이름으로 신에게 바쳐졌다. 물론 콘스탄티누스 황제는 니코메디아의 궁전을 떠나지 않았고 그 후로 50년이 지날 때까지 어떤 황제도 콘스탄티노플에 머물지 않았다. 하지만 그는 다시 한 번 미래에 지대한 영향을 미치게 될 결정을 내린 것이었다. 1,000년 동안 콘스탄티노플은 이교적인 제사 의식들로 더럽혀지지 않은 순수한 기독교의 도시로 존속했기 때문이다. 하지만 콘스탄티노플은 1453년 이교도에게 빼앗겨 500년 동안 이스탄불이라는 이름으로 오스만 제국의 수도가 되었고, 현재까지 그 명맥이 이어지고 있다.

로마제국 내부의 분열

콘스탄티누스가 죽고 난 이후에도 로마인들은 로마제국이 여전히 세계 문명을 지배하고 있다고 생각했다. 제국의 국경선은 지리적으로나 역사적으로 중요한 구분이 되는 자연적인 지형들을 따라 형성되어 있었다. 제국의 북쪽 경계선은 브리타니아의 하드리아누스 장벽이었다. 그리고 유럽 대륙 내에서는 라인 강과 도나우 강을 따라 경계선이 그어졌다. 도나우 강 어귀의 흑해 연안 북부는 기원전 305년경에 다른 민족들에게 빼앗겼으나 소아시아는 여전히 제국에 속해 있었다. 그곳의 국경선은 페르시아와의 경계선이 변화함에 따라 동쪽으로 멀리 뻗어나갔다. 남쪽으로는 레반트 연안과 팔레스타인이 홍해를 따라 경계선을 이루고 있었다. 더 아래쪽의

게르만족의 이동

4세기와 5세기 동안 로마제국에 영향을 미친 민족 대이동은 유럽의 문화적 판도를 바꾸어놓았으며, 쇠퇴해가던 서로마제국에 최후의 일격을 가했다. 야만족들의 침입 형태는 다양했다. 어떤 부족들은 무력으로 땅과 재산을 빼앗으려 했고, 어떤 부족들은 닥치는 대로 파괴와 학살을 자행했다. 그런 반면 어떤 부족들은 로마로부터 허락을 받아 평화적으로 로마 영토에 정착하려 했다. 토착 지역민들은 침입자들에 대해 거의 저항 하지 않았고 저항할 힘도 없었다. 그 결과, 스페인의 서고트 왕국과 갈리아의 프랑크 왕국처럼, 로마의 속주였던 지역에서 독립 왕국들이 출현하게 되었다.

알제리에 위치한 기독교 공동체인 지에밀라. 이곳의 건물들은 5세기와 6세기에 벽돌을 이용해 지은 것들이다.

나일 강 유역은 여전히 제국이 소유하고 있었고, 북아프리카 연안 역시 마찬가지였다. 아프리카의 국경선들은 아틀라스 산맥과 사막이었다.

콘스탄티누스가 로마의 통합을 위해 그토록 많은 노력을 했음에도 불구하고 로마가 하나로 통합되었다고 생각하는 것은 착각에 불과했다. 통일된 제국이라는 믿음을 갖는 것이 아무리 바람직하더라도, 공동 황제들의 시도에서 드러난 것처럼 로마 문명은 하나의 정치 구조로 통일하기에는 너무나 방대했다. 그리스어를 사용하는 동로마와 라틴어를 사용하는 서로마 간의 문화적 차이는 점점 커져갔다. 그리고 기독교가 자리 잡은 후 아시아와의 지속적인 교류가 증가하게 되자 대규모 기독교 공동체들이 들어서 있던 소아시아, 시리아, 이집트의 중요성이 새롭게 부각되었다.

364년 이후 일시적으로나마 로마제국이 한 명의 황제에 의해 통치되었던 적이 있었다. 하지만 둘로 분리된 로마의 제도들은 점점 더 차별화되어갔다. 동로마에서 황제는 법과 종교를 동시에 상징하는 존재였다. 즉 제국과 기독교, 그리고 신의 대리인으로서의 황제, 이 세 가지는 결국 동일한 것이라는 신념이 확고하게 뿌리내려 있었던 것이다. 반면에 서로마에서는 400년경에 이미 교회와 국가의 역할 구분이 윤곽을 드러내기 시작했다. 이후로 '교회와 국가의 분리'라는 주제는 유럽 정치에 있어서 가장 중요한 쟁점이 되었다.

경제적인 측면에서도 동서 간에 차이가 있었다. 동로마는 인구가 많아서 세금을 충분히 거둬들일 수 있었지만, 서로마는 300년경에 이미 아프리카와 지중해의 섬들에서 거둬들이는 세금 없이는 국정을 꾸려나갈 수 없을 정도로 재정적 어려움을 겪고 있었다. 이러한 상황을 고려한다면 이제 완전히 다른 두 문명세계가 출현하게 되었다는 것은 자명한 일이었다. 하지만 그렇게 되기까지는 오

로마제국의 몰락과정 131

6세기 카르타고의 모자이크. 말을 탄 사람이 게르만식으로 옷을 입고 사냥을 하러 나가는 모습이다. 이 인물은 5세기에 로마제국이 점령한 북아프리카 지역에서 그곳 관습에 동화된 반달족 지주인 듯하다.

랜 시간이 걸렸기 때문에 당시로서는 그 누구도 그런 결과를 예측하지 못했다.

서로마제국의 몰락

그런데 서로 다른 두 문명권이 출현하기도 전에 훨씬 더 충격적인 일들이 발생하여 서로마제국이 완전히 사라지게 되었다. 500년경 동로마제국은 콘스탄티누스 시대의 국경선들을 상당 부분 그대로 유지하고 있었다. 그리고 콘스탄티누스의 후계자들이 여전히 페르시아와 강력하게 대치하면서 국경선들을 유지하고 있을 때, 서로마의 마지막 황제가 황제 자리에서 쫓겨나게 되었다. 서로마제국의 황제를 퇴위시킨 야만족 왕은 서로마 황실의 휘장을 콘스탄티노플로 보냈다. 그 야만족 왕은 자신이 동로마제국의 황제 대리인 자격으로 서로마제국을 통치한다고 주장했다.

이것은 대단히 충격적인 일이었다. 실제적으로 무엇이 붕괴되고 쇠퇴하고 몰락한 것일까? 충격과 비탄에 빠진 5세기의 저술가들은 서로마제국의 몰락을 마치 세상이 무너진 것처럼 과장해서 표현했기 때문에, 우리는 로마 사회 전체가 완전히 붕괴된 것처럼 생각하기 쉽다. 하지만 사실은 그렇지 않았다. 붕괴된 것은 서로마제국의 정부기관이었다. 그 기관들 가운데 어떤 것들은 기능을 멈추었고, 어떤 것들은 그 권력이 다른 쪽으로 넘어갔다. 물론 정부기관의 붕괴만으로도 로마인들은 엄청난 충격을 받았을 것이다. 1,000년의 역사를 가진 제도들이 불과 반세기 만에 허망하게 무너져 버렸기 때문이다. 따라서 그 이후로 사람들이 서로마제국의 붕괴 이유를 계속 궁금해 한 것은 지극히 당연한 일일 것이다. 어떻게 그런 일이 일어날 수 있었을까?

그것은 단시간에 갑자기 일어난 일이 아니라, 오랜 시간 동안 문제점들이 누적되어온 결과였다. 서로마제국의 정부기관은 4세기에 일시적으로 기능을 회복했지만 이후로 점차 기능이 마비되어갔다. 서로마의 인구, 국가세입, 경제는 이미 회복이 불가능한 상태에 도달해 있었다. 서로마 정부는 국방력을 유지하기 위해 세금을 계속 올렸다. 하지만 국가세입은 점점 더 줄어들고 있었다.

다키아 이후로 세금을 거둬들일 수 있는 새로운 정복지는 더 이상 없었다. 결국 정부는 온갖 방법을 동원해 시민들에게 더 많은 세금을 뜯어내려 했고, 시민들은 부자건 가난한 사람이건 가릴 것 없이 세금을 피할 궁리만 하게 되었다. 그 결과 로마의 경제는 화폐 경제보다 자급자족을 하는 자연경제로 역행하게 되었다. 농민들은 자급자족조차 어려웠기 때문에 생산한 농산물을 시장에 내다 파는 것은 생각도 하지 못하게 되었다. 그와 더불어 상업이 침체되면서 부유층들이 농촌 지역으로 이주했고, 그 때문에 도시의 재정 상태가 더욱 악화되면서 행정 기능이 마비되어갔다.

군대의 상황 역시 다르지 않았다. 새로 충원된 신병들은 전투력이 현저하게 떨어졌다. 유능한 신병들을 모집할 돈이 없었기 때문이다. 기동대와 주둔군으로 개편한 군사제도 역시 결함이 드러났다. 황제의 거주지에 주둔하던 기동대는 특권 의식에 사로잡혀 기강이 해이해지면서 전투력을 상실했고, 주둔군은 국경 수비라는 자신들의 임무를 망각한 채 주둔지에서 재산을 늘려가면서 식민지 이주자로 변모해갔다.

이처럼 몰락을 향한 악순환이 반복되면서 또 다른 내리막길이 꼬리를 물고 나타났다. 국방력이 약화되자, 그동안 야만족들의 침입을 막는 데 주력해온 로마군이 오히려 침략자들이었던 야만족의 힘을 빌려야 하는 처지가 된 것이다. 부족한 병력을 용병들로 충당해야 했기 때문에, 제국은 야만족들의 비위를 맞추면서 회유 정책을 펼쳤다. 그 때문에 게르만의 민족 대이동이 최고조에 달했던 바로 그 시기에 로마는 야만족 용병들을 더 많이 받아들이게 되었다. 제국 내에 거주가 보장될 뿐만 아니라 봉급을 받으며 군 생활을 할 수 있다는 것은 야만족들에게 약탈보다 훨씬 더 매력적인 조건이었을 것이다.

야만족들이 이러한 조건을 받아들임으로써 그들은 제국의 붕괴에 결정적인 역할을 하게 된다. 야만족들이 단순히 약탈을 노리고 침입했더라면 오히려 로마군의 군사력이 되살아났을 것이고, 제국은 그렇게 쉽게 무너지지 않았을 것

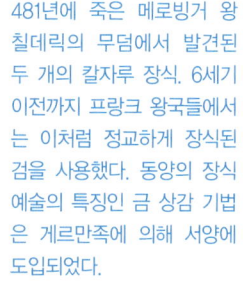

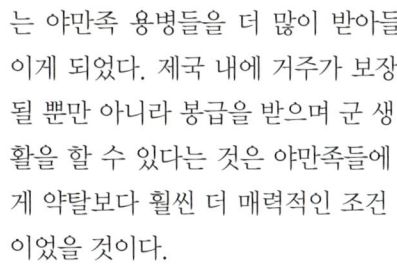

481년에 죽은 메로빙거 왕 칠데릭의 무덤에서 발견된 두 개의 칼자루 장식. 6세기 이전까지 프랑크 왕국들에서는 이처럼 정교하게 장식된 검을 사용했다. 동양의 장식 예술의 특징인 금 상감 기법은 게르만족에 의해 서양에 도입되었다.

루도비시 석관에 새겨진 이 부조는 3세기에 제작된 것으로, 로마군과 야만족들 간의 전투를 묘사하고 있다. 이 양식은 헬레니즘 미술을 연상시킨다. 사실적인 조각술과 과장되고 극적인 구도 연출을 통해 로마군단의 전사자들을 기리고 있다.

로마제국의 몰락과정

이다. 로마의 적은 국경선 밖에 있지 않았다. 로마의 적들은 로마 영토 안에서 로마의 돈으로 힘을 키워나가고 있었던 것이다.

게르만족의 위협

4세기 초에 게르만족들은 라인 강에서부터 흑해에 이르는 로마의 국경선을 따라 흩어져 있었다. 그러나 그 시기에 엄청난 수의 게르만족들이 국경선 남쪽에 집결하게 되었다. 그들은 동고트족과 서고트족으로, 도나우 강 너머에서 호시탐탐 기회를 노리고 있었다. 그들 중에는 이단으로 지목된 아리우스파도 있었지만, 그들은 이미 기독교로 개종한 기독교인들이었다. 반달족, 브루군트족, 롬바르드족과 함께 고트족은 동 게르만 집단을 이루었다. 그리고 북쪽 국경선에는 서 게르만족들인 프랑크족, 알라마니족, 색슨족, 프리시아족, 투린기아족이 있었다. 그들은 4세기와 5세기에 일어난 게르만 민족 대이동의 두 번째 단계에서 이동을 시작했다.

로마로 들어오는 서고트족

4세기 말 위기가 시작되었다. 370년 이후로 중앙아시아의 용맹한 유목 민족인 훈족이 서쪽의 야만족들을 물리치며 밀고 들어오기 시작했다. 그들은 동고트족의 영토를 빼앗고 알란족을 정복한 후, 드니에스테르 강 유역의 서고트족에게 향했다. 그들의 공격을 막아낼 수 없었던 서고트족은 로마 영토 안으로 집단 이주를 원했다. 376년에 서고트족은 도나우 강을 건너 국경선 안으로 들어와 정착해도 좋다는 로마 정부의 허락을 받았다. 이것은 새로

6세기의 혁대 장식. 금박을 입힌 청동과 진귀한 보석으로 만든 이 버클은 스페인 서고트 왕국에서 만들어진 것이다.

타키투스가 묘사한 게르만 전사들

"전쟁터에서 지휘관은 부하들이 자기보다 더 용감한 것을 치욕으로 생각하고, 부하들은 자신들이 지휘관보다 용맹하지 않은 것을 치욕으로 여긴다. 그리고 병사들에게 있어서 일생일대의 불명예이자 수치는, 지휘관이 전사했는데 자신들은 죽지 않고 살아남는 것이다. 지휘관을 지키고 보호하는 것, 그리고 그들 자신의 영웅적인 행동으로 지휘관에게 칭찬받는 것은 군인 최고의 명예이자 가장 엄숙한 의무다.

대부분의 귀족 청년들은 자신들이 태어난 나라가 오랫동안 전쟁을 하지 않아 침체되고 무기력해졌다고 느낄 때면 전쟁을 일으킬 만한 새로운 목표물을 필사적으로 찾아 나선다. 게르만족들은 평화를 음미할 줄 모른다. 그들은 위기에 처해 있을 때 오히려 더 쉽게 승리하는 것으로 유명하다. 사실 그들은 흩어져서 생활하기 때문에, 폭력과 전쟁이라는 수단이 아니고서는 그들을 한데 모을 수 없다. 그들은 전투가 끝나면 지휘관들에게 피로 얼룩진 창이나 탐나는 말을 달라고 요구한다. 그러면 지휘관들은 순순히 그들의 요구를 들어준다. 그리고 소박하지만 넉넉한 음식을 봉급 대신 나누어준다.

이처럼 관대한 인심을 쓰기 위한 자금은 전쟁과 약탈로부터 얻는다. 게르만 사람들은 땅을 일구고 인내심 있게 수확기를 기다리기보다는 전쟁에 나가 싸우다 부상을 당하는 것을 훨씬 더 좋아한다. 그들은 피 몇 방울 흘려서 빠르게 얻을 수 있는 것들을 지루하고 따분하게 이마에 땀을 흘려가며 천천히 모을 필요가 없다고 생각한다."

타키투스(56~120년경)의 『게르마니아』, 14단락(H. 매팅리의 영어 번역)중에서 발췌.

운 출발이었다.

이제까지 로마는 야만족이 국경선 안으로 침입해올 경우, 그들을 격퇴하거나 제국 내에 합병해왔다. 이민족에 대한 로마의 관대한 정책은 야만족 지도자들의 호감을 샀고, 그 부하들은 로마 군대에 들어갔다. 그러나 서고트족은 달랐다. 약 4만 명 규모의 강력한 민족인 그들은 로마 영토 내에 이주해 와서도 자신들의 법과 종교를 고수하면서 자기들끼리 긴밀하게 결속해 있었다. 이에 두려

4세기의 금화에 새겨진 동로마제국의 발렌스 황제. 그는 자신의 형인 서로마제국 황제 발렌티니아누스 1세보다 훨씬 무능했다. 발렌스의 어리석은 판단으로 그의 군대는 서고트족에게 대패했다. 그가 이끄는 군인들 중 3분의 2가 죽임을 당했고, 그 또한 화살에 맞아 전사했다.

움을 느낀 발렌스 황제는 그들에게서 무기를 빼앗으려 했다. 하지만 그 사실을 눈치 챈 서고트족은 반란을 일으켰다. 378년 아드리아노플 전투에서 발렌스 황제는 전사했고, 로마 군대는 서고트족 기병대에게 대패했다. 서고트족은 트라키아 전역을 약탈하고 파괴했다.

이것은 어떤 측면에서는 하나의 전환점이 되었다. 이때부터 로마는 이민족들에 대한 정책을 바꾸었다. 모든 이민족들은 '푀데라티', 즉 로마제국의 군사동맹 부족으로 등록하고 제국 내의 영주권을 인정받는 대가로 병력을 제공한다는 조건을 받아들여야 했다. 그들은 자기 부족의 지휘관들과 함께 다른 야만족들에 맞서 로마 영토를 지키기 위해 싸워야 했다.

서고트족과의 일시적인 타협은 지속될 수 없었다. 동로마제국은 콘스탄티노플 밖의 유럽 영토들을 지킬만한 힘이 없었다. 5세기 초 서고트 족은 이탈리아 본토를 공격하기 시작했고, 반달족의 한 장군이 한 동안 그들의 공격을 막아냈다. 그때까지 제국의 옛 심장부인 이탈리아를 방어하는 일은 전적으로 야만족 용병들에 의존해왔으나, 이제 그들만으로는 역부족이었다. 콘스탄티노플은 지킬 수 있었지만, 로마는 410년에 서고트족의 차지가 되었다.

서고트족은 이탈리아를 약탈하고 나서 다시 아프리카를 강탈할 목적으로 남쪽으로 이동했으나 실패했다. 그 후로 그들은 북쪽으로 방향을 돌려 알프스를 건너 갈리아로 들어갔다. 그리고 419년, 그들은 마침내 제국 내에 서고트 왕국을 세우고 툴루즈를 수도로 정했다. 그곳에서 고트족 지배층은 갈로 로망의 지주들과 함께 통치권을 나누어 가졌다.

반달 왕국의 성장

유럽의 인종과 문화의 판도를 바꾸게 된 5세기를 설명하기 위해서는 또 하나의 중요한 민족 이동을 주목할 필요가 있다. 서로마제국의 황제가 서고트족이 오늘날 프랑스 지역인 아퀴타니아에 정착할 수 있도록 허락

390년에 편집된 「군부와 국가 고위 인사 명부」에 실린 삽화의 세부모습. 아프리카는 로마제국의 주요 식량 공급지였다. 이 삽화에서 한 여자가 밀 이삭을 손에 들고 있고, 배들은 곡식이 든 자루를 나르고 있다.

396년 유케리우스가 제작한 접이식 서판. 이 인물은 서로마제국 총사령관이었던 반달족 출신의 스틸리코 장군이다. 스틸리코는 병권을 장악하고 아르카디우스 황제와 호노리우스 황제를 뒤에서 조정하며 섭정을 펼쳤다. 그의 방패에 그 황제들의 상반신이 새겨져 있다.

*반달리즘
문화나 예술을 파괴하려는 경향. 455년경 반달족이 로마를 점령하여 무자비한 약탈과 파괴 행위를 한데서 유래한 말이다.

*스텝지대
사막 주변에 펼쳐져 있는 초원지대. 아시아와 유럽에 걸쳐 있으며 이러한 지역을 통해 민족과 문화가 연결되었다.

한 것이다. 그리고 그 대가로 스페인에서 외부세력들을 몰아낼 수 있게 도와주겠다는 약속을 서고트족에게 얻어냈다. 그 당시 스페인에 있던 민족들 중에서 가장 위협적인 것은 반달족이었다.

406년, 라인 강 방어선을 지키고 있던 로마군이 서고트족의 위협에 직면한 로마를 구하기 위해 라인 강 방어선에서 철수하자, 반달족과 알란족이 그 틈을 타 갈리아 지방으로 밀고 들어왔다. 반달족은 약탈과 파괴 행위를 일삼으면서 계속 남쪽으로 내려와 피레네 산맥을 넘어 스페인에 반달 왕국을 세웠다.

그로부터 20년 후, 로마에 반대하는 아프리카의 총독이 반달족에게 도움을 청해왔고, 그때부터 반달족은 아프리카에 눈독을 들이게 되었다. 서고트족이 공격해오자 그들은 스페인을 떠나 북아프리카로 건너갔다. 그리고 439년에 반달족은 카르타고를 점령하고 북아프리카에 다시 반달 왕국을 건설했다. 아프리카의 반달 왕국은 이때부터 군함을 가지게 되었다. 이후로 반달족은 거의 한 세기 동안 그곳에 정착해 살았다. 그리고 455년에 반달족은 로마로 진격해 약탈을 자행했다. 이로써 그들은 신성모독과 파괴를 뜻하는 반달리즘*이라는 용어를 역사에 남기게 되었다.

이런 일련의 과정도 대단한 것이지만 더 중요한 것은 로마의 식량 공급지 역할을 맡고 있던 북아프리카를 반달족이 차지하면서 로마가 치명적인 타격을 입게 되었다는 사실이다. 북아프리카를 빼앗긴 서로마제국은 경제적 기반을 거의 잃은 상태였다. 동로마 황제들이 서로마를 다시 일으켜 세우기 위해 계속해서 엄청난 노력을 기울였지만 서로마는 이미 무너진 상태나 다름이 없었다.

야만족의 침입을 막기 위해 또 다른 야만족을 불러들인 것이 치명적인 결과를 불러왔다. 점점 더 심해지는 외부세력의 침입으로 인해 로마는 이제 회복이 불가능한 상태였다. 이탈리아를 지키기 위해서는 갈리아와 스페인을 반달족에게 넘겨주어야 했다. 게다가 주요 식량 공급지인 아프리카를 반달족에게 빼앗긴 후 서로마는 심각한 식량난에 허덕이게 되었다.

훈족의 공격

서로마제국은 5세기 후반에 유럽에서 완전히 붕괴되었다. 훈족의 대대적인 마지막 공격이 있은 후의 일이었다. 유목민이었던 훈족은 교묘한 작전을 펼쳐 아나톨리아와 시리아를 빼앗은 후, 발칸 반도와 중앙 유럽 내의 게르만 부족들을 평정해 나갔다. 440년, 아틸라의 지휘 아래 훈족의 세력은 최고조에 달해 있었다.

아틸라는 거대한 동맹군대와 함께 아시아의 스텝지대가 끝나는 헝가리 평원에서 서쪽으로 돌진했으나, 451년에 트루아 근처에서 야만족 출신의 사령관이 이끄는 서고트족의 로마 군대에 패배했다. 이것으로 훈족의 위협은 끝이 났다. 아틸라는 그로부터 2년 후 죽었다. 그는 서로마제국 황제의 여동생과 결혼하여 황제가 되려고 계획했던 듯하다.

그 다음 해에 헝가리에서 훈족의 지배를 받던 사람들이 반란을 일으켰고, 그 결과 훈족은 세력을 잃고 사라지게 되었다. 그들의 고향인 아시아에서는 새로운 유목민들이 연합해 다시 한 번 세계를 제패하게 되지만 그것은 훨씬 더 오랜 세월이 지난 후의 이야기이다.

서로마제국의 붕괴

훈족은 사실상 서로마제국에 최후의 일격을 가한 민족이었다. 서로마제국의 황제는 아틸라에게 교황 레오 1세를 보내 로마에서 철수해달라고 간청했다. 서로마제국의 마지막 황제는 476년에 게르만족 출신의 오도아케르에 의해 쫓겨났고, 공식적인 통치권은 동로마제국의 황제에게 넘어갔다. 서로마제국의 옛 속주들과 마찬가지로 이탈리아는 그때부터 공식적인 명칭만 제외하고는 실제적으로 독립적인 야만족 왕국이 되었다. 그러나 이탈리아 사람들은 콘스탄티노플에 거주하는 황제를 자신들의 통치자로 생각했다.

야만족들의 대두

서로마제국은 앞서 살펴본 과정들로 인해 마침내 무너지게 되었다. 서로마제국의 마지막

361년부터 363년까지 로마 황제로 재위했던 배교자 율리아누스의 조각상이다. 제국 내에 이교 신앙을 되살리고자 했던 율리아누스는 다음과 같은 글을 썼다. "우리는 떳떳하게 신들을 숭배한다. 그리고 나를 따랐던 군대들은 거의 대부분 신앙심으로 가득 차 있다. 우리는 공개적으로 황소를 제물로 바친다. 우리는 수많은 희생제의를 통해 신들에게 감사를 올렸다. 신들은 나에게 가능한 한 모든 것을 정화하라고 명령한다. 그리고 나는 헌신적으로 그 명령에 복종한다."

(율리아누스, 『서한집』, 26)

스페인에서 발견된 이 은쟁반은 4세기 말의 것으로, 테오도시우스 궁전이 묘사되어 있다. 황제는 중앙에 보다 크게 그려져 있고, 그 주위로 부황제들과 그의 아들들인 아르카디우스와 호노리우스가 있다. 후일 이 두 아들은 각각 동로마와 서로마의 황제가 된다.

10년은 시간과 공간을 초월한 신비로운 무엇인가가 있었다. 사회구조는 쇠약할 대로 쇠약해져 있었다. 제국의 종말이 정확하게 언제였는지 날짜를 확인하는 것은 특별한 의미가 없다. 당시의 로마인들은 476년을 특별히 주목할 만한 해로 생각하지 않았던 듯하다.

로마인들의 시각에 야만족 왕국들은 단지 로마제국이 국경선 방어에 필요해 받아들인 민족들이 그곳에 정착하여 점차 발전하게 된 소수민족들의 구역일 뿐이었다. 야만족들 역시 단순한 약탈 이외에 더 많은 것을 원하지 않았다. 그들은 분명 황제의 지위를 빼앗으려는 야심이 없었다. 어느 고트족 지도자는 이런 말을 남겼다. "나는 로마를 빼앗은 자가 아니라 로마의 복구자로 후세에 알려지고 싶다." 그러므로 서로마가 멸망한 것은 외부세력의 위협보다 더 심각하고 근본적인 다른 요인들 때문이었다고 할 수 있다.

사회적 상황과 경제적 측면에서 본다면 3세기의 역사적 상황이 5세기에 똑같이 되풀이되었다고 할 수 있다. 도시들은 쇠퇴했고 인구는 감소했다. 관료들은 인플레이션으로 인한 자신들의 경제적 손실을 보충하기 위해 자신들의 봉급을 마음대로 올렸고, 그 때문에 행정기관은 점점 더 무질서해져갔다. 속주들을 잃어 국가 수입은 감소했지만, 매관매직과 부정부패를 통해 궁전의 사치와 향락은 여전히 계속되었다.

그러나 황제의 권위는 빛을 잃었다. 군부의 세력에 의존하던 황제들은 힘 있는 장군들의 비위를 맞춰야 했다. 결국 그들의 꼭두각시나 다를 바 없는 이름뿐인 황제로 군림하다가 마침내 제국의 마지막 수도인 라벤나에 감금되는 처지가 되었다.

이런 의미에서 410년에 일어난 '로마의 약탈', 즉 신성로마의 황제 카를 5세가 주동이 되어 교황이 사는 로마를 습격한 사건을 한 시대의 종말로 보는 것이 옳다. 왜냐하면 그 사건을 통해 제국이 로마 문화의 심장부인 수도 로마를 더 이상 지킬 수 없다는 사실이 드러났기 때문이다.

물론 그런 최악의 상황을 초래한 다른 많은 요인들도 있었다. 콘스탄티누스 혈통의 마지막 황제 율리아누스는 짧은 재위 기간(361~363) 동안 이단으로 개종하고 이단 신앙들을 복구하고자 노력했었다. 그것으로 그는 역사에 이름을 남겼고, 기독교인들로부터 '배교자'라는 불명예스러운 칭호를 얻게 되었다. 그러나 그의 시도는 성공하지 못했다. 그는 과거처럼 희생제의를 다시 올리면 로마의 번영을 되찾을 수 있을 거라고 생각했지만, 자신의 생각을 실천할 만한 충분한 시간이 없었다.

하지만 놀라운 것은, 종교와 민중의 삶이 불가분의 관계에 있다는 율리아누스의 주장에 대부분의 로마 시민들이 동의했다는

*오벨리스크
고대 이집트에서 태양신을 위해 세운 기념비. 대체로 사원 문 앞에 세웠으며, 네모진 거대한 돌기둥 모양이다.

콘스탄티노플의 경기장에 있는 오벨리스크*의 일부. 이 부조에는 테오도시우스 황제와 그 가족들이 전차 경주를 관람하는 장면이 묘사되어 있다.

이탈리아의 도시 라벤나에서는 아름다운 기독교 모자이크들을 많이 찾아볼 수 있다. 이 5세기의 모자이크는 갈라 플라키디아 영묘에 있는 것으로, 그리스도가 양떼를 지키는 선한 목자로 묘사되어 있다.

사실이다. 여기서 그가 주장하고 있는 종교란, 기독교가 아니라 바로 로마의 전통 종교를 말하는 것이다. 그렇다고 율리아누스가 콘스탄티누스의 업적을 훼손한 것은 아니었다. 그러나 결국 380년, 통합된 제국의 마지막 지배자였던 테오도시우스는 로마의 고대 신들을 대중 숭배하지 못하도록 금지했다.

이교 신앙에 대한 탄압

고대의 신들에 대한 숭배를 금지한다는 것이 실제적으로 어떤 의미를 지니고 있었는지 한마디로 정리하기는 힘들다. 이집트에서 고대 신들에 대한 숭배 금지는, 약 800년 동안 계속되었던 고대 문명이 마침내 끝났다는 것을 알리는 최후의 상징이었다.

기독교 성직자들은 그리스 철학의 타당성

쇄적인 기독교 사회가 바로 이 시기에 나타나게 된 것이다.

로마제국의 유대인 박해

기독교 황제들은 유대인을 박해하기 시작했다. 그들은 배타적인 유대인 집단에게 특별한 방식으로 박해를 가한 것으로 유명하다. 대체로 다른 집단들과 쉽게 구분되었던 유대인 집단은 법적인 평등의 기회를 빼앗겼다. 여기서 하나의 특징적인 점을 발견할 수 있다. 유대교는 로마의 다원론적인 종교 세계에서 오랫동안 유일하게 일신론을 대변해왔다. 그런 유대교가 이제 유대교에서 파생된 종파인 기독교에 의해 배척당하게 된 것이다.

최초의 박해는 유대교로 개종하는 것을 법적으로 금지한 것이었고, 곧 그 뒤를 이어 다른 박해들이 가해졌다. 425년에 유대인들이 행정적 자치권을 누리고 있던 교구가 폐지되었다. 유대인 대학살이 일어나자 유대인들은 페르시아의 영토로 달아나기 시작했다.

그들이 제국에서 점차 떠나가면서 학살은 수그러들었다. 그들이 로마의 적들에게 도움을 요청할 수도 있었기 때문이었다. 홍해를 거쳐 아시아로 이르는 무역로를 따라 펼쳐져 있는 아랍 국가들은 자신들과 피를 나눈 아브라함의 자손인 유대인들을 돕기 위해 로마에 대항할 준비가 되어 있었다. 로마는 자신들의 이념을 고수하기 위해 엄청난 대가를 치르게 되었다.

테오도시우스와 기독교의 대립

테오도시우스와 밀라노 주교 성 암브로시우스의 대립은 기독교 역사에서 아주 유명하다. 390년 테살로니카에서 반란이 일어나자, 테오도시우스는 그곳의 시민 7,000명을 무자비하게 죽였다. 그리고 당시의 로마인들이 놀랄 수밖에 없는 일이 벌어졌다. 테오시

을 받아들였다. 반면 고대 종교의 사제들은 이단자라는 이름으로 박해를 당하게 되었다. 5세기에도 여전히 로마의 이교 신앙과 사상을 공공연하게 옹호하는 사람들이 있었다. 이교도 교사들이 아테네와 콘스탄티노플의 대학에서 추방당한 것은 5세기 말에 이르러서였다. 하지만 그 이전에 이미 기독교의 새로운 전환점이 다가오고 있었다. 중세의 폐

4세기의 기독교 모자이크. 튀니지 북서부 타바르카의 공회당인 어느 바실리카에서 발견된 이 작품은 원래 관의 덮개였다. 바실리카가 꽃문양과 새 그림들로 둘러싸여 있는데, 이는 천국을 상징하기 위한 것이다.

우스가 시민들을 학살한 직후 밀라노의 한 교회에서 자신의 행동에 대해 참회를 한 것이다. 그것은 암브로시우스가 황제의 만행을 공개적으로 규탄하면서 참회를 강요했기 때문이었고, 미신 때문이기도 했다.

어쨌든, 인류애와 교회를 위한 오랜 싸움의 제 1라운드는 그렇게 해서 기독교가 승리했다. 기독교 교회는 나머지 권력자들에 대해서는 기독교로 개종하지 않으면 추방하겠다는 위협으로 제압했다. 종교라는 무기가 그런 식으로 이용되었던 것은 그것이 최초였다. 그리고 그런 일이 서로마제국의 기독교 교회에서 일어났다는 사실은 의미심장하다.

암브로시우스는 황제에 대한 충성보다는 성직자로서의 의무를 더 중요시했다. 이것은 서유럽 역사에서 끊임없이 등장하는 중요한 화두, 즉 종교적인 권위와 세속적인 권위의 대립이라는 화두의 발단이 되었다. 이 문제는 그 이후 교회와 국가 간의 점점 심해지는 갈등 속에서 되풀이된다.

로마제국의 기독교화

테오도시우스가 밀라노 대성당의 예배에 참석하려는 것을 성 암브로시우스가 거부했던 바로 그 시점에서 기독교의 영광스러운 한 세기는 끝난 것이나 다름없었다. 그 한 세기는 전도사들이 에티오피아처럼 멀리 떨어진 지역까지 파견되었던 위대한 복음 전도의 시대였다. 또한 찬란한 신학의 시대였으며, 무엇보다도 기독교의 국교화가 이루어진 시대였다. 그러나 그 시기의 기독교는 현대의 시각으로 보았을 때 반발심을 불러일으킬 수 있는 요소들을 많이 갖고 있었다. 국교화를 통해 기독교인들은 권력을 손에 쥐게 되었고 그 권력을 주저 없이 이용했다.

성 암브로시우스는 이교도인 심마쿠스에게 다음과 같이 말했다. "우리는 같은 별을 바라보고 있고, 우리 모두의 머리 위에는 같은 하늘이 있고, 같은 우주가 우리를 둘러싸고 있다. 우리들 각자가 어떤 방법을 통해 진리에 도달하든 그것이 무슨 상관인가?" 그러나 심마쿠스는 끝끝내 그의 말뜻을 이해하지 못했다.

동로마와 서로마의 기독교 교회들은 둘 다 모두 완고하고 열광적이었다. 하지만 이 두 기독교 사이에는 차이점도 있었다. 동로마 교회는 종교적 권위와 세속적 권위를 혼합시킨 제국의 무한한 권력을 믿고 있었다. 반면에 서로마 교회는 로마의 전통적인 세속세계 전체를 악의 세계로 보면서 교회가 그 세계를 구해내야 한다고 생각했다.

그러나 그 두 교회의 교부들에게 공평하기 위해서, 또는 그들의 불안과 두려움을 이해하기 위해서, 우리는 고전시대 말기의 세계 전체에 퍼져 있던 미신과 신비종교의 영향력을 인정해야만 한다. 기독교는 신비종교의 영향력을 인정하고 표현했다. 그 당시에는 기독교인이든 이교도이든 모두 악마의 존재를 진실로 믿고 있었다. 그리고 5세기의 한 교황은 고트족들에게 어떻게 대처할지에 대해 점술가들에게 조언을 구하기도 했다.

기독교 종파 간의 대립

이단들과 기독교 분파들이 고난을 당한 것은 미신을 믿는 세력들 때문이기도 했다. 아리우스파는 니케아 종교회의로 사라진 게 아니었다. 아리우스파 기독교는 고트족에게 환영을 받았고, 이탈리아, 갈리아, 스페인의 많은 지역들에 뿌리를 내렸다. 가톨릭 교회는 아리우스주의를 믿는 야만족 왕국들에서 박해를 당하지는 않았지만 철저하게 냉대받았다. 모든 것이 권력자들과 상류층의 기호와 후원에 좌우되는 사회에서 냉대를 받는다는 것은 위협을 당하는 것이나 마찬가지였다.

또 다른 위협은 아프리카의 도나투스파*였다. 이 분파는 도시와 농촌 간의 격심한 지역 갈등이라는 사회적 상황을 대변하고 있었다. 아프리카에서는 페르시아에서 서로마로 건너 온 마니교를 통해 과거의 그노시스주의가 부흥하기 시작했다. 또 하나의 이단으로 판명된 펠라기우스주의*는 라틴 문명에 동화된 유럽에서 세력을 확장해가고 있었다. 펠라기우스주의는 가톨릭 교도들에게 환영을 받기 시작했다.

4세기 말, 밀라노의 주교 성 암브로시우스는 4인의 교부들 중 하나였다. 그는 기독교 발전에 지대한 영향을 미쳤다.

*도나투스파
4세기 초 북아프리카 기독교 교회에 등장한 교파. 교회문제에 대한 국가의 간섭을 반대하고 철저한 종교적 입장에서 참회의 삶과 순교를 주장했다. 7세기까지 존속하다가 이단으로 몰려 쇠퇴하였다.

*펠라기우스주의
5세기 펠라기우스의 주장을 받아들이는 입장. 인간의 자유의지를 강조하고 원죄와 구원, 세례 등을 부정하였기 때문에 아우구스티누스 등의 반박을 받았으며 이단으로 규정되었다.

성 아우구스티누스의 생애

아우구스티누스가 활동하던 시절, 초기 기독교의 다양한 종파들 중에서 콥트교회*는 아주 중요한 위치를 차지하고 있었다. 이것은 콥트의 리넨이라는 직물로, 4세기 또는 5세기에 이집트에서 제작된 것이다. 이 인물은 신성이나 영웅적 자질을 상징하기 위해 머리에 고깔모자를 쓰고 있다. 이런 양식의 모자는 서아시아에서 유입된 것이다.

*콥트 교회
에티오피아에 있는 기독교의 한 종파. 451년에 알렉산드리아 주교를 중심으로 하여 로마 가톨릭에서 분리되었으며, 인성人性은 신성神性에 융합되어 있다는 그리스도의 단성설을 믿는다.

*테르툴리아누스
160~220년경 카르타고의 교부 신학자. 기독교 교리를 형성하고 신앙을 순화하고자 애썼다. '불합리하기 때문에 나는 믿는다'라는 말을 남겼다.

교부 신학자들 중에서도 성 아우구스티누스는 가장 위대한 인물이었다. 아우구스티누스처럼 어떤 종파가 이단인지 아닌지를 알아보고, 그 이단들의 논리를 분석하여 비판하고 그들과 맞서 싸울 수 있는 용기와 능력, 학식을 모두 갖춘 인물은 거의 없었다. 그가 지금의 튀니지와 알제리 동쪽에 해당하는 아프리카 지역의 로마 속주 출신이라는 사실은 매우 중요하다. 아우구스티누스는 그곳에서 354년에 태어났다.

아프리카 지역에서 기독교는 100년이 넘는 역사를 가지고 있었지만, 기독교를 믿는 집단은 여전히 소수에 불과했다. 아프리카의 기독교는 테르툴리아누스*가 활동하던 시대 이래로 그들만의 독특한 성향을 갖고 있었다. 아프리카 기독교의 뿌리는 동방의 헬레

146 로마와 고대의 서양세계

밀라노의 산 로렌초 교회는 4세기에서 5세기 사이에 세워졌다. 중앙에 하나의 돔이 있고 귀퉁이들에는 네 개의 높은 탑들이 있다. 이 사진은 교회의 내부 모습이다. 이곳은 원래 황실 납골당으로 사용되었다.

니즘 세계가 아니라, 베르베르족 농민들 사이에 남아 있는 카르타고와 누미디아의 전통 종교들에 있었다. 그리스 올림푸스의 신들은 아프리카에서 결코 받아들여지지 않았다.

아프리카의 전통 종교들은 잔인하고 황홀경에 빠지는 제사 의식들을 통해 천상의 신들을 숭배하는 종교들이었다. 그 신도들의 희생제의는 아주 잔인했는데, 예를 들어 카르타고인들은 희생제의 때 어린아이를 제물로 바쳤다고 한다.

아우구스티누스의 정신세계

아우구스티누스는 아프리카 기독교의 비타협적이고 광신적인 배경 속에서 성장했기 때문에 그런 성향이 그의 인성 자체에 고스란히 배어 있었다. 혼돈과 방황 속에서 헤어나지 못하던 그는 자신의 내면을 들여다보면서 자신 속에 숨어 있는 악과 대면해야 한다고 느꼈다. 그리고 아프리카의 대중적인 종교를 통해 하나의 해답을 얻었다. 아프리카에는 마니교의 선악 이원론*이 널리 퍼져 있었다. 아우구스티누스는 거의 10년 동안 마니교를 믿으면서 자신이 저지른 잘못들에 대해 아주 엄격한 태도를 보였다.

마니교도가 되기 전 아우구스티누스는 서로마제국의 관료가 되기 위한 교육을 받았다. 그 교육은 거의 대부분 라틴어로 이루어졌고 수준도 아주 높았다. 아우구스티누스는 아마도 라틴어만 사용했고 그리스어에는 서툴렀을 것이다. 교과목 중에는 수사학이 큰 비중을 차지하고 있었는데, 아우구스티누스는 이 학문에 아주 뛰어났다. 하지만 철학과 사상에 대해서는 배운 것이 거의 없었다. 아우구스티누스는 독서를 통해 혼자서 철학을 공부했다. 그리고 키케로의 저서들을 읽으면서 철학에 눈을 뜨게 되었다. 아마도 그가 고

＊마니교의 선악 이원론
마니교는 3세기 초 조로아스터교와 기독교, 불교 및 바빌로니아의 원시신앙을 가미하여 만든 자연 종교로, 선은 광명이고 악은 암흑이라는 이원론을 주장했다.

알제리의 테베사에 있는 로마 기독교 지역의 폐허들. 5세기와 6세기에 로마 기독교인들이 이곳에 정착했다.

전시대 아테네의 전통을 접한 것은 간접적이긴 하지만 그것이 처음이었을 것이다.

세례를 받은 아우구스티누스

아우구스티누스의 세속적인 경력은 밀라노에서 끝이 났다. 밀라노에서 수사학을 가르치고 있던 그는 성 암브로시우스의 설교에 큰 감명을 받아 387년 가톨릭교로 개종하여 세례를 받았다. 그 당시 암브로시우스는 제국의 가장 중요한 도시들 중 한곳에서 황제에 버금가는 명성을 누리고 있었다. 아우구스티누스는 그리스 성직자들과는 아주 다른 시각을 갖고 있었다. 그리스 성직자들은 기독교가 국교가 된 이후, 황제가 세속적 권위와 종교적 권위를 모두 가지게 된 것을 기꺼이 받아들였던 것이다.

그 후 아우구스티누스는 아프리카로 돌아와 히포에서 수도사로 지내다가 마지못해 그곳의 주교가 되었다. 그는 430년 사망할 때까지 히포에 머물러 있으면서 도나투스파에 맞서 가톨릭교의 지위를 확립했고, 방대한 저술 활동을 통해 서로마 교회에 지대한 영향을 미쳤다.

아우구스티누스의 신학

아우구스티누스는 도나투스파와 펠라기우스파에 대한 공격으로 유명했다. 도나투스파에 대한 공격은 사실상 하나의 정치적인 문제였다. 서로 경쟁하는 두 기독교 종파들 중 어느 종파가 로마의 속주인 아프리카를 지배하게 될 것인가 하는 문제가 숨어있었다. 그리고 펠라기우스파에 대한 공격에서는 보다 광범위한 문제들이 제기되었다. 오늘날처럼 비신학적인 시대에는 이해하기 힘든 부분일 수도 있지만, 그 문제들은 유럽 역사의 미래를 크게 뒤바꾸어놓게 되었다.

본질적으로 펠라기우스파들은 일종의 스토아 철학을 전파했다. 그들이 주장하는 교리는 고전시대의 전통을 기독교의 형식을 빌려 표현하는 것이었다. 이러한 교리를 인정하게 되면, 기독교의 특수성이 사라지게 되고 기독교가 단순히 고전시대 지중해 문명에 속해 있던 하나의 사상적 경향을 전해주는 수단으로 변질될 위험이 있었다.

아우구스티누스는 철저하게 성서에 입각해 신과 사후세계를 믿었다. 그는 오로지 신이 내리는 은총으로만 인류가 구원받을 수 있으며 어떤 인간도 타락의 결과를 자기의지로 돌이킬 수 없다고 생각했다. 인류의 종교 역사에서 아우구스티누스는 이전의 그 누구보다 더 포괄적으로 예정과 자유의지, 은총과 원죄, 신과 영혼, 신앙과 이성에 대한 논

성 아우구스티누스의 『신국론』 필사본에 실린 삽화. 아우구스티누스는 32세에 밀라노에서 성 암브로시우스에게 세례를 받고 기독교로 개종했다.

쟁의 튼튼한 기초를 마련했다. 이 주제들은 오랫동안 유럽 역사에 큰 영향을 미쳤다. 아우구스티누스는 성스러운 의식을 통해 은총에 다다를 수 있다는 교회의 단단한 토대 위에 라틴 기독교를 확고하게 정립했다.

아우구스티누스의 저술들

오늘날 전문가들을 제외하고 아우구스티누스의 방대한 저술들을 꼼꼼하게 찾아 읽는 사람들은 거의 없을 것이다. 아우구스티누스는 오랫동안 성性에 대한 기독교의 관점들을 대변해왔다. 그는 서양의 전반적인 문화를 대변하는 육체에 대한 불신을 가장 신랄하고 집요하게 파고들었던 사람들 중 하나였다.

그는 도덕적 엄격주의의 시조로서, 종종 플라톤 같은 사람들과 동일한 부류의 그룹으로 분류되기도 한다. 그러나 그의 지적 유산은 그들보다 훨씬 더 풍부하다. 그의 저술들에서는 중세의 많은 정치적 사상의 기초들을 발견할 수 있다. 그리고 서양에서 오랫동안

대주교 막시미아누스의 의자. 라벤나의 산비탈레 성당을 위해 6세기에 제작되었다. 앞쪽에 세례 요한이 네 명의 복음 전도자들과 함께 묘사되어 있다.

기독교 사회를 지배하게 되고, 그리스도라는 단어만큼이나 기독교 사회에 중요한 영향을 미치게 될 역사적 관점을 그의 저술들에서 찾아볼 수 있다.

오늘날 그의 저서들 중에서 가장 널리 알려져 있는 『신국론』에는 미래에 가장 큰 영향을 미친 아우구스티누스의 글들이 담겨 있다. 이 책에서 특별한 사상이나 교리들은 그다지 중요하지 않다. 그가 중세의 정치적 사상가들에게 미친 분명한 영향력을 알아내기도 쉽지 않다. 아마도 그가 말하는 내용이 대단히 모호하기 때문일 것이다.

그는 이 책에서, 기독교 사상과 떼어놓고 생각할 수 없게 된 인류의 역사와 국가를 바라보는 한 가지 방법을 제시해놓았다. '이단들에 대항하여' 라는 이 책의 부제를 통해 그가 이 책을 쓴 의도를 알 수 있다. 즉, 제국 내에 가득 찬 불안과 동요는 전적으로 기독교에 책임이 있다는 이단들의 비난을 반박하려는 것이 그의 의도였다.

아우구스티누스는 410년 고트족의 로마 침공에서 영감을 받아 이 책을 쓰게 되었다. 그의 최우선적인 목표는, 그런 끔찍한 사건조차도 기독교인에게는 이해가 가능하며 오직 기독교를 통해서만 이해될 수 있다는 것을 증명하려는 것이었다. 하지만 이 책은 순결의 중요성에서부터 탈레스의 철학에 이르기까지, 아주 먼 과거부터 동시대에 이르는 광범위한 주제들을 다루고 있다. 또한 하나님이 다윗에게 하신 약속들의 의미뿐만 아니라 마리우스와 술라의 내란에 숨어있는 의미까지도 주의 깊고 상세하게 해설하고 있다.

따라서 이 책을 요약하는 것은 불가능하다. "이 책의 내용들은 어떤 이에게는 넘칠 수도 있고 어떤 이에게는 부족할 수도 있다" 라고 아우구스티누스는 책의 마지막 단락에서 자조하듯 말하고 있다. 한 마디로 이 책은 인류의 문명과 그 문명의 형성 과정에 대한 기독교적 해석이다. 그리고 『신국론』의 가장 주목할 만한 특징은 다음과 같은 중요한 판단에 있다. 즉, 현세의 모든 것들은 헛된 것이며, 만일 하나님의 뜻이 그러하다면 문화와 제도들, 심지어 위대한 제국 자체까지도

150 로마와 고대의 서양세계

궁극적인 가치가 전혀 없다는 것이다.

예루살렘과 바빌론

아우구스티누스는 신의 뜻이 그러하다는 것을 예루살렘과 바빌론의 예를 통해 설명하고 있다. 바빌론은 인간의 낮은 본성으로 세워진 현세적인 곳이었고, 죄 많은 인간들의 손으로 만들어진 불완전한 곳이었다. 외관이 아무리 눈부시게 화려하고 그 역할이 아무리 중요하다 해도 이 도시는 신의 섭리 안에서 움직였을 것이다. 바빌론에서는 사악한 측면들이 두드러졌다. 현세적인 도시에서 인간성이 상실되는 것은 당연한 일이었다. 하지만 바빌론 역시 신의 계획에 포함되어 있는 곳이었다.

반면 예루살렘은 하나님이 세운 천국의 도시였다. 예루살렘은 구원에 대한 신의 확실한 약속 위에 세워진 공동체였으며, 인류가 세속의 도시를 떠나 도달하고자 하는 마지막 목적지였다. 하나님의 도시와 그 도시에 도달하는 것이 무엇을 의미하는지는 모두 기독교를 통해 발견되었다. 인류의 역사는 기독교의 출현과 함께 달라졌다. 기독교가 출현한 그 순간부터 이 세상에는 선악의 싸움이 분명해졌고, 인간의 구원은 그 싸움에서 이기느냐 지느냐에 좌우되었다. 그런 주장들은 근대에 이를 때까지 오랫동안 지속되었다.

아우구스티누스의 논의 전개과정에서 그 두 도시는 때때로 다른 모습으로 나타나기도 한다. 가령, 두 도시는 내세에서 징벌을 받게 될 사람들과 영광을 향해 순례를 하는 사람들로 표현되기도 한다. 이런 의미에서 볼 때, 두 도시는 당대의 인간에 대한 구분인 동시에, 아담 이래의 모든 인류에 대한 구분이기도 하다. 그러나 아우구스티누스는 기독교인과 비 기독교인을 뚜렷이 구분하여 생각하지는 않았다. 아우구스티누스의 저술은 이렇게도 생각할 수 있고 저렇게 생각할 수 있는 애매모호함 때문에 끊임없는 논쟁을 불러일으키고, 독자들을 깊이 생각하게 만든다. 바로 그러한 다의성 때문에 그의 글들이 훨씬 더 큰 힘을 발휘하고 인류에 지대한 영향력을 미치게 되었을 것이다.

국가는 단순히 세속적이고 부도덕하지만은 않았다. 국가는 신의 섭리 안에서 그 역할을 맡고 있었고, 정부는 본질적으로 신이 내려주신 것이었다. 아우구스티누스의 다음과 같은 주장은 후일 많은 사람들에게 영향을 주었다. "국가는 교회를 세속적인 적들로부터 보호하고 그 힘을 신앙의 순결을 지키는 데 사용함으로써 교회에 봉사해야 할 임무를

이 동전에는 서로마제국의 마지막 황제였던 로물루스 아우구스투스의 초상이 새겨져 있다. 그는 476년에 야만족 장군 오도아케르에 의해 폐위되었다. 서로마제국의 멸망은 고전시대의 종말을 알리는 신호가 되었다.

이 대리석 성물함의 옆면들과 덮개는 성서의 장면들을 묘사한 부조들로 장식되어 있다. 덮개 가장자리를 따라 그리스도와 사도들이 원형 무늬 속에 묘사되어 있다. 이는 4세기 중반 밀라노의 한 작업장에서 제작된 듯하다.

부여받았다. 그러나 신은 로마제국에 부여했던 그 임무를 거둬들이고 다른 문명에게 임무를 부여할 수도 있다. 만약 그렇게 될 경우, 로마가 점령당하는 비극조차도 죄의 심판과정에서 나타나는 하나의 상징적인 사건에 지나지 않을 것이다. 궁극에는 신의 도시가 승리할 것이다."

아우구스티누스의 유산

성 아우구스티누스는 그의 저술에서 명확한 표현들을 피하고 있다. 아마도 그는 의도적으로 명확한 표현을 피하려 했을 것이다. 그는 신중하고 성실한 성직자였고, 자신의 신도들을 아끼고 사랑하는 사제였다. 또한 도나투스파에 대해 공권력을 사용하도록 제국의 정부를 설득했던 박해자이기도 했다. 한편으로 그는 대단히 흥미진진한 종교 연구서를 집필했다. 이 연구서는 그의 청소년기에 관해 심각한 오해를 불러일으키기도 하지만, 그 저술을 통해 그는 로맨틱하고 자기 성찰적인 자서전이라는 문학 장르의 기초를 마련했다.

탁월한 문장력과 풍부한 감성을 지녔던 그를 작가라고 불러도 무방할 것이다. 물론 그는 그리스어가 아니라 라틴어로 글을 썼고, 성 제롬에게 그리스어로 번역을 해달라고 부탁해야 했다. 그리고 그는 수사학과 언어에 천부적인 재능을 지니고 있었지만, 그의 예술성은 그러한 재능이나 기교보다는 타고난 열정에서 비롯된 것이었다. 그의 라틴어 문장들에서 오류나 결함이 종종 눈에 띄는 것은 그때문이다.

그는 고대 로마의 사상과 철학에 심취해 있었다. 고전시대의 전통에 대한 해박한 지식을 통해 그는 흐릿하고 불확실하며, 일반인들의 눈에는 두렵고 놀랍기만 한 미래를 기독교 신앙의 시각으로 바라보았다. 그는 다른 어떤 사람들보다 고전시대의 전통과 기독교 사상을 완벽하게 통합하였다. 그가 1,500년이 지난 오늘날까지도 여전히 그 누구와도 견줄 수 없는 위대한 사상가로 일컬어지는 것은 바로 그 때문일 것이다.

성 아우구스티누스의 가장 위대한 작품 『신국론』을 앵글로색슨어로 옮긴 필사본의 삽화. 삽화에 보이는 인물들은 아우구스티누스의 제자들이다.

5. 미래를 결정짓는 요소들

영국 본토에 남아 있는 많은 로마 유적들은 제국의 통치 시절을 떠올리게 한다. 켄트 지방에 있는 이 등대는 도버 해협을 굽어보고 있다. 이 등대는 1세기 또는 2세기에 로마인들이 세운 것이다.

게르만족의 침입을 통해 최초의 중세 유럽 국가들이 모습을 드러내기 시작했다. 서로마제국의 멸망과 함께 크고 작은 야만족 왕국들이 생겨났지만, 그 왕국들의 규모는 그리 크지 않았다. 그 당시 야만족들은 네 개의 주요 집단으로 나뉘어졌다. 최북단의 색슨족, 앵글족, 주트족들은 4세기부터 로마의 속주였던 브리타니아로 몰려들고 있었다.

그후 407년, 브리타니아 주둔군에 의해 황제로 추대된 콘스탄티누스가 브리타니아의 병력을 이끌고 유럽 대륙으로 건너가 갈리아 동부지역을 장악했다. 이로써 로마는 사실상 브리타니아를 원래 이곳에 살던 원주민들에게 넘겨주게 되었다. 그 후로 브리타니아 원주민들은 계속해서 몰려드는 침략자들과 브리타니아의 지배권을 놓고 싸웠다. 이러한 상황은 7세기 초까지 계속되다가, 마침내 아일랜드, 웨일즈, 스코틀랜드로 이루어진 켈트족의 나라를 중심으로 일곱 개의 앵글로색슨 왕국들이 생겨났다.

로마령 브리타니아 문명의 종말

브리튼족은 대략 10세기, 어쩌면 그보다 더 오랫동안 촌락공동체를 이루며 살았다. 그러나 로마령 브리타니아 문명은 서로마제국의 지배를 받던 다른 종족의 문명들 보다 훨씬 더 완벽하게 소멸되었다. 심지어 그 문명의 언어마저도 사라져 그들은 게르만어를 사용

연대표(419~604년)

400년	450년	475년	500년	525년	550년	600년
		493년 이탈리아에 동고트 왕국이 건설됨		527~565년 유스티니아누스 황제의 통치 기간 : 로마법 대전 편찬. 서고트까지 지배권을 회복해 옛 로마제국의 모습을 일시적으로 되찾음		587년 서고트의 레카레드 왕이 가톨릭교로 개종함
419년 툴루즈에 서고트 왕국이 건설됨.		496년 프랑크 왕 클로비스가 가톨릭교로 개종함	507년 스페인에 서고트 왕국이 세워짐	526년 동고트 왕 테오도리코가 사망함	529년 누르시아의 성 베네딕트가 몬테카시노에 수도원을 세우고 수도생활의 규칙을 만듦	590~604년 교황 그레고리우스 1세의 재위 기간

영국 바스에 남아 있는 로마 시대의 목욕장. 1세기에 세워진 이 도시는 신비한 약효가 있다고 알려진 온천수 덕분에 크게 번성했었다. 2세기에 만들어진 이 목욕장은 수백 년 동안 눈에 띄지 않고 있다가 18세기와 19세기 사이에 고고학자들에 의해 발굴되었다.

하게 되었다. 오늘날 우리는 아서 왕과 원탁의 기사들에 관한 전설을 통해서나 브리타니아에 이주했던 로마인들의 최후 모습을 알 수 있다. 그 전설을 통해 우리는 로마제국 후기 브리타니아 기병대의 전투력을 짐작할 수 있기 때문이다. 그러나 우리가 알 수 있는 것은 그게 전부다. 로마제국의 속주였던 브리타니아 지역에 들어선 야만족 왕국들이 브리타니아의 행정제도나 종교를 이어받은 흔적은 찾아보기 힘들다.

장차 영국이라는 나라가 될 브리타니아에 로마제국이 남긴 유산은 오직 물질적인 것들 뿐이었다. 브리타니아 지역의 도시와 주거지들, 또는 기독교 유적이나 하드리아누스 성벽 같은 거대한 건축물들을 통해 로마의 흔적을 찾아볼 수 있을 뿐이다. 고대 브리타니아 지역을 처음 찾는 사람들은 웅장하고 거대한 유적들의 규모를 보면서 이 문명을 만든 사람들에 대해 감탄을 아끼지 않았다. 이 유적들 중에서 잉글랜드 남서부의 바스 온천 같은 대형 목욕장 건물들은 수백 년 동안 자취를 감추었다가 18세기와 19세기에 고고학자들에 의해 세상에 알려지게 되었다.

도로들은 원래 모습 그대로 남아 있었다.

그 도로들은 세월의 흐름과 기후, 약탈 등으로 황폐해진 이후에도 수백 년 동안 이따금씩 무역로로 이용되었다. 또한 브리타니아 지역에는 로마인들이 이주해 오던 시기에 전래되어 정착한 동물들과 식물들도 있었다. 흰 담비나 겨자 같은 것들이 그것이다. 겨자는 쇠고기를 요리할 때 향신료로 이용되었는데, 그 후로도 1,000년 동안이나 영국의 음식 문화에서 중요한 자리를 차지하게 되었다.

그러나 브리타니아 지역에서 로마인들이 남긴 정신적인 유산을 찾아보기는 힘들다. 로마에서 전래된 기독교의 모습은 사라지고, 켈트족의 기독교 전통이 이 지역을 지배하게 되었다. 잉글랜드 민족을 기독교로 개종시킨 것은 과거의 로마제국이 아니라 비잔티움 제국이었다. 또한 일찍부터 게르만족의 전통이 로마의 옛 영토였던 브리타니아의 발달과정에 결정적인 영향을 미쳤다.

프랑크족의 성장

유럽대륙의 상황은 영국과 매우 달랐다. 유럽대륙에는 로마제국의 유산들이 많이 남아 있었다. 갈리아 지방은 반달족의 침입으로 황폐화된 이후 지금의 프랑스 남서부 지역인 아키타니아의 서고트 왕국의 지배를 받았다. 서고트족은 훈족의 침입을 격퇴하는 데 공헌함으로써 그 어느 때보다 큰 영향력을 행사하게 되었다.

프랑크 왕국의 성장

게르만 민족들 중에서 프랑크족은 미래의 유럽을 만드는 데 가장 큰 영향을 미쳤다. 프랑크족은 4세기에 이미 지금의 벨기에 지역에 자리를 잡았고, 그들 중 많은 이들이 로마의 동맹군이 되었다. 프랑크족 가운데 일부는 남쪽으로 이주하여 갈리아 지방에 정착했다. 그리고 벨기에 서부 투르네에 정착한 프랑크족에서 메로빙거 왕조가 탄생했다. 메로빙거 왕조의 세 번째 왕 클로비스는 왕국의 영토를 확장하면서 수도를 파리로 옮겼다. 그는 부르군디의 공주와 결혼하고 496년에 가톨릭교로 개종했다. 그로 인해 클로비스는 로마 교회의 지지를 얻게 되었고 갈로-로망 사람들과 우호적인 관계를 유지할 수 있게 되었다. 6세기 말에 라인 계곡에 위치한 아우스트라시아를 비롯해서 이전에 게르만족의 영토였던 지역들이 프랑크 왕국에 흡수되었고, 그때부터 대부분의 프랑크족들이 그 지역들에서 살았다. 프랑크족은 주로 라틴어를 사용하는 사람들이 살고 있는 로마화된 지역들을 정복해가면서 제국에서 가장 강력한 세력을 가진 민족 중 하나가 되었다. 그들은 5세기에 센 강 계곡의 네우스트리아를 빼앗았고, 6세기 중반에는 론 강 계곡의 부르군디를 정복했다. 이 시기에 이미 프랑크 왕국은 정착민과 많은 수의 귀족 지주들을 거느린 로마화된 국가를 이루고 있었다.

7세기에 만들어진 프랑크족의 묘석.
그리스도의 모습이 독특한 기법으로 묘사되어 있다.

그렇지만 갈리아 북동쪽에는 또 다른 게르만 종족인 프랑크족이 살고 있었다. 프랑크족은 이후 서고트족의 패권을 넘겨받아 갈리아 지방을 지배하게 된다. 프랑크족은 서고트족과는 달리 아리우스파가 아닌 정통 가톨릭 신앙을 갖고 있었다. 이는 프랑크족이 이후로 패권을 장악할 수 있었던 중요한 이유가 되었다. 그 후 프랑크족은 유럽 문명 형성에 있어서 다른 어떤 민족보다 큰 영향력을 미치게 된다.

초기 프랑크족의 묘석들을 보면 그들의 사회가 계급으로 구분된 일종의 군인사회였다는 것을 알 수 있다. 다른 어떤 민족들보다 한 곳에 정착하려는 의지가 강했던 그들은 4세기 중반에 스헬데 강과 뫼즈 강 사이에 자리 잡았다. 이곳은 현재의 벨기에에 해당하는 지역이다. 이곳에서 그들은 푀데라티, 즉 로마의 동맹군이 되었다.

그들 중 어떤 집단들은 갈리아 지방으로 이동했는데, 그 중 투르네에 정착한 한 집단에서 후일 메로빙거 왕조로 불리게 되는 가문이 탄생하게 된다. 메로빙거 왕조의 세 번째 왕은 클로비스였다. 클로비스가 통합시킨 프랑크족의 이름을 따서 프랑키아라고 불리게 된 이 나라에서 클로비스는 가장 위대한 인물로 존경받았다. 현재의 프랑스라는 국호는 바로 프랑키아에서 유래한 것이다.

클로비스의 업적

클로비스는 481년에 서프랑크족의 통치자가 되었다. 공식적으로는 로마 황제의 신하에 불과했지만, 갈리아 지방의 로마 총독들에게 도전하여 서쪽의 루아르 강까지 영토를 확장했다. 비슷한 시기에 그는 알라마니족도 정복했다. 클로비스가 프랑크족의 왕으로 선출된 이후 하나로 통합된 프랑크 왕국은 라인 강 하구와 프랑스 북부를 차지하게 되었다. 이 지역은 북유럽에서 로마의 지배권을 이어받은 프랑크 왕국의 중심이 되었다.

클로비스는 또 다른 게르만 종족인 부르군디 왕국의 공주와 496년에 결혼했다. 부르군디족은 현재의 제네바와 브장송까지 이어지는 지역과 론 강 유역에 정착해 있었다. 그들은 아리우스파였지만 공주는 가톨릭 신자였다. 부르군디 왕국의 공주와 결혼한 클로비스는 콘스탄티누스가 개종하게 된 동기와 비슷하게 알라마니족과의 전투에서 기독교 신을 경험한 후 가톨릭교로 개종하게 된다. 그리고 이때부터 클로비스는 로마 가톨릭의 지원을 받게 되었다. 그 무렵 유럽의 다른 민족들은 정치적으로 로마제국의 지배에서 벗어나 있었지만, 정신적으로는 계속해서 로마 가톨릭의 영향을 받고 있었다.

클로비스의 개종은 갈리아의 원주민과 친분을 맺기 위한 수단이기도 했다. 사실 정치적인 목적을 가지고 있었지만, 정치적 목적 말고도 또 다른 중요한 의미가 있었다. 대다수가 가톨릭 신자였던 갈리아 지방의 게르만

조각으로 화려하게 장식되어 있는 이 나무 책상은 6세기에 라데군다 여왕의 주문으로 제작된 것이다. 후일 성녀로 추대된 라데군다는 폭군인 프랑크 왕 클로타르 1세와 결혼했으나 왕궁을 떠나 수녀가 되었다.

민족들은 아리우스파인 서고트족의 지배를 받고 있었다. 그러므로 클로비스가 가톨릭으로 개종하면 그 게르만 민족들이 가톨릭 교

파의 왕인 그를 환영하고 협조하리라는 것은 쉽게 예상할 수 있다. 그리고 그로 인해 새로운 로마인 비잔티움 제국이 갈리아 지방에 대한 지배권을 보장 받을 수 있게 되었다.

클로비스가 갈리아 지방에서 최초로 정복한 곳은 부르군디 왕국이었다. 그러나 부르군디 왕국은 클로비스가 죽기 전까지는 프랑크 왕국에 완전히 흡수되지 않았다. 클로비스가 죽은 후 부르군디 왕국은 메로빙거 왕자들에게 넘어가게 되었으나 독립적인 국가 형태는 그대로 유지했다.

클로비스는 계속해서 서고트족을 정복하기 시작했다. 그 결과 서고트족에게는 피레네 산맥 북부의 남동쪽 영토들만 남게 되었다. 그렇게 해서 클로비스는 갈리아 지방 전역에서 로마의 계승자가 되었다. 그리고 동로마 황제는 그를 명예 집정관으로 임명함으로써 그 업적을 인정해주었다.

클로비스는 프랑크 왕국의 수도를 파리로 옮겼으며, 사망한 후 자신이 세운 파리의 성당에 묻혔다. 그는 야만인 출신이었으나 야만인 신분으로 죽지 않은 최초의 프랑크 왕이었다. 그러나 이때부터 파리가 계속 수도로 남아 있게 된 것은 아니었다. 게르만족의 한 갈래인 프랑크족이 세운 이 왕국은 후일 국가로 간주되지도 않았고, 로마 역시 그 왕국을 국가로 인정하지 않았다. 프랑크족은 왕국을 개인의 사유재산이라고 생각했기 때문에 왕국의 영토는 클로비스의 자식들에게 분할 상속되었다. 이후 558년에 이르러서야 프랑크 왕국이 재통합되었지만, 그로부터 2~3년 후에 왕국은 다시 분열되었다.

프랑크 왕국은 세 지역으로 나누어 자리 잡게 되었다. 그 중 하나는 라인 강 동쪽을 중심으로 한 북동부 지역의 아우스트라시아 지역으로 메츠에 수도를 두고 있었다. 다른 하나는 라인 강 서쪽 파리 주변의 북서부 프랑스를 포괄하는 네우스트리아 지역으로 수아송에 수도를 두고 있었다. 그리고 나머지 한 곳은 남동부의 부르군디 왕국으로, 네우스트리아의 왕이 통치하긴 했지만 네우스트리아와는 뚜렷하게 구분되었다. 이 세 지역의 통치자들은 영토가 맞닿아 있는 경계선을 두고 끊임없이 싸웠다.

국가의 모습을 갖추어간 프랑크 왕국

프랑크 왕국은 세 지역으로 분할된 상태에서 국가의 모습을 갖추기 시작했다. 프랑크족은 더 이상 전쟁을 일삼는 야만족 무리가 아니라 정상적인 국가 체제에 속한 국민들이 되었다. 프랑크 왕국에는 대 토지를 소유한 신흥 귀족계급들도 생겨났으며, 그들은 라틴 방언을 사용했다.

귀족계층 출신이며 투르 지역의 주교였던 그레고리우스는 『프랑크족의 역사』라는 책에서 프랑크족이 역사에 미친 영향을 기독교적으로 해석하기도 했다. 다른 야만족들과 관련해서도 그와 유사한 저술들이 나왔다. 그 중에서 가장 주목할 만한 것은 훗날 성인이라 일컬어진 '비드'라는 학자가 잉글랜드에 대해 쓴 저서다. 그 책에서 비드는 여전히 강력한 영향력을 행사하고 있던 이교 신앙의 전통들을 기독교와 문명화된 사회에 융합시키려 했다.

한 가지 짚고 넘어가야 할 것은, 그레고리우스가 클로비스가 죽은 후에 프랑크족에 대

6세기 또는 7세기의 프랑크족 작품으로 추정되는 은으로 만든 장식. 중앙에 새겨진 얼굴은 수염을 기른 그리스도이다. 그리스도의 얼굴 주위로 작은 석류석들을 상감 기법으로 세공한 문양들이 장식되어 있다.

대리석으로 만든 접이식 서판. 510년 집정관으로 재위하던 당시의 아니키우스 만리우스 세베리누스 보에티우스의 모습이 묘사되어 있다. 보에티우스는 테오도리쿠스 왕을 도와 신학, 철학, 과학, 음악 등 다양한 분야에 걸쳐 많은 업적을 남겼다.

한 전체적인 평가를 제시했다는 사실이다. 그레고리우스는 프랑크족 통치자들이 왕국을 제대로 통치하지 못했기 때문에 그들의 왕국이 결국 파멸의 길로 접어들게 된 것이라고 생각했다.

테오도리쿠스 왕

메로빙거 왕조는 갈리아 지방 안으로 다른 민족들이 들어오지 못하게 방어하면서, 동고트족의 알프스 북부 지역을 빼앗았다. 테오도리쿠스는 동고트에서 가장 뛰어난 왕이었다. 그는 이탈리아에서 다른 게르만족들을 물리치고 497년에 동로마 황제로부터 이탈리아에 대한 통치권을 인정받았다. 테오도리쿠스는 로마의 권위를 철저하게 신봉했다. 그는 열여덟 살이 될 때까지 로마 황제의 보호를 받으며 콘스탄티노플에서 성장했다. 그는 동고트의 수도 라벤나에서 콘스탄티노플의 로마 황제에게 다음과 같은 편지를 쓴 적이 있다. "우리의 왕권은 폐하의 왕권을 모방한 것입니다. 우리는 지상에서 유일한 제국을 그대로 모방한 것이지요." 동고트의 화폐

미래를 결정짓는 요소들

에는 '정복되지 않는 로마' 라는 글귀가 새겨져 있었다.

뿐만 아니라 테오도리쿠스는 로마에 갔을 때 원형경기장에서 옛날 방식의 시합을 개최하기도 했다. 그러나 법적으로 그는 원로원에 의해 로마 시민임을 인정받은 동고트인에 불과했고, 그의 백성들은 단지 로마제국의 용병에 불과했다. 그는 중요한 관직에 로마인들을 기용했다. 철학자 보에티우스는 그의 친구이자 조언자였다. 고전 문명의 유산이 중세 유럽에 전해지게 된 것은 순전히 보에티우스 덕분이었다.

테오도리쿠스는 클로비스의 여동생과 결혼하는 등 다른 민족들과 우호적인 관계를 유지하면서 교묘하게 그 민족들에게 영향력을 행사했다. 이를 보면, 테오도리쿠스는 외교능력이 뛰어난 통치자였던 듯하다. 하지만 그는 자기 백성들이 믿는 아리우스 신앙을 믿지 않았다. 이러한 종교적 괴리감은 결국 동고트 왕국의 국력에 악영향을 미치게 되었다.

테오도리쿠스가 서로마제국의 계승자로 행동했음에도 불구하고, 동고트족은 프랑크족과는 달리 로마와 동맹을 맺지 않았다. 결국 테오도리쿠스 시대 이후 동고트족은 동로마제국의 장군들에 의해 이탈리아에서 쫓겨나면서 역사에서 사라지게 되었다. 동고트족이 이탈리아에서 쫓겨난 지 얼마 되지 않아 또 다른 민족인 롬바르디아족이 이탈리아를 침략했다.

에스파냐 지역의 서고트 왕국

클로비스는 에스파냐로 이주한 서고트족을 완전히 평정하지 못했다. 그리하여 서고트족은 에스파냐에서 반달족을 몰아내고 서고트 왕국을 세웠다. 하지만 그곳에는 다른 게르만 민족들이 이미 정착해 있었다. 에스파

동고트 왕 테오도리쿠스는 526년에 라벤나 시 외곽에 있는 이 영묘에 묻혔다. 이 석조 건축물 맨 위에는 모놀리스라고 불리는 거대한 건축용 돌이 얹어 있다. 이 영묘의 건축 양식은 로마에서 흔히 볼 수 있는 영묘 건축 양식과 유사하다.

냐를 침략한 모든 민족들과 국가들은 그 지역의 지형적 특색으로 인한 특별한 어려움을 겪어야 했다. 이전에 서고트족은 로마화되어 있던 갈리아 지방에서 프랑크족과는 달리 그 지방의 문화에 융화되지 않았다. 하지만 에스파냐의 서고트족들은 가톨릭으로 개종하면서 로마에 동화하려고 노력했다.

서고트족은 대략 10만 명 정도의 소집단에 불과했다. 하지만 자신들의 지도자들을 중심으로 여러 개의 서로 다른 집단을 이루게 되었다. 그 이후로 서로 다른 집단들끼리 수많은 세력 다툼을 벌이게 된다. 그 덕분에 로마제국은 에스파냐 남쪽 지역에 대한 지배권을 재확립하여 반세기가 넘게 통치할 수 있었다. 마침내 서고트의 왕들은 가톨릭교로 개종하면서 에스파냐 주교라는 지위를 얻게 되었다. 그리고 에스파냐에서는 587년부터 가톨릭 절대왕정의 오랜 역사가 시작되었다.

488년에 이탈리아 북부에 정착한 동고트족은 화려하고 정교한 세공 기법을 도입하여 많은 금은 세공품을 남겼다. 이것은 에메랄드와 작은 보석들을 정교하게 박아 넣은 황금 장식 걸쇠로, 500년경에 만들어진 것이다. 걸쇠의 윗부분은 네 마리의 독수리 머리로 장식되어 있다.

서고트족

게르만족의 한 갈래인 서고트족이 역사에 처음 기록된 것은 갈리아 지방에 그들이 나타나면서부터다. 그곳에서 그들은 툴루즈를 수도로 하여 왕국을 세웠는데, 이 왕국은 419년부터 프랑크족이 갈리아 남부를 장악한 457년까지 지속되었다. 인구가 10만 명에 불과했던 서고트족은 이때부터 에브로 강과 타구스 강 사이의 이베리아 반도 중심부로 이주하여 정착했다. 그 지역에는 로마인들의 수가 아주 적었다.

6세기 말 서고트족은 그 지역의 북서쪽에 5세기 초부터 정착해 살고 있던 스와비아족의 왕국을 정복했다. 6세기 중반에 이베리아 반도의 서고트족들은 서로 다투기 시작했고, 비잔티움 제국이 그 기회를 이용해 이베리아 반도 남부를 지배하게 되었다. 이것은 유스티니아누스 황제가 옛 로마제국의 영토를 회복하기 위해 일으킨 전쟁의 성공적인 결과 중 하나였다.

초기에 기독교화된 많은 게르만 민족들과 마찬가지로 서고트족 역시 아리우스파에 속했다. 그러나 587년, 서고트족의 왕 레카레드는 이전에 프랑크 왕 클로비스가 그랬던 것처럼 로마 가톨릭교로 개종했다. 그 후 서고트 왕국은 로마의 문화와 전통을 적극적으로 받아들였다. 그리고 7세기 말에 이르러 그들은 서고트 로마 법전을 편찬했다. 이 법전을 통해 서고트 왕국 내에서 일어났던 문화적 변화들을 분명하게 알 수 있다. 711년 이슬람교도들이 에스파냐로 침입해 들어오면서 이 지역의 서고트 왕국은 붕괴되었다.

스페인의 자모라 근처에 위치한 산페드로 데 라 나베 교회의 기둥머리.
7세기의 뛰어난 석공들이 조각한 이 장면은 사자 굴에 던져진 다니엘에 관한 성서 이야기를 묘사한 것이다.
넝쿨처럼 연결되어 있는 장식 테두리 안에는 신비로운 새들과 과일 열매들이 새겨져 있다.

대리석으로 만든 접이식 서판. 530년 동고트 왕국의 로마 집정관이었던 루푸스 게나디우스 프로부스 오레스테스의 모습이 묘사되어 있다. 그는 집정관 예복을 입고 중앙에 앉아 있다. 양옆에는 각각 로마와 콘스탄티노플을 상징하는 두 인물이 그를 보좌하고 있다. 오레스테스의 머리 위쪽에 있는 흉상들은 동고트 왕 아탈라릭과 그의 어머니 아말라순타다. 이 서판은 로마와 우호관계를 이루고 동서를 조화시키려 한 동고트 지도자들의 소망을 상징적으로 묘사하고 있다.

서유럽의 로마인과 야만족들

많은 종족들이 유럽으로 진출하게 된 원인과 의미를 일반화시켜 단정적으로 말하는 것은 바람직 한 일이 아니다. 하지만 단순히 왕국의 존속 기간만을 두고 설명하는 것은 충분히 의미가 있다.

서고트족은 툴루즈 왕국을 창건한 시기부터 에스파냐에서 지배권을 차지하게 된 시기까지 약 300년 동안 많은 변화와 발전을 겪었다. 경제생활과 기술력은 거의 변하지 않았지만, 종교와 제도들은 야만족 왕국들 중에서 가장 느리긴 했어도 혁신적인 변화가 일어나고 있었다. 롬바르디아인들을 제외하고는 이제 더 이상 게르만족을 야만민족이라고 생각할 수 없게 되었다.

그러나 게르만족이 정복한 지역의 주민들은 오랜 세월에 걸쳐 자신들의 고유한 전통과 관습을 유지하며 살아왔다. 게르만 민족들은 정복자였음에도 불구하고 정복지 내에서는 소수집단이었기 때문에 자신들이 정복한 원주민들과 어떤 식으로든 융화하지 않을 수 없었다.

게르만족이 침입해 들어올 당시, 그들은 걷잡을 수 없이 밀려오는 밀물처럼 거대한 세력으로 보였다. 그러나 침략과정이 끝났을 때의 게르만족은 아주 작고 고립된 침략자 집단에 불과했다. 그들은 여기저기서 로마의 뒤를 이어 새로운 정복자가 되긴 했지만, 대부분 그 지역의 로마인들과 어울려 살았다. 로마인과 야만족 간의 결혼은 6세기 이전까지 합법적이지는 않았지만, 심한 제재를 받은 것도 아니었다. 갈리아 지방에서 프랑크족은 프랑크 단어들을 섞어 가면서 라틴어를 사용하기 시작했다. 7세기경에 서유럽 사회는 이미 혼란스러웠던 5세기와는 매우 다른 모습을 보이게 되었다.

게르만족의 문화적 유산

야만족들은 로마 문화에 동화되긴 했지만, 그들의 고유한 전통은 쉽게 사라지지 않았다. 거의 모든 야만족 왕국은 오랜 세월 동안 게르만족의 관습에 길들여져 왔다. 그렇게 형성되어 온 야만족 사회들은 그 관습들을 쉽게 버릴 수 없었다. 특히 그들은 사회정의를 실현하기 위한 게르만족의 관습이었던 '피의 복수'라는 전통을 계속 이어나갔다. 우리는 이 관습을 통해 고대 게르만 사회에 일종의 계층 분화가 이루어져 있었음을 알 수 있다.

이 관습은 어떤 사람이 부당행위를 저질렀을 경우 가해자가 피해자에게 배상금을 지불하는 일종의 배상금 제도와 같은 것이었다. 게르만 사회에서는 남자들을 비롯해서 여자들, 가축, 그 외에 온갖 종류의 것들에 제각각 값이 매겨져 있었고, 그 등급은 각 개인이

540년 유스티니아누스 황제는 동고트 왕국을 공격해 라벤나를 되찾았다. 그리고 라벤나 수복을 기념하기 위해 그곳에 두 개의 웅장한 성당을 세웠다. 라벤나에 있는 성 비탈레 성당과 클라세 항구의 성 아폴리나리스 성당이 그것들이다. 사진에서 제단 위쪽의 둥근 지붕 중앙에 있는 인물이 바로 성 아폴리나리스다.

속한 사회계층에 따라 정해졌다. 그래서 배상금 등급이 곧 신분의 지표가 되었다.

게다가 부당행위를 저지른 사람이 관례에 따라 배상을 하지 못할 경우에는 그가 속한 씨족이나 일가족이 그 행위에 대해 책임을 지고 배상을 해야 했다. 왕들은 그런 판례들을 기록하도록 했고 그 판례들의 수는 점점 늘어났다. 하지만 글을 읽고 쓸 줄 아는 사람들이 아주 드물었기 때문에, 법전을 적어놓은 바빌론의 돌기둥들이나 그리스 도시국가들처럼 판례를 적어놓은 게시판 같은 것들이 필요하지는 않았다. 나중에 참고하기 위해 양피지에 기록하는 것이 그들이 생각해낼 수 있는 전부였다.

그럼에도 불구하고, 게르만법은 로마법과 더불어 중세 유럽 사법제도의 근간이 되었다. 게르만법은 로마법처럼 중앙정부가 공포한 법전이 아니라 부족들의 관습법이었지만,

왕이나 부족세력들이 그 관습법들을 기록하고 승인함으로써 제도화되어 유럽의 새로운 문명세계에 전해지게 되었다. 시간이 흐르면서 모든 게르만 왕국들이 자국의 법률들을 기록하고 성문화하기 시작했다.

야만족들과 로마인들의 전통

야만족들이 사용하던 초기의 민법은 종교적이거나 초자연적이지 않았지만 대체로 공정했다. 그리고 툴루즈의 서고트 법정이 로마의 법률전문가들에게 자문을 구하려 했다는 것은 그리 놀라운 일이 아니다. 그것은 야만족 귀족층들이 로마의 전통과 형식들에 대해 보여준 존경심의 표현일 뿐이었다.

테오도리쿠스는 자신을 로마 황제의 계승자라고 생각했다. 하지만 그는 자신의 역할을 수행하는 과정에서 지나친 친로마 정책으로 신하들을 화나게 하지 않도록 조심해야했다. 이런 측면에서 테오도리쿠스가 생각해야 했던 문제들은 클로비스가 개종하기 전에 고심했던 문제들과 비슷했다. 클로비스의 개종은 제국과 자신을 동일시할 뿐만 아니라 기독교와 자신을 동일시하는 행동이었기 때문이다. 또한 프랑크족 귀족과 서고트 귀족은 라틴어로 서로 편지를 주고받으며 대중문학을 후원함으로써 자신들이 로마의 계승자들이라는 것을 과시하려 했다.

로마인들과 직접적인 이해관계도 있었다. 서고트의 전사들은 침략자들을 막는 일을 주로 했지만 때때로 로만-갈리아인 지주들을 위협하는 농민 반란을 진압하는 일도 맡았다. 그러나 이단으로 규명된 아리우스파가 존재하는 한, 야만족들이 로마 문명에 완전히 동화되는 데는 한계가 있었다. 어쨌든, 로마 가톨릭은 서로마제국이 남긴 최고의 유산이었다.

유스티니아누스 황제 시대(527~565년)

527년 황제에 즉위한 유스티니아누스는 로마의 옛 영토를 회복하기 위해 활발한 정복 사업을 펼치기 시작했다. 그로부터 몇 년 후, 유스티니아누스의 노력은 결실을 맺어 비잔티움의 지배권은 북아프리카, 에스파냐 남부, 이탈리아까지 확장되었다. 지중해 연안의 대부분의 지역들이 재통합되면서 로마는 다시 한 번 단일제국을 이루게 되었다. 그러나 6세기 말까지 줄기차게 이어진 게르만 민족과 슬라브 민족의 대이동과 7세기 이슬람 세력의 등장으로 인해 로마는 유스티니아누스가 되찾았던 영토들을 다시 잃게 되었다.

이 지도는 유스티니아누스 황제 이전의 비잔티움 제국 영토와 황제가 되찾은 영토들을 보여주고 있다.

라벤나의 성 비탈레 성당에 있는 모자이크. 고위성직자들과 신하들을 거느리고 있는 유스티니아누스 황제의 모습이다. 유스티니아누스의 머리 뒤쪽에 보이는 후광은 황제가 신성한 존재라는 것을 상징하기 위한 것이다. 그림에 보이는 인물들의 얼굴은 개성과 표정이 잘 표현되어 있지만 몸은 공중에 떠 있는 것 같은 기이한 느낌을 주는데, 이는 그들의 영성을 강조하기 위한 것이다.

동로마 황제들은 이런 변화들에 무관심하지 않았다. 하지만 자신의 영토에서 일어나는 혼란스러운 상황들로 인해 그들은 무력해져 있었다. 5세기에는 동로마 황제들 역시 동맹부족의 야만족 장군들에게 휘둘리면서 자국을 지켜내기에도 버거운 형편이었다. 그들은 서로마가 멸망하기 전 마지막 몇 년 동안 이탈리아 라벤나의 황제들이 꼭두각시 노릇을 하는 모습을 두려운 눈길로 지켜보았다. 결국 그들은 서로마제국의 마지막 황제를 폐위시킨 야만족 오도아케르를 왕으로 인정하지 않을 수 없었다. 동로마 황제들은 오도아케르의 이탈리아 지배를 묵인하면서도 동로마와 서로마가 하나로 통합된 단일제국을 통치하겠다는 공식적인 입장을 계속 유지했다. 그러던 중 테오도리쿠스가 오도아케르를 몰아내고 이탈리아의 왕이 되어 동로마 황제로부터 귀족 칭호를 받음으로써 실질적인 계승자가 되었다.

한편, 페르시아와의 전쟁과 발칸 반도에서의 슬라브족의 새로운 압력에 대처하는 일도 만만치 않았다. 527년 유스티니아누스 황제가 즉위하기 전까지 제국이 과거의 영토를 회복하고 재통합되는 것은 거의 불가능해 보였다.

7세기에 사용된 투구의 앞부분. 590년부터 615년까지 롬바르디아 왕국을 다스렸던 아길룰프 왕의 것으로 추정된다. 부조들이 조잡하긴 하지만, 병사들의 모습과 아길룰프 왕을 경호하고 있는 날개 달린 승리의 여신들의 모습에서 로마의 영향을 받았다는 것을 분명히 알 수 있다.

미래를 결정짓는 요소들 165

527년부터 565년까지 동로마제국의 황제로 군림했던 유스티니아누스는 옛 로마제국을 재통합시키기 위해 최선을 다 했고 성공을 거두었다. 비록 그의 성공이 오래 지속되지는 못했지만, 유스티니아누스는 수많은 공공건물들과 종교적 건물들의 건축, 그리고 로마법 편찬을 비롯해서 주목할 만한 유산들을 많이 남겼다. 특히 유스티니아누스의 「로마법 대전」은 근세 유럽 국가들의 법률제도와 사상에 지대한 영향을 미쳤다.

유스티니아누스

사람들은 유스티니아누스를 실패한 인물로 평가하기도 한다. 그러나 그는 제국의 황제로서 당시의 사회가 요구했던 대로 행동했다. 그는 대부분의 사람들이 강력한 군주라면 당연히 해야 한다고 생각하고 있던 것들을 실천에 옮긴 것이다. 로마의 지배를 받던 마케도니아 출신의 유스티니아누스는 라틴어가 자신의 모국어라는 사실을 자랑스러워했다. 제국의 영토와 세력이 급격하게 위축되었음에도 그는 콘스탄티노플을 중심으로 로마를 재통합하고 과거의 영토를 되찾을 수 있을 것이라고 믿었다. 반드시 그렇게 해야만 한다고 생각했다.

당시의 상황에 대한 자료가 부족하기 때문에 우리는 그 당시에 어떤 일들이 일어났는지 정확하게 알 수가 없다. 그러나 유스티니아누스는 오랫동안 제국을 통치했고, 당시의 사람들은 그의 일시적인 성공에 한껏 기뻐하며 로마제국이 과거의 영광을 반드시 되찾을 것이라고 믿었다. 사실 그 당시 사람들에게 로마제국은 세상의 중심이었고 로마가 없는 세계는 상상할 수도 없는 일이었다.

서로마의 야만족 왕들은 동로마 황제들에게 기꺼이 복종했고 동로마 황제들이 하사하는 지위나 칭호를 감사하게 받아들였다. 그들은 황제를 상징하는 자주색 옷을 입으려 집착하지 않았다.

유스티니아누스는 독재 권력을 추구했다. 그리고 그의 동시대인들은 포괄적이면서도 현실적인 목표를 찾았다. 유스티니아누스는 위대한 황제였고 황제로서 자신의 역할을 충실히 이행했다. 하지만 애석하게도 그는 인간적인 면에서는 그다지 매력이 없는 인물이었다.

유스티니아누스는 영토 재정복을 실현하기 위해 끊임없이 전쟁을 치렀고, 그 전쟁들에서 대부분 승리를 거두었다. 심지어 큰 대가를 치러야 했던 페르시아와의 전쟁까지도 비잔티움이 영토를 전혀 잃지 않았다는 점에서는 성공을 거두었다고 할 수 있었다. 그는 페르시아와의 피비린내 나는 전쟁들을 치른 후 평화조약을 맺었다. 물론 그 조약에서 유스티니아누스는 페르시아에 전쟁 배상금으로 많은 황금을 지불해야 했지만 전체적으로 그 조약은 비잔티움에 유리했다.

평화조약으로 인해 페르시아의 위협을 받지 않고 영토 회복 정책을 추진할 수 있게 되었지만, 그 동안 치른 전쟁 때문에 로마의 군

서고트족

비잔티움 제국 사람들은 고대 로마의 건축기술과 양식을 그대로 물려받았다. 그들은 또한 동양과의 긴밀한 접촉을 통해 건축물에 풍부하고 색채가 화려한 장식을 이용하게 되었다.

궁전의식들은 엄격하면서도 화려했는데, 특히 황제가 공식 석상에 모습을 나타낼 때면 평범한 사람들이 황제를 보고 자신들과는 다른 신성한 존재라고 느낄 수 있도록 신중하고도 세심하게 분위기를 연출했다. 그처럼 화려한 연출은 그 시대의 예술적 취향들에 영향을 미쳤고, 비잔티움 건물들의 웅장함도 바로 거기서 비롯된 것이었다.

6세기 유스티니아누스가 등장하기 이전까지 동로마제국의 건축에는 제국을 대변할만한 고유한 특색이 없었다. 유스티니아누스 황제는 기존의 돔 양식을 채택하는 한편 그의 신성한 왕국에 어울리는 새로운 건축양식을 창조하고자 했다. 그 결과 비잔티움 양식의 호화로운 궁전들과 아름다운 성당들이 유산으로 남겨지게 되었다.

비잔티움 건축양식의 특징으로는 돔과 기둥머리를 들 수 있으며, 로마의 전통대로 바닥보다는 벽장식에 모자이크를 주로 사용했다. 비잔티움 사람들은 콘스탄티노플에 있는 성 소피아 성당처럼 건축물에 거대한 돔을 만들어 덮었는데, 돔이라고 불리는 이 둥근 천장의 직경은 30m가 넘는다.

로마의 코린트 양식에 기초를 둔 비잔티움의 기둥머리들은 화려한 잎들로 장식된 절두형 구조*들로 변형되었다. 고도로 숙련된 비잔티움 예술가들은 교회들의 벽과 아치형의 둥근 천장들을 황제들과 성자들, 고위성직자들, 또는 성서의 장면들을 밝은 색채로 묘사한 모자이크들로 장식했다.

비잔티움의 대표적인 유물들은 콘스탄티노플과 총독의 수도인 라벤나에서 찾아볼 수 있다. 물론 유스티니아누스 황제가 되찾았던 이탈리아, 에스파냐, 북아프리카 지역에도 비잔티움 예술의 흔적들이 남아 있다.

*절두형 구조
기둥 윗부분, 즉 머리에 해당하는 부분이 평면으로 잘려있는 구조

클라세의 성문을 묘사한 이 모자이크는 라벤나 근처의 성 아폴리나리스 성당에 있는 것으로, 6세기에 만들어졌다. 많은 비잔티움 모자이크들과 마찬가지로, 금을 사용하여 웅장한 분위기를 연출하고 있다.

사력은 크게 약화되어 있었다. 그래서 유스티니아누스는 자신의 목적을 제대로 추진할 수 없었다. 그럼에도 불구하고, 그가 기용한 명장 벨리사리우스는 아프리카에 상륙해 반달족을 몰아내고 제국의 영토를 되찾았다.

그리고 554년에 벨리사리우스가 로마에서 동고트족들을 완전히 몰아냄으로써 이탈리아 전역이 황제의 지배 하에 놓이게 되었다. 그러나 야만족들의 침입에 단 한 번도 유린된 적 없었던 이탈리아는 비잔티움 제국의 군대에 의해 유린되고 황폐화되었다. 이 모든 과정들은 많은 문제점들을 남기긴 했지만 결과적으로는 위대한 업적이었다.

에스파냐 남부에서는 더 많은 일들이 일어났다. 황제의 군대는 에스파냐에서 서고트족의 왕위계승 분쟁을 이용하여 코르도바에 제국의 속주를 세웠다. 그로 인해 제국의 해군이 지중해 서쪽의 패권을 장악하게 되었고, 유스티니아누스 사후 한 세기 동안 비잔티움 제국의 선박들이 그곳을 자유롭게 항

콘스탄티노플에 있는 성 소피아 대성당. 537년에 건립된 이 성당은 후일 이슬람교 사원으로 사용되었다. 이 성당의 거대한 중앙 돔은 네 개의 작은 아치들이 받치고 있고, 이 아치들은 다시 네 개의 튼튼한 기둥들이 받치고 있다. 중앙 돔을 띠 모양으로 두르고 있는 창문들을 통해 들어오는 자연광이 이 거대한 공간을 더욱 신비롭게 만들어주고 있다.

해할 수 있었다.

하지만 그런 상황은 오래 지속되지 않았다. 6세기가 끝나갈 무렵, 이탈리아의 대부분 지역들은 또 다른 게르만 부족인 롬바르디아인에게 넘어갔다. 이베리아 반도에서 제국의 지배권은 롬바르디아인에 의해 완전히 사라지게 되었다. 동유럽에서도 상황은 마찬가지였다. 뇌물 수수와 선교 활동이라는 강력한 외교 수단에도 불구하고, 유스티니아누스는 그 야만족들을 단 한 번도 제대로 다루지 못했다.

동유럽에서의 성공을 오래 지속하는 것도 불가능했다. 민족 이동 때 게르만족의 뒤를 따라 이주해온 슬라브족들이 제국에 엄청난 압박을 가했다. 그들의 눈에 제국의 영토는 신천지나 다름없었다. "로마의 부를 한 번이라도 맛본 야만족들은 그 부의 유혹을 결코 뿌리칠 수가 없었다"라고 당시의 한 역사가는 썼다. 어마어마한 비용을 들여 요새들을 구축해놓았지만 유스티니아누스가 죽자마자 불가리아의 조상들인 불가르족이 트라키아를 점령했다. 야만족들은 이제 서쪽과 동쪽에서 제국을 위협하게 되었다.

유스티니아누스의 유산

유스티니아누스의 뒤를 이은 황제들은 페르시아의 줄기찬 위협과 발칸 반도 내에서 부상하는 슬라브족의 압력, 그리고 7세기에 새로운 경쟁상대로 떠오른 이슬람 세력 때문에 유스티니아누스가 회복해 놓은 영토를 계속 지킬 수가 없었다. 그 이후로 매우 어려운 시기가 이어졌지만 그때까지도 유스티니아누스가 새롭게 고안한 외교기술들은 여전히 효력을 발휘하고 있었다.

야만 민족들을 서로 싸우고 반목하게 만들어 그들의 힘을 약화시키는 방법, 공물이나 칭호로 그들을 매수하는 방법, 야만족들을 기독교로 개종시키고 왕의 후손들이 세례를 받을 때 대모나 대부가 되어줌으로써 유대관계를 맺는 방법들이 있었다. 만약 유스티니아누스가 코카서스 부족들을 기독교로 개종시켜 견제하거나 크리미아 지방의 고트족들과 동맹을 맺지 않았다면, 동로마제국의 존속은 거의 불가능했을 것이다. 이런 의미에서 유스티니아누스는 비잔티움 제국의 미래를 미리 설계해 놓은 것이나 다름없었다.

유스티니아누스가 황제로 즉위할 당시, 황권을 노린 세력들은 민중의 지지를 얻기 위해 서로 치열하게 다투고 있었고, 그 때문에 제국은 극심한 혼란에 처해 있었다. 532년, 마침내 니카의 반란*이 일어났다. 유스티니아누스는 그 반란을 진압함으로써 파벌 간의 싸움을 끝낼 수 있었다. 반란 진압 과정에서

시나이 산에 있는 성 카타리나 수도원은 527년에 유스티니아누스 황제가 세웠다. 이 수도원은 비잔티움 제국의 광활한 영토 전역에 황제가 세운 많은 성당들과 수도원들 중에서 보존이 가장 잘 되어 있는 것들 중 하나다.

콘스탄티노플의 많은 것들이 불타버리는 엄청난 손실을 입긴 했지만, 유스티니아누스는 자신을 위협하던 정치 세력들을 완전히 제거할 수 있었다. 그 이후부터 그는 독재적인 권력을 휘두르면서 자신의 목적을 이루어 나갈 수 있게 되었다.

콘스탄티노플은 경제의 중심지로 물질적인 풍요를 누리던 도시였다. 콘스탄티노플의 부와 화려함을 대변하는 가장 대표적인 건물은 성 소피아 대성당이다. 그러나 제국 전역에 세워진 공공건물, 교회, 목욕장, 신도시들 역시 유스티니아누스의 통치 기간 동안 동로마제국이 얼마나 부강했는지를 보여주고 있다. 가장 풍요롭고 문명화된 속주들은 아시아와 이집트에 있었다. 알렉산드리아, 안티오키아, 베이루트는 화려하고 거대한 도시들이었다.

유스티니아누스가 통치 기간 동안 이룩한 최대의 업적은 로마법 편찬이었다. 그는 고전시대 이래 1,000년 동안 발전해온 로마법을 전부 모아 4부로 이루어진 『로마법대전』을 완성시켰는데, 이것은 이후 수백 년이 넘

＊니카의 반란
532년 콘스탄티노플에서 일어난 두 당파의 반란. 청파靑派와 녹파綠派라는 두 당파가 유스티니아누스 1세의 당파 탄압에 불만을 품고 폭동을 일으켰다. 니카는 그리스어로 '승리'를 의미하며 여기서 이 사건의 이름이 유래되었다.

종교회의 장면을 묘사한 작품들 중에서 현재까지 남아 있는 것은 별로 없다. 16세기에 제작된 이 프레스코화는 그 중 하나로, 431년에 있었던 에페수스 공의회에 참석한 황제의 모습을 묘사하고 있다. 유스티니아누스 황제가 콘스탄티노플의 대주교인 네스토르와 또 한 명의 이단자에게 추방령을 내리는 장면이다.

도록 유럽 문명에 영향을 미치면서 근대국가 법체제의 모태가 되었다.

하지만 유스티니아누스가 실시한 행정과 관료조직의 개혁은 다른 업적들에 비해 큰 성공을 거두지 못했다. 그는 3세기에 로마제국이 겪었던 경험을 통해 제국의 구조적 문제점이 무엇인지를 정확하게 파악했다. 그러나 그 문제들을 해결할 수 있는 근본적인 방법을 찾지는 못했다. 예를 들어 유스티니아누스는 매관매직이 사회에 어떤 해악을 끼치는지 잘 알고 있었기 때문에 그런 관행을 단호하게 금지했다. 그러나 얼마 지나지 않아 매관매직은 다시 고개를 들기 시작했고, 유스티니아누스는 결국 그것을 눈감아줄 수밖에 없었다.

로마제국의 구조적 문제점들을 해결하기 위해 실시한 정책들은 시민들을 점점 더 엄격하게 통제하는 것이었다. 유스티니아누스가 그런 식으로 문제에 대응한 것은 정부가 시민경제를 통제했던 로마의 전통을 어느 정도 물려받은 탓이기도 했다. 하지만 농민들이 토지에 묶여 있었던 것과 마찬가지로, 장인들은 세습적인 조합과 길드에 묶여 있었다. 심지어 관직까지도 세습화 되어갔다. 따라서 이제 엄격한 통제만으로는 제국의 문제들을 해결할 수 없게 되었다.

동로마제국의 종교

6세기 초에 동로마에서는 전례 없는 자연재해들이 연이어 발생했다. 유스티니아누스 황제가 갑자기 세상을 떠난 것도 이 재해들과 관계가 있었다. 지진, 기근, 홍수로 동로마의 많은 도시뿐만 아니라 수도까지 황폐해졌다. 당시 사람들은 헛소문이나 미신을 쉽게 믿었다. 황제가 자기 머리를 마음대로 떼었다 붙였다 한다든가 자유자재로 사람들의 눈앞에서 사라지는 신비한 능력을 갖고 있다는 소문이 떠돌았다는 사실은 동로마제국에서 이성에 바탕을 둔 고전시대 문명의 합리적인 정신적 토대가 이미 무너져 내리고 있었다는 것을 말해준다.

유스티니아누스는 자신의 종교관과 정책들을 통해 그 붕괴 과정을 더욱 가속화했다. 그의 정책들은 역설적으로 그가 의도했던 것과는 거리가 먼 결과를 낳았다. 그는 800년 동안 존속해온 아테네의 아카데미 학원을 폐교시켰다. 그는 무신론자들의 황제가 아니라 기독교도들의 황제가 되고 싶어 했다. 그래서 그는 콘스탄티노플에 있는 모든 이교도들의 우상을 파괴하라고 명령했다. 뿐만 아니라, 그는 유대인들의 시민 신분을 낮추고 유대교에 대한 종교적 탄압을 본격화했다.

유스티니아누스의 유대인 탄압은 점점 더

이집트의 바우이트에 있는 성 아폴리나리스 콥트 수도원의 프레스코화. 이 프레스코화의 윗부분은 그리스도가 세상에 축복을 내리고 있는 모습이고, 아랫부분은 성모 마리아가 아기 예수를 품에 안고 사도들에 둘러싸인 채 왕좌에 앉아 있는 모습이다.

＊조합과 길드
상공업자들의 동업자 조직. 수공업자나 상인들이 직업상의 권익 증진을 위해 결성한 동업자 조직. 이러한 조직은 이후 정치계에도 영향을 미쳤다.

게토
유대인들을 모여 살도록 법으로 규정해 놓은 거주 지역. 이후 소수 민족이 따로 모여 사는 특정 지역을 가리키는 뜻으로 널리 쓰였다.

네스토리우스파와 단성론자
예수 그리스도에 대한 상반된 입장을 보인 두 종파. 네스토리우스파는 네스토리우스가 창시했으며 예수의 신성(神性)과 인성(人性)의 구별을 강조했다. 반면, 단성론자들은 신성과 인성이 하나로 융합되어 있다고 주장했다.

칼케돈 종교회의
로마제국에서 예수의 본성에 관한 논쟁을 해결한 종교회의. 교황 레오의 주재로 열렸으며, 그리스도는 신성과 인성의 완전 결합체라는 양성론을 정통으로 하고 단성론을 이단으로 결정했다.

심해져갔다. 유대인에 대한 학살이 묵인되었고, 유대교 예배당들은 파괴되었다. 유스티니아누스는 유대 역법을 사용하지 못하게 금지했고 예배도 드리지 못하게 방해했다. 심지어 유대인을 배척해도 되는 법적 근거를 수록한 법전을 만들고, 야만족 통치자들을 부추겨 유대인들을 박해하게 만들기도 했다. 오래지 않아 서유럽의 도시들과 콘스탄티노플에는 유대인들을 강제로 한 곳에 격리시킨 '게토'들이 생겨났다.

유스티니아누스는 신학적 논쟁에 참여하는 것을 아주 좋아했다. 그는 기독교의 근본적인 문제들에 황제가 관여하는 것은 당연하다고 확신하고 있었다. 하지만 그의 그런 태도는 좋은 결과를 얻지 못했다. 그는 네스토리우스파와 단성론자들에게 황제에 대한 충성심을 전혀 얻어내지 못했다.

451년 칼케돈 종교회의에서는 그리스도의 신성과 인성, 이 두 가지 본질을 정통으로 공인했다. 그러나 네스토리우스파와 단성론자들은 그것을 받아들이지 않았다. 하지만 문제는 그런 신학적인 이단 논쟁과는 상관없이 그들의 상징적인 교리가 지식인 계층에게 점점 더 큰 지지를 얻었다는 사실이다. 그리하여 로마제국 내에는 종교 분쟁이 일어나는 지역들이 생기기 시작했다.

이단들이 공격당하자 이집트와 시리아에서는 기독교 내의 분리가 일어나기 시작했다. 콥트 기독교는 5세기 후반에 이미 콘스탄티노플의 정통신앙에 반대하여 자체적인 길을 걸어갔고, 시리아의 단성론자들은 야곱 교회를 세움으로써 그 뒤를 따랐다. 그 둘 모두 자국의 수도사들로부터 절대적인 지지를 얻고 있었다. 이 종파들과 공동체들 중 어떤 집단들은 제국 밖의 다른 나라들과 관계를 맺고 있었기 때문에 대외관계가 복잡하게 뒤얽히게 되었다.

박해가 심해지자 네스토리우스파는 페르시아로 피신했다. 그리고 유대인들은 국경지대 밖에서 세력을 떨치고 있었다. 이라크에 있는 유대인들은 페르시아가 로마를 공격하는 것을 지원했고, 홍해의 유대 아랍 국가들은 유대인들에 대한 박해가 계속되자 인도로 이어지는 제국의 무역로를 방해하기 시작 했다.

동서 교회의 분열

서로마 교회와 동로마 교회를 통합하려는 유스티니아누스의 노력은 그의 열정에도 불구하고 좌절되었다. 그 두 교회는 각기 다른

이 현판에 묘사된 인물은 복음전도자다. 이 현판은 6세기 이집트의 메틀라흐 기독교 대수도원에 있던 것으로 추정된다.

172 로마와 고대의 서양세계

그리스도 단성론을 신봉한 이집트의 콥트족은 동방 기독교 내에서 강력한 교단을 형성하고 있었다. 나무에 그려진 이 이집트 회화에는 콥트족 대수도원장 메나스와 그리스도의 모습이 묘사되어 있다. 6세기 또는 7세기의 것으로 추정된다.

문화적 토대위에 형성되었기 때문에 언제나 분리될 위험성을 안고 있었다. 서로마 기독교는 종교적인 권위와 세속적인 권위의 결합을 용납하지 않았다. 반면에 동로마제국에서는 그 두 권위의 결합이 정치이론의 핵심이었다.

그 주장에 의하면, 로마 황제의 통치권은 다른 모든 황제들의 통치권처럼 사라지게 될 것이고, 성서에 나와 있는 대로 '죽음의 세력은 반석 위에 세운 교회를 이기지 못할 것'이었다. 여기서 '죽음의 세력'은 세속적 권위를 의미하며, 따라서 황제의 권위가 교회의 권위를 이기지 못할 것이라는 뜻이다. 그러므로 황제의 권위는 교회의 권위와 결합해야만 한다고 여겼다.

동서 교회 간의 그러한 종교적 견해 차이는 점점 더 깊어졌다. 하지만 서로마의 세력이 쇠퇴하면서 동서 교회는 쉽게 통합될 것처럼 보였다. 로마 교황이 유스티니아누스를 찾아갔다. 유스티니아누스 황제는 그 교황에게 로마는 '사제직의 원천'이라고 말했다. 하지만 두 사람은 각자 자기 뜻을 굽히지 않고 자신들의 종교적 권위를 완고하게 고집했다. 교리 문제에 있어서도 황제가 절대적인 권한을 갖고 있다는 유스티니아누스의 견해 때문에 싸움은 격렬해졌다.

유스티니아누스의 다른 많은 행동들과 마찬가지로 이 행동 역시 제국을 재통합하는 데 도움이 되지 못했다. 그 행동은 오히려 완전히 반대되는 결과를 낳았다. 즉, 그로 인해 새로운 비잔티움 문명이 발전하게 된 것이다. 유스티니아누스가 죽은 후, 비잔티움 문명은 아직 정식으로 인정받지는 못했지만 이미 탄생하여 성장하고 있었다. 비잔티움은

미래를 결정짓는 요소들 173

쇼이 콥트 수도원. 이 수도원은 이집트의 와디 나트룬에 있다.

고전 세계에 뿌리를 두고 있었지만 그 세계와는 다른 독립적인 양식으로 발전하고 있었다. 동로마와 서로마의 서로 다른 문화적 발전으로 인해 기독교의 새로운 경향들이 탄생될 수 있었듯이, 비잔티움 세계 역시 두 로마에서 이루어진 문화적 발전 덕분에 더 쉽게 형성될 수 있었다.

고전시대 후기 주교들의 역할

이후의 역사에서 반복하여 나타나듯이, 기독교와 그 지도자들은 재앙이 발생했을 때 상황을 제대로 파악하지 못했다. 그들은 사회가 붕괴하면 자신들의 지위와 특권 역시 붕괴한다고 생각했다. 그것은 사실이었다. 제국의 붕괴는 그들에게 있어서 문명이 붕괴하는 것과 마찬가지였다.

서로마의 교회는 로마 문명이 남긴 유일한 제도적 유산이었다. 서로마 교회의 주교들은 행정 경험이 있는 사람들이었다. 다시 말해 그들은 지역 사회의 관리나 유지들만큼 지적능력을 갖추고 있는 사람들이었다. 어떤 신도들은 그들을 마술적인 힘을 갖고 있는 사람이라고 생각하면서 경외심어린 눈길로 바라보았다. 많은 곳에서 로마제국의 군대들이 떠나고 제국의 행정력이 완전히 붕괴되었을 때, 주교들은 마지막으로 남은 권위의 상징이었다. 그리고 그들은 고전시대의 유산을 공유하고 싶어 하면서도 학식이 전혀 없었던 신흥 지배계층들 사이에서 유일하게 학식을 지닌 사람들이었다. 사회적으로도 주교들은 지역 사회의 지도적인 가문 출신들이 대부분이었다. 다시 말해 그들은 영향력 있는 귀족이자, 그들의 종교적 역할을 물질적으로 뒷받침해줄 재력을 갖춘 사람들이었다. 따라서 그들은 자연스럽게 새로운 임무를 맡게 되었다.

기독교의 수도원 제도

고전시대가 끝날 무렵, 서로마 기독교에 두 가지 새로운 제도가 등장했다. 그 제도들은 붕괴된 문명과 이제 막 태어나려는 문명 사이의 위험천만한 급류 속에서 구명밧줄이 되어주었다. 그 중 첫 번째 제도는 기독교의 수도원 제도였다. 수도원 제도가 최초로 등장한 것은 동로마였다.

콥트 기독교의 평신도였던 성 안토니우스가 이집트 사막에서 은둔생활을 시작한 것은 285년경이었다. 수도사들은 성 안토니우스의 고행을 지켜보면서 그를 본보기로 삼아 기도를 하고, 단식과 같은 수련을 통해 악마와 싸우며 육체의 욕망을 극복하려 했다. 그들 중 어떤 이들은 한데 모여 공동체를 이루기도 했다. 이 새로운 종교적 경향은 레반트와 시리아에서 공동사회의 형태로 자리 잡았다. 성 안토니우스의 사상은 프랑스의 지중해 연안으로 퍼져나갔다.

쇠퇴해가고 있던 5세기의 갈리아 지방에서, 금욕적인 규칙에 따라 수양하면서 경건한 예배와 기도로 신을 섬긴다는 수도원의 이상은 지성과 덕성을 갖춘 많은 사람들의 마음을 사로잡았다. 많은 이들이 수도원 생활을 통해 개인적인 구원을 얻을 수 있다는 믿음과 기대를 가지고 공동체로 몰려들었다. 그 중에는 불안한 현실에서 도피하려는 명문가 출신도 많았다. 국가에 대한 봉사를 최고의 미덕이라고 생각하고 있던 사람들은 수도원으로 들어가는 사람들을 향해 자신의 사회적 의무와 책임을 회피하는 패배자라고 신랄하게 비난했다. 성직자들 역시 맹목적인 믿음을 가지고 현실에서 도피하여 수도원으로 들어가는 사제들을 그다지 좋게 생각하지 않았다.

그러나 수도원 제도는 나날이 번창했으며, 그 시대의 가장 위대한 성직자들 중 대부분이 수도원 출신이었다. 지주들은 기존의 수도원이나 새로운 수도원에 땅을 기부했다. 수도회에 관해 좋지 않은 소문들도 떠돌았다. 그리고 실제로 수도회가 후원자들을 구하거나 세력가들과 결탁하기 위해 수도원의

이 모자이크는 5세기 로마의 콘스탄티나 영묘에 있는 것으로, 성 베드로와 성 바울에게 율법을 전하는 그리스도의 모습이다.

미래를 결정짓는 요소들

성 베네딕트와 그의 수도회칙

성 베네딕트는 480년경에 이탈리아 중부의 누르시아에서 태어났다. 로마에서 공부한 그는 금욕적인 은둔 수사들의 수행생활에 매료되었다. 은둔 수사들은 기도와 참회에 전념하면서 은둔생활을 했던 사막교부들의 본보기를 따르면서 수도생활을 하던 사람들이다.

베네딕트는 아브루치 산속의 수비아코 골짜기에 있는 한 동굴로 들어갔다. 그는 3년 동안 그곳에서 수도생활을 하면서 여러 가지 기적들을 행하여 사람들을 놀라게 했다. 그의 명성이 널리 퍼져나가자, 한 수도원에서 그에게 수도원장직을 맡아 달라고 요청했고, 그는 그 요청을 받아들였다. 하지만 그곳의 수도사들이 그의 엄격한 규칙에 반대하자, 그는 수도원장직에 회의를 느끼고 수비아코의 동굴로 되돌아왔다. 그 후 수많은 제자들이 그의 가르침을 얻기 위해 수비아코로 몰려들었다. 베네딕트는 열두 개의 수도원을 세우고 그 제자들 중 열두 명을 수도원장으로 임명했다.

전해지는 바에 의하면, 그 지역의 한 교활한 사제가 베네딕트의 명성을 시기하여 여자들을 부추겨 베네딕트 수도원들을 해치려 했고, 그 때문에 베네딕트는 529년에 수아비코에서 피신해야만 했다. 베네딕트는 로마와 나폴리 사이에 있는 몬테카시노로 가서 수도원을 세우고 그곳에서 여생을 보내게 된다. 그리고 바로 그곳에서 그는 73장의 '수도회칙'을 만들었다.

543년에 그가 죽고 난 후, 그 수도원은 롬바르디아인들에 의해 파괴되었고, 수도사들은 로마로 피신했다. 그들은 그레고리우스 1세로부터 전폭적인 지원을 받았다. 대교황 그레고리우스 1세의 『대화집』 제2권에는 성 베네딕트의 생애가 상세하게 서술되어 있다. 그레고리우스가 베네딕트의 제자들 중 네 명에게 이야기를 전해 듣고 편찬한 이 책은 그 성자의 생애에 관한 사실과 관련해 유일하게 권위를 인정받고 있는 문헌이다.

성 베네딕트의 성품은 그의 수도회칙에 그대로 드러나 있다. 성 베네딕트는 수도사들에게 정절, 청빈, 복종을 맹세하게 하고 그 맹세를 한 수도원에 절대적으로 충성할 것을 엄격하게 요구했지만, 한편으로는 수도사들에게 따뜻한 옷과 충분한 잠을 허용하는 온건하고 아버지다운 면모를 지니고 있기도 했다. 수도회칙은 예배와 기도를 위한 시간을 엄격하게 정해놓고 있었지만, 병자들과 노인들을 돌보는 등의 예외 조항도 들어 있었다. 베네딕트 수도회칙이 영속적으로 성공할 수 있었던 것은 분명히 그러한 실용성과 종교성이 적절하게 혼합되어 있었기 때문일 것이다.

이탈리아 수비아코의 클뤼니 수도원에 있는 이 벽화에는 서방 교회 수도원 제도의 창시자로 알려진 누르시아의 성 베네딕트가 묘사되어 있다. 오늘날에도 여전히 모든 베네딕트 수도사들은 "기도하고 일하라"라는 성 베네딕트의 좌우명에 따라 생활하고 있다.

신조를 어기는 일도 많았다.

성 베네딕트

오늘날 기적을 행한 성자라는 사실 외에는 우리에게 거의 알려진 바가 없는 이탈리아의 한 수도사가 서방 가톨릭 교회의 수도회를 창시했다. 그는 바로 기독교 역사에 가장 큰 영향력을 미친 사람들 중 하나인 성 베네딕트였다. 529년에 그는 이탈리아 중부의 몬테카시노에 수도원을 세우고, 자신이 새로 만든 엄격한 수도 규칙을 한 권의 책으로 엮어 그 수도원에 주었다. '베네딕트 수도회칙'으로 알려진 이 규칙은 서방 기독교, 더 나아가 서유럽 사회의 규범으로 자리 잡게 되었다.

수도회칙을 만든 후, 베네딕트는 수도원 공동체에 더욱 깊은 관심을 기울이게 되었다. 베네딕트 수도원의 수도원장은 절대적인 권위를 갖고 있었다. 그 공동체는 단지 수양을 위한 공간을 제공하거나 개인적인 영혼의 구원을 위한 곳이 아니라, 구성원 전체가 함께 예배하고 생활하는 곳이었다. 개개의 수도사들은 정해진 일과에 따라 예배와 기도와 노동의 임무를 충실히 지켜야 했다. 그 이전까지 수도원들은 금욕적이고 지극히 개인적인 자기 수행만을 추구했다. 그런데 베네딕트는 노동과 공동체 생활을 중시하는 보다 인간적인 새로운 형태의 수도원이었다. 이후로 이 수도원 제도는 기독교의 중요한 재산

많은 베네딕트 수도사들이 종교서적 수사본을 만드는 일에 전념했다. 성 베네딕트에 관한 이 채색 필사본에는, 그레고리우스 대교황이 『대화집』이나 『성인들의 삶』을 편찬하는 것을 베네딕트의 제자 네 명이 도와주는 모습이 묘사되어 있다.

*****사도전승**
초대 교회 사도들의 후계자라 할 수 있는 사제나 이와 유사한 성직자가 사도의 권위를 가진다고 보는 주장. 특히 가톨릭에서 높이 평가되고 있다.

9세기의 삽화로, 그레고리우스 대교황이 두 명의 필경사들에게 수사본을 받아쓰게 하는 장면이다. 그레고리우스는 서방의 4대 교부 중 한 사람이었다.

중 하나가 되었다.

성 베네딕트는 눈높이를 너무 높게 두지 않았다. 바로 그것이 그의 수도회가 성공할 수 있었던 비결 중 하나였다. 즉, 그가 만든 수도규칙은 신을 사랑하는 사람이라면 누구라도 실천할 수 있는 것들이었기 때문에, 베네딕트 수도원의 수도사들은 육체와 정신을 가혹할 정도로 혹사해가며 고행할 필요가 없었다. 성 베네딕트 수도회칙은 수도사들에게 현실적으로 필요한 것이 무엇인지를 정확하게 파악하고 있었다. 그리고 바로 그 점 때문에 베네딕트 수도원은 서방 세계 전역으로 빠르게 퍼져나갔다. 베네딕트 수도원들은 영국과 독일의 이교도들을 개종시키기 위한 전

도 사업에 핵심적인 역할을 맡으면서 기독교 교리를 전파했다. 서방 세계에서 여전히 과거의 은둔적인 수도생활에 집착하고 있는 것은 이제 변방의 켈트족 기독교뿐이었다.

교황 제도의 등장

성 베네딕트 수도원 이외에 새롭게 등장한 기독교의 또 다른 구명밧줄은 교황 제도였다. 최초의 로마 주교가 성 베드로였고 베드로의 무덤과 유골을 보관하고 있다는 사실 때문에 로마는 언제나 가톨릭 교회와 주교관들 사이에서 특별한 곳으로 추앙받고 있었다. 로마의 기독교인들은 서방 교회들 중에서 예수의 제자가 직접 세운 교회는 로마 교회뿐이라고 주장하면서 자랑스러워했다. 하지만 로마가 내세울 수 있는 것은 그것밖에 없었다. 정통성을 주장할 수 있는 곳은 사실상 아시아의 교회들이었다.

그러나 로마의 교황 제도가 우위를 확보하기 시작하면서 중세 사회에서는 교황의 권위가 국가의 권력보다 우선되는 것이 당연한 것으로 받아들여지게 되었다. 이는 사도전승*의 정통성을 뛰어넘는 중요한 요인이 있었기 때문에 가능했다.

교황 제도가 시작된 곳은 바로 로마였다. 로마는 수백 년 동안 세계의 중심지 역할을 해왔다. 그리고 로마의 주교들은 원로원과 황제의 사업 파트너였다. 황궁에서 열린 종교회의들은 주교들의 권위를 더욱 분명하게 부각시켜주었다.

이탈리아인들이 야만족만큼이나 싫어했던 동로마제국의 외국 관리들이 이탈리아로 들어오게 되자, 이탈리아인들은 자연스럽게 교황권에 의지하게 되었다. 무너져가는 이탈리아 내에서 교황권은 정부기관과 맞먹는 관할

이것은 테오델린다 여왕이 소장하고 있던 복음서 수사본의 표지로, 600년에 만들어진 것이다. 이 수사본은 테오델린다 여왕이 비잔티움과 롬바르디아 왕국의 관계 개선에 도움을 준 것을 감사하는 의미에서 그레고리우스 대교황이 보낸 선물 중 하나였던 것 같다. 테도델린다 여왕은 자신의 영향력을 이용해 자기 남편과 롬바르디아 백성들이 아리우스주의를 버리도록 설득했다.

구역과 통치기구를 가지고 있었고, 뛰어난 조직력과 자금을 확보하고 있었다. 교황권의 그러한 우위성은 야만족들이 이탈리아를 지배하던 혼란한 시기동안 더욱 분명하게 두드러졌다. 야만족들에게는 그런 통치능력이 없었기 때문이었다.

로마의 주교 관구는 모든 것들을 상세히 기록해놓고 있었고, 5세기에 이미 호교 교부*들은 교회 내부에서 발생하는 이단사상들을 가려내고 기독교에 대한 이교도들의 비방과 유언비어들에 대해 변호하면서 그리스도교의 신학을 체계적으로 제시하려했다. 로마 교황들은 이러한 노력이 새로운 시도를 하는 것이 아니라 과거의 것들을 지켜나가는 것이라는 입장을 취했다. 그들의 그런 태도는 거짓 없이 솔직하고 진지한 것이었다. 교황들은 자신들을 이데올로기와 법의 새로운 기반을 확보하기 위해 싸우는 사람들이 아니라,

호교 교부
기독교에 대한 박해와 넘쳐나는 이단사상에 대항해서 교회를 방어하고 옹호하는 글을 쓴 기독교 학자들. 황제나 총독 등 집권당국에 직접 글을 쓰거나 일반 대중을 대상으로 그리스도교를 변호했다.

미래를 결정짓는 요소들 179

서고트의 왕 레케스빈토의 왕관으로, 7세기 후반기에 제작된 것이다. 금과 진귀한 보석들로 만들어진 이 왕관은 670년경에 매장된 다른 부장품들과 함께 스페인의 톨레도 지방에서 발견되었다.

기독교가 이전에 확보해 놓은 기반을 유지하기 위해 노력해야 하는 사람들이라고 생각했다.

교황 제도가 막강한 영향력을 갖게 된 이유는 바로 그것이었다. 5세기에 레오는 최초의 교황이 되었다. 그가 교황으로 있는 동안 로마 주교의 권위와 영향력은 급속도로 신장되었다. 어떤 황제는 로마 교황의 결정은 법적인 효력을 가진다고 선포하기도 했다. 그리고 레오는 교황들이 성 베드로를 대신하여 말하기 때문에 모든 교회는 교황의 명령에 따라야 한다고 강력히 주장했다. 그는 황제들이 포기한 최고위 사제를 뜻하는 '폰티펙스 막시무스'라는 칭호를 받았다.

사람들은 야만인들이 이탈리아를 침공하지 않고 물러난 것은 그가 직접 훈족의 아틸라 왕을 찾아가 담판을 지었기 때문이라고 믿었다. 그때까지 로마 교회의 우위권을 인정하려 하지 않았던 동방 교회의 주교들은 야만족들의 침입으로 유럽 전체가 아수라장이 되자 비로소 그들의 주장을 받아들이게 되었다.

대교황 그레고리우스

수도사 출신으로 교황직에 오른 최초의 인물인 그레고리우스는 중세 교황 제도의 기틀을 마련했다. 590년부터 604년까지 재위했던 그레고리우스의 대교황시대에 초기 기독교의 중요한 두 가지 제도적 혁신이 일어났다. 그레고리우스는 성인으로 추대된 위대한 성직자였을 뿐만 아니라 뛰어난 정치가이기도 했다. 그는 제국에 대한 충성심과 황제에 대한 존경심으로 가득 차 있던 로마의 귀족이었다. 그럼에도 불구하고 그는 자신의 재위 기간 동안 유럽을 점령하고 있던 야만족들을 완전히 인정하고 받아들인 최초의 교황이었다.

그의 재위 기간 동안 고전 세계의 잔재는 마침내 사라지게 된다. 그는 전도 사업을 자신의 소명으로 생각했다. 전도 활동의 대상 중 한 곳은 이단이 지배하고 있던 영국이었다. 그레고리우스는 596년 캔터베리 지역의 아우구스티누스를 영국으로 보냈다. 그는 아리우스파 이단과 맞서 싸웠으며, 서고트족을 가톨릭으로 개종시켰다.

그는 비잔티움 제국의 황제를 대신하여 행동한다고 주장하면서 세속 정치가인 황제가 해야 할 일들을 도맡아 했다. 그는 게르만 왕들과 우호적인 관계를 유지했지만, 이탈리아를 침입한 롬바르디아족에 대해서는 단호하게 대처했다. 그는 롬바르디아족을 물리치기 위해 황제와 프랑크족에게 도움을 청했다.

롬바르디아족이 성벽 앞까지 쳐들어 왔을 때 그는 그들과 협상을 벌였다. 그리고 그 협상에 성공함으로써, 그레고리우스는 세속 정치권력이 사라진 상황에서 그 빈 공간을 채우며 로마의 최고 지도자가 될 수 있었다. 서방의 다른 주교들과 마찬가지로 그 역시 자신이 통치하는 도시의 주민들을 돌보고 먹여 살려야 했다. 그리하여 이탈리아인들은 서서히 그레고리우스를 성 베드로의 계승자인 동시에 로마의 계승자로 보게 되었다.

새로운 유럽의 탄생

그레고리우스 시대에는 고대 로마의 유산과 기독교가 서로 융화되어 있었다. 하지만 그레고리우스는 자신도 깨닫지 못하는 사이에 새로운 시대와 새로운 상황을 상징하게 되었다. 기독교는 고전시대 유산의 일부분이었다. 그러나 기독교는 그 유산으로부터 벗어나기 시작하여 이제 그 유산과 별개의 것이 되었다. 이런 관점에서, 그레고리우스가 고대 문명의 상징인 그리스어를 사용하지 않았고 그럴 필요도 느끼지 않았다는 것은 의미심장한 일이다.

기독교와 야만족들과의 관계에는 이미 변화의 징후들이 나타나고 있었다. 그레고리우스 시대에 이르러 유럽의 역사는 더 이상 지중해 유역이 아니라 유럽 전체에 초점이 맞추어지게 되었다. 유럽에는 미래의 씨앗들이 이미 나타나 있었다. 물론 그 씨앗들은 가까운 미래에 싹을 틔우고 자라나지는 않았다. 그리고 그 시대의 사람들은 1,000년 후의 유럽에 대해서는 전혀 생각하지도 않았을 것이다. 그러나 유럽은 마침내 식별할 수 있을 정도의 형체를 갖추게 되었다. 새롭게 태어나는 유럽은 물론 미래의 유럽과는 상상할 수 없을 정도로 달랐다.

새롭게 형성되어가는 유럽은 과거와도 분명히 달랐다. 질서정연하고 세련되고 지적이면서 풍요로운 생활을 누려왔던 로마 속주들은 군인 상류계층과 원주민들로 이루어진 개별적인 사회로 바뀌었다. 그 사회의 지도자들은 왕으로 불리었다. 그들은 이제 더 이상 단순한 지휘관이 아니었고 그 부하들 역시 더 이상 단순한 야만인들이 아니었다.

550년에, 한 고트족의 왕은 로마제국의 휘장으로 장식된 자국의 화폐에 최초로 자신의 모습을 새겨 넣었다. 보다 고급스러운 문화유산들이 그들의 상상력에 미친 영향과 로마로부터의 영향, 그리고 무엇보다도 기독교의 영향 아래 그들은 새로운 유럽 문명을 만들어 갔다. 그들의 예술작품들은 지금까지 남아 우리에게 그러한 사실을 증명해주고 있다.

7세기 복음서의 세밀화. 이 복음서는 아일랜드의 더로우 수도원에서 제작되었다. 성 마태가 그림의 주인공이다.

기독교와 이교신앙의 혼합

그 당시 야만족들은 고대의 유산에 필적할 만한 문화를 전혀 만들어내지 못했으며, 수준 높은 동시대의 지식층에게 아무 것도 기여하지 못했다. 하지만 비공식적인 차원에서 볼 때, 문화가 한 방향으로만 일방적으로 전달된 것은 아니었다. 그러한 문화 교류의 범위와 정도는 과소평가되어서는 안 된다. 기독교 혹은 기독교 교회는 여전히 융통성 있

미래를 결정짓는 요소들

는 형식을 취하면서 모든 곳에서 이용 가능한 경로들을 통해 흘러들어갔다. 이 경로에는 '켈트족의 이교신앙 위에 로마의 이교신앙, 로마의 이교신앙 위에 게르만족의 이교신앙' 같은 식으로 이교신앙들이 차곡차곡 쌓여 층을 이루고 있었다.

클로비스 같은 왕들이 개종을 했다고 해서 그 백성들이 한꺼번에 모두 개종을 하고 기독교인이 된 것은 아니었다. 당시 사람들의 묘비들이 증명하고 있듯이, 그 중 어떤 이들은 여러 세대가 지난 후에도 여전히 이교도로 남아 있었다. 이처럼 보수적 경향은 기독교 전파에 장애물이기도 했지만 한편으로는 기회이기도 했다.

기독교는 미신적인 민간신앙이나 성지를 이용하여, 시골이나 산속에서 예로부터 전해 내려오는 신들을 기독교 성자와 연결지었다. 그리고 이를 통해 성자에 대한 사람들의 존경심을 끌어낼 수 있었다. 기독교는 성지를 찾아 가는 순례자들에게 성자들의 생애를 들려줌으로써 자연스럽게 성자들의 이야기를 전파했다. 특히 성자들이 행한 기적은 그 순례자들을 강렬하게 사로잡았다.

그들은 켈트족 신들의 마술적인 힘이나 게르만 족의 최고 신 오딘의 전능한 힘에 관한 이야기들에 익숙해 있었다. 인류 역사 속에서 종교의 역할은 사실상 사람들에게 도덕적인 가르침이나 영적인 안목을 제공하는 것보다는, 인간이 통제할 수 없고 눈에 보이지 않는 신이나 초자연적인 존재의 노여움을 가라앉히는 것이었다. 기독교와 전통적인 이교신앙들을 명백하게 구분 지어주는 것은 피의 희생제의뿐이었다. 그런 희생제의 이외의 이교적인 요소들은 대부분 기독교의 요소들과 혼용되어 민중들의 일상생활에 다양한 형태로 남아 있었다.

흔히 사회가 혼란에 빠져 있거나 쇠락해갈 때 이교적인 현상이 많이 나타나게 된다는 주장에는 분명 타당성이 있다. 야만족의 유럽은 안토니누스 왕조의 로마제국보다 경제적·문화적으로 열악했다. 하지만 오늘날 관광객들은 유럽 전역에 남아 있는 로마의 기념물들을 보고 놀란다. 그 기념물들을 만든 장본인들은 바로 유럽의 야만족들이었기 때문이다.

그러나 그 혼돈으로부터, 로마보다 훨씬 더 창조적이고 전혀 새로운 무언가가 나타나게 되었다. 그 당시 대부분의 사람들은 종말이 다가오고 있다는 것은 느낄 수 있었겠지만, 당시에 일어나고 있는 상황과 현상이 미래에 미칠 영향에 대해서는 생각하지 못했을 것이다. 하지만 그레고리우스와 같은 사람의 노력을 통해 알 수 있듯이, 그 시대에도 역사를 뛰어넘어 미래를 상상하고 예측할 수 있었던 현명한 사람들이 있었다.

성 그레고리우스의 『설교집』 필사본에 실려 있는 세밀화. 양피지에 그려져 있는 이 세밀화는 800년경에 이탈리아 북부에서 제작된 것으로, 두 개의 기둥으로 받쳐져있는 기하학적 문양으로 화려하게 장식된 아치 아래 성 그레고리우스가 앉아 축복을 내리고 있는 장면을 묘사하고 있다.

미래를 결정짓는 요소들

연대표 (기원전 850~기원후 700년)

기원전 753년
전설상의 로마 건국 연도

기원전 800년 | 기원전 750년 | 기원전 700년

에트루리아의 조각상

기원전 800년 이 황금서판은 기원전 5세기 초의 것으로 추정된다. 이 서판에는 로마 공화정이 들어선 첫해에 로마와 카르타고 간에 맺어진 협약 내용의 일부가 에트루리아어와 페니키아어로 쓰여 있다. 이 내용은 로마가 에트루리아에 속한 도시였을 때 정립된 관계를 그대로 따르고 있다는 것을 보여준다.
에트루리아의 황금서판

기원전 700년 기원전 700~600년까지 이탈리아 중부의 에트루리아 문명이 최고조에 달했다. 이 에트루리아 청동 조각상은 불을 뿜는 신화적 괴물 키메라이다.

기원전 500년 | 기원전 450년 | 기원전 400년

기원전 509년
로마 공화국 설립

기원전 493년
로마가 라틴 도시들의 자치권을 인정함

기원전 450년경
12표법

기원전 390
갈리아인들
침입으로 로
약탈당함

기원전 218~201년
2차 포에니 전쟁

기원전 90~88년
시민전쟁 : 로마시민권이 이탈리아 대부분의 지역으로 확대되었다.

기원전 82~79년
술라가 로마 공화
공포정치를 펼침

기원전 200년 | 기원전 150년 | 기원전 100년

푸블리우스 코르넬리우스 스키피오(기원전 236~184년)의 흉상. 그는 2차 포에니 전쟁 기간 동안 아프리카에서 혁혁한 전공을 거두어 "아프리카누스"라는 별칭을 얻었다.
푸블리우스 코르넬리우스 스키피오

기원전 149~146년
3차 포에니 전쟁

기원전 106~43년
로마의 웅변가 키케로

폰투스의 왕 미트리다테스 6세(기원전 132~63)는 소아시아와 에게 해에서 로마의 세력을 무력화 시키고자 했으나 폼페이우스에게 패배 당했다.
폰투스의 미트리다테스 6세

기원후 68~69년
4황제의 해

기원후 96~192년
양자 계승 황제들 : 네르바, 트라야누스, 아드리아누스, 안토니우스 피우스, 마르쿠스 아우렐리우스, 코모두스.

기원후 117년
트라야누스의 정복사업 : 제국의 영토가 최고조에 달한다.

기원후 193~235년
셉티무스 세베루스가 세운 세베루스 왕조 시대

기원후 212년
로마 시민권이 제국 전역으로 확대되었다.

100년 | 150년 | 200년

기원후 66~70년
로마에 대항한 유대인 반란

로마의 도시 중 하나였던 폼페이는 79년에 배수비오 화산이 폭발했을 때 용암 속에 파묻혔다. 이 부부초상은 그 도시의 폐허들에서 발견되었다. 이들이 들고 있는 서판과 파피루스는 이 부부가 교육 받은 사람들이라는 것을 의미한다.
로마의 부부 초상화

로마제국은 소아시아로 진출했다. 그리고 로마 문명은 그 지역의 관습이나 신앙들과 혼합되었다. 이것은 에페수스에 있는 하드리아누스 신전의 아치로, 아치의 쐐기돌에는 그 도시의 여신의 모습이 새겨져 있다.
하드리아누스 신전, 에페수스

400년 | 450년 | 500년

기원후 395년
로마제국이 동로마와 서로마로 분열됨

기원후 419년
서고트족들이 툴루즈 왕국을 세움

기원후 476년
마지막 서로마 황제가 폐위됨

기원후 496년
클로비스가 기독교로 개종

기원전 587년
바빌로니아인들이 예루살렘 정복

기원전 650년　　　　　　　　기원전 600년　　　　　　　　기원전 550년

기원전 343~290년
로마삼니움 전쟁:
로마가 이탈리아 중부를 평정한다.

로마 공화국에서 재산을 소유한 모든 남자 시민들은 반드시 군복무를 해야 했다. 뼈로 만든 이 서판에 적혀 있듯이, 복무기간은 보병의 경우 16년, 기마병의 경우 10년이었다.

로마 군인

기원전 350년　　　　　　　　기원전 300년　　　　　　　　기원전 250년

기원전 264~241년
1차 포에니 전쟁

기원전 73~71년
노예 반란

갈리우스 율리우스 카이사르(기원전 100~44년)는 명문귀족 출신으로 로마 공화국을 붕괴시킨 주역이었다.

율리우스 카이사르의 흉상

옥타비아누스 아우구스투스의 대리석 조상. 기원전 27년부터 기원후 14년까지 로마제국의 초대 황제로 군림했다. 이 조각상은 그를 개선장군이자 신으로 묘사하고 있다. 그의 맨발은 그의 신성을 상징한다. 옆에는 돌고래 위에 큐피트가 앉아 있는데, 이는 아우구스투스가 비너스의 혈통임을 상징하기 위한 것이다.

로마 황제 아우구스투스

기원전 58~50년
갈리아 지방의 율리우스 카이사르

기원전 44년
카이사르가 정적들에게 암살당함

기원전 32~31년
안토니우스와 옥타비아누스의 전쟁

기원전 59~기원후 17년
로마의 역사가 티투스 리비우스

기원후 56~120년
로마의 역사가 타키투스

기원전 50년　　　　　　　　기원후 1년　　　　　　　　50년

기원전 70~19년
로마 시인 베르길리우스

기원전 49~45년
카이사르와 폼페이우스의 내전

기원전 37~4년
헤롯 대왕의 통치 기간, 이 시기 동안 그리스도가 탄생했다.

기원후 26~36년
로마 총독 본디오 빌라도의 통치 시기. 이 시간 동안 그리스도가 죽었다.

디오클레티아누스(기원후 284~305년)는 사두정치체제를 정립했다. 두 명의 정황제(동로마의 디아클레티아누스와 서로마의 막시미아누스)는 각자 부황제를 한 명씩 두고 나라를 다스렸다.

디오클레티아누스와 막시미아누스

콘스탄티누스 황제의 통치 기간(기원후 306~337년) 동안 로마제국은 한 명의 통치자 아래 재통합되었다.

콘스탄티누스 황제

기원후 330년
콘스탄티노플 건설

기원후 354~430년
히포의 성 아우구스티누스

250년　　　　　　　　300년　　　　　　　　350년

기원후 313년
밀라노 칙령: 로마제국 내에서 기독교가 공인됨

기원후 527~565년까지 동로마제국을 통치했던 유스티니아누스는 로마법을 집대성하고 옛 로마제국의 대부분 지역들을 일시적으로 재통합시켰다.

유스티니아누스의 모자이크 초상화

기원후 350년경에 제작된 이 그리스도상은 로마의 성 에르미트 카타콤에서 발견된 것이다. 그리스도의 표정과 몸짓에서 동로마제국에서 발전된 비잔티움 회화양식을 엿볼 수 있다.

로마의 그리스도상

기원후 590~604년
그레고리우스 대교황의 재위 기간

550년　　　　　　　　600년　　　　　　　　650년

기원후 529년
성 베네딕트가 서방 가톨릭교회의 수도원제도를 창시

기원후 587년
서고트 왕 레카레드가 카톨릭교로 개종함

색인

ㄱ
갈레리우스 123
갈리에누스 122
갈릴리 85
검투시합 64
게르만법 163
게르만족 136,162
게토 172
고트족 115
과두정치체제 16
그노시스파 100
그라쿠스형제 31
그레고리우스 180
그리스 문명 27, 28
금본위 화폐제도 124
길드 170

ㄴ
네로 97
네르바 44
네스토리우스파 172
네우스트리아 지역 158
니카의 반란 168
니케아 종교회의 127
니코메디아 궁전 130

ㄷ
다키아 71
단성론자 172
데키우스 121,122
도나우강 114
도나투스파 126, 145, 148
동고트족 136
동맹시전쟁 32
드니에스테르강 136
디그니타스 42
디오클레티아누스 117,123

ㄹ
라벤나 141
라인강 114
랍비 95
레기온 19
레스 푸블리카 65
레오1세 139
로도스 23
로마건국사 57
로마공화정 14
로마니타스 10, 105
로마력 37
로마법대전 169
로만-갈리아 164
로물루스와 레무스 11
롬바르디아족 160, 168
루비콘강 36
리비우스 57
리용 100
리키니우스 125

ㅁ
마니교 147
마르쿠스 아우렐리우스 44
마르쿠스 안토니우스 40,41
마리우스 31,32
마사다 95
마우레타니아 48
마케도니아 23,24
막시미아누스 107,117
메로빙거 왕조 157
메소포타미아 113
메시아 84, 89
모세오경 77
뫼즈강 157
미트라스 69
미트리다테스 29
밀교 100
밀라노 칙령 125

ㅂ
바리새인 79, 89
바리새파 83, 89
바빌론 151
바빌론 유수 76, 77
바실리카 60
바울 91, 92, 121
반달리즘 138
반달족 137, 138
발레리아누스 113, 122
발렌스 황제 137
베네딕트 수도원 177
베네딕트 수도회 177
베드로 90
베르길리우스 57
베스파시아누스 황제 44
벨리사리우스 167
보아디케아 여왕 70
보에티우스 160
본디오 빌라도 82, 94
부르군디 왕국 157
브루군트족 136
브리타니아 154
브리튼족 154
비드 158
비잔티움 129, 173
빌라도 71, 94

ㅅ
사도전승 178
사두개파 83, 89
사두정치 118
사마리아인 83
사산왕조 113
사투르날리아 67
사투르누스 67
사해사본 83
삼니움족 19
삼위일체설 127
색슨족 154
서고트족 136, 162
성 베네딕트 177
성 베드로 178
성 소피아 대성당 169
성 아우구스티누스 146
성 안토니우스 175
성 암브로시우스 143
성직위계제 93
셀레우코스 왕국 23, 78
셉티무스 세베루스 69, 107
소플리니우스 63
솔론시대 8
솔리두스 124
술라 33
스데반 91
스미르나 100
스토아 철학 59
스헬데강 157
시나고그 77
시라쿠사 19, 23
시몬 89
시몬 바르 코흐바 96
신국론 150
신비종교 100
신플라톤주의 59
심마쿠스 144

ㅇ
아나톨리아 138
아드리아노플 전투 136
아르다시르 113
아르메니아 112, 114
아르미니우스 45
아르키메데스 28

아리우스 127
아리우스파 127, 128
아브가르왕 74
아우구스투스 41, 42
아우스트라시아 158
아케메네스 왕조 113
아타나시우스 128
아테네 23
아틀라스 산맥 60, 131
아틸라 139
아폴로니오스 69
악티움 해전 41
안토니누스 피우스 44
안티오쿠스4세 79
안티오키아 63
알라마니족 115
알렉산더 28
알렉산드리아 37
앵글로 족 154
야고보 90
에스겔 76
에스라 78
에트루리아 11, 13, 14
에피루스 19
에피쿠로스 철학 59
엘베강 45
예루살렘 151
예수 84
오도아케르 139
오리게네스 101, 121
오비디우스 42
오스로에네 왕국 74
오현제 시대 44
옥타비아누스 40, 41
요세푸스 94
요한 85
원로원 15, 26
원수정 42

유게룸 17
유대사상 75
유스티누스 마르티르 121
유스티니아누스 166
유프라테스강 48
율리아 43
율리아누스 141
율리우스 카이사르 34
율리우스력 37
이레나이우스 101
이사야 81
이스탄불 130
인플레이션 111
임페라토르 41

ㅈ
젤로테파 84, 89, 94
조로아스터 69
주트족 154
지브롤터 24
집정관 15, 16

ㅋ
카나이 21
카라칼라 107
카르타고 20, 21
카르타헤나 21
카를 5세 141
카푸아 21, 70
칼케톤 종교회의 172
케수스 16
켄투리아 민회 16
켈트족 29
코린트 지협 23
코모두스 44, 45, 107
코스모폴리타니즘 29, 44, 53
콘스탄티노플 166, 169
콘스탄티누스 124

콘스탄티우스 123
콥트 기독교 172
쿠리알레스 계층 63
쿰란공동체 85
크라수스 48
크테시폰 113
클라우디우스 48
클레멘스 101, 121
클레오파트라 36, 41
클로비스 157
키레나이카 96
키케로 67
키프로스 29

ㅌ
타르수스 91
탈레스 150
태양신 125
테르툴리아누스 121, 146
테베 18
테살로니카 143
테살리아 24
테오도리쿠스 159
테오도시우스 143
투린기아족 136
툴루즈 왕국 162
트라시메네 호수 21
트라야누스 시대 63
트라키아 137
트루아 139
티그리스강 113
티베르강 13
티베리우스 43

ㅍ
파르티아 48, 112
팍스 디오룸 67
팍스 로마나 49

팔미라 116
페니카아인 20
페르가몬 왕국 23, 29
페르시아 113
페쿠니아 17
펠라기우스 주의 145
펠라기우스파 148
포스투무스 108
포에니 전쟁 20
포티누스 101
폰투스 33
폰티펙스 막시무스 68, 180
폴리비우스 28
폼페이우스 33
푀데라티 137
프랑크 왕국 158
프랑크족 115, 156
프리시아족 136
프린켑스 41, 117
프톨레마이오스 왕조 41, 78
플레브스 16
피레네 산맥 21
피루스 19, 20
피의 복수 162

ㅎ
하드리아누스 장벽 48, 130
하드리아누스 황제 49
한니발 21, 23
할례 81
헤롯 82, 97
헬레니즘 53, 56, 70
호교교부 179
호민관 18
훈족 136, 138

도판 출처

이 책에 도판을 실을 수 있도록 허락해주신 다음의 기관과 개인에게 감사를 드립니다.

설명

AAA Ancient & Architecture Collection, London
ADO Agence Dagli Orti, Paris
AGE A. G. E. Fotostock, Barcelona
AISA Archivo Iconografico S. A. Barcelona
AKG AKG, London
BAL Bridgeman Art Library, London
BM British Museum, London
BN Bibliotheque National, Paris
CP Catacombe di Priscilla, Rome
ET e. t. Archive, London
KM Kunsthistorisches Museum, Vienna
MAN Musco Arqueologico Nazionale, Madrid
MANN Musco Archeologico Nazionale, Naples
MC Musei Capitolini, Rome
MGP Museo Gregoriano Profno, Vatican
MVG Museo di Villa Giulia, Rome
RMN Reunion des Musees Nationaux, Paris
SHP Sonia Halliday Photographs, Western Turville, England
SK Studio Kopperman, Munich
V&A By courtesy of the trustes of the Victoria and Albert Museum, London
WFA Werner Forman Archive, London

3 ASIA/MANN
9 RHPL/.Simon Harris
10 AKG/MC
11 AISA/MANN
12 위 왼쪽 AISA/MVG
12 아래 Jose Angel Guiterrez
13 AKG/Tomb of Leopardi, Tarquinia
14 Jose Angel Guiterrez
15 BAL/Archaeological Museum, Olympia
16 ADO
17 Scala
18 위 AISA/Museo Archeologico Nazionale, Venice
18 아래 Corbis/Roger Wood
19 Scala
20 위 왼쪽 RMN/Louvre, Paris
20 오른쪽 ET/MVG
21 위 Carlesberg Glyptotek, Copenhagen
21 아래 AGE
22 위 Scala/MC
23 AKG/Musei Pontificie, Vatican
24 위 Scala
24 아래 AGE
25 위 AGE
25 아래 RHPL/Robert Cundy
26~27 위 RMN/Louvre, Paris
26 아래 BAL/BM
28 BAL/Giraudon/Louvre, Paris
29 Zardoya/Erich Lessing/Musee Granet, Aix~en~Provence
30 위 AISA/MC
30 아래 Scala/MVG
31 Landesmuseum, Mainz
32 Zardoya/Erich Lessing/Maria Saal, Carinthia
33 위 ADO
33 아래 BM
34 위 Scala/Museo Archeologico Nazionale, Venice
34 아래 Jose Angel Guiterrez
35 Scala/MC
36 Michael Holford
38 AISA
39 RHPL/Adam Woolfitt
40 위 BM
40 가운데 BM
41 위 KM
41 아래 Oronoz/Musei Pontificie, Vatican
42 위 AISA
42 아래 AISA/MC
43 Zardoya/Erich Lessing
45 AGE
46 위 왼쪽 RMN/H Lewandowski/Louvre, Paris
46 오른쪽 Fiorepress~Firo Foto
47 Oronoz
48 Stockmarket
49 AGE
50~51 ADO/Musee Archeologique de Sousse
52 AISA/Musee National du Bardo, Tunis
53 위 CM Dixon
53 아래 Lauros~Giraudon/Landesmuseum, Trier
54 아래 AGE
54 위 Scala/MGP
55 Axiom/James Morris
56 AISA/Museo della Civilta Romana, Rome
58 AKG/Metropolitan Museum of Art, New York
59 위 AISA/MANN
59 아래 AKG/Erich Lessing
60 AKG
61 Scala
62 위 AISA/Museo Archeologico, Taranto
62 아래 Museo Archeologico,, Barcelona
63 위 Juan Aviles
63 아래 Jurgen Liepe/Staatliche Museum, Berlin
64 AGE
65 Angelo Hornak
66 Scala/Museo Pio Clementino, Vatican
67 위 Scala/MGP
67 아래 BM
68 AISA
70 Scala/Museo della Civilta Romana, Rome
71 위 Scala
72 Scala/Museo Civico, Albega
73 BAL/Louvre, Paris
74 Scala/SS Cosma e Damiano, Rome
75 AKG/Erich Lessing/National Museum, Damascus
76 위 Werner Braun
76 아래 Scala/Ipogeo di via Latina, Rome

77 위 BN
77 아래 ADO/National Museum, Damascus
79 Scala/CP
80 아래 AGE
81 Oronoz
82 위 AISAAA/Museo Egizio, Turin
82 아래 Zardoya/F Mayer
83 BAL/Battistero Neroniano, Ravenna
84 AAA/R Sheridan
85 Scala/S Prieto, Vatican
86 Iberpress/Giordano/S Ambrose, Milan
87 위 ET/S Costanza, Rome
87 아래 Zardoya/Erich Lessing/Catacombe di S Domitilla, Rome
88 Scala/S Prieto, Vatican
91 위 Scala/Museo Pio Cristiano, Vatican
91 아래 Scala/CP
92 AAA/Ronald Sheridan
93 Scala/Galleria degli Uffizi, Florence
94~95 Scala/Galleria Boorghese, Rome
96 위 Scala/CP
96 아래 AGE
97 Oronoz, Palazzo Rondanini, Rome
98~99 Scala/Catacombe di S Ermete, Rome
103 AISA/MC
104 AISA/Xavier Navarro
106 AISA/MC
107 위 AISA/Xavier Navarro
107 아래 Jurgen Liepe/Staatliche Museum, Berlin
108 AISA
109 Giraudon/BAL
110 AISA/Museo Archeologico Nazionale, Naples
111 아래 Jose Angel Gutierrez
111 위 MAN
112 AISA
114 AISA
115 Fiorepress~Firo Foto/S Fiore
116 Jose Angel Gutierrez

117 AISA/Musee Calvet, Avignon
118 Scala/Biblioteca Apostolica, Vatican
119 BAL
120 SHP/Battistero degli Ariani, Ravenna
121 Scala/MGP
122 BAL/Private Collection
123 Bodeleian Library, Oxford(Ms. 378, f. 84r)
124 Scala/S Costanza, Rome
125 위 AISA/MC
125 아래 AAA/G Tottoli
126 AISA/Battistero degli Ariani, Ravenna
127 위 KM
127 아래 Scala/Battistero degli Ariani, Ravenna
128 위 AAA
128 아래 KM
131 RHPL
132 Giraudon/BAL/BM
133 BN
134~135 Scala/Museo delle Terme, Rome
136 MAN
137 위 KM
137 아래 Bodleian Library, Oxford(Rol. 159.2/83)
138 AISA
139 RMN/H Lewandowski/Louvre, Paris
140 AISA
141 Giraudon
142~143 ET/Mausolo di Galla Placidia, Ravenna
144 ADO/Musee National du Bardo, Tunis
145 Oronoz/Capilla S Vittore, Milan
146 Michael Holford/BM
147 Scala/S Lorenzo Maggiore, Milan
148 RHPL/F Jackson
149 Scala/Biblioteca Medicea Laurenziana, Florence(Ms.Plut.12;17, f.3v)
150 Zardoya/Erich Lessing/Museo de Arcivescovado, Ravenna
151 위 BAL/Private Collection
151 아래 Scala/Museo Civico de "Eta" Cristiana, Brescia

153 BAL/Biblioteca Medicea Laurenziana, Florence(Ms. Plut.12.17, f.4r)
154 Michael Holldford
155 Michael Holford
156 ET/Rheinisches Landesmuseum, Bonn
157 Lauros~Giraudon
158 BN
159 Giraudon
160 왼쪽 Iberpress
160 오른쪽 AGE
161 AISA
162 V&V/Ian Thomas
163 Scala/S Apollinare in Classe, Ravenna
165 위 Giraudon/Ainara/S Vitale, Ravenna
165 아래 AISA/Museo Bargello, Florence
166 Zardoya./Erich Lessing./S Apollinare Nuovo, Ravenna
167 Scala/S Apollinare Nuovo, Ravenna
168 AISA
169 AISA
170 SHP/St Sozomenus, Galata, Cyprus
171 CM Dixon
172 Metropolitan Museum of Art, New York(gift of George Blumenthal, 1941)
173 BAL/Louvre, Paris
174 Axiom/James Morris
175 AISA/S Costanza, Romes
176 Scala/Sacro Speco, Subiaco
177 BAL/Giraudon/Musee Conde, Chantilly
178 SHP/BN
179 Scala/Duomo, Monza
180 MAN
181 Trinity College Library, Dublin(Ms. 57, f.21v)
193 Corpus Christi College, Cambridge (Ms. 286, f.129v)

도판 출처

지도

지도판권 ⓒ 1998 Debate p113

지도판권 ⓒ 1998 Helicon/Debate p11, 22, 37, 57, 71, 90, 129, 130, 164

문헌 판권

발행자는 이 책에 번역 내용과 판권 자료를 인쇄하도록 허락해주신 아래 분들에게 감사드립니다. 판권 소유자를 찾기 위해 최선의 노력을 하였으나 만일 빠진 분이 있다면 사과드리며, 알려주실 경우 장래의 재판에서 바로 잡도록 하겠습니다.

p.33 플루타르크의 『Fall of the Roman Republic ; Six Lives』, Rex Warner 영어번역(Penguin Classics 1958) copyright Rex Warner, 1958. Penguin Books의 허락으로 인쇄했습니다.

p34 율리우스 카이사르의 『The Conquest of Gaul』 (S. A. Handford 영어번역) 중에서 발췌(Penguin Classics 1951), copyright S. A. Handford, 1951. Penguin Books Ltd의 허락으로 인쇄했습니다.

p43 타키투스의 『The Histories』(Kenneth Wellesley의 영어번역) 중에서 발췌(Penguin Classics 1964, 개정판 1975) copyright 1964, 1972. Penguin Books Ltd의 허락으로 인쇄했습니다.

p44 수에토니우스의 『The Twelve Caesars』(Robert Graves의 영어번역, Michael Grant의 수정) 중에서 발췌(Penguin Classics 1957, 2쇄 개정판 1979). 번역 저작권 Robert Graves, 1957. 개정판 저작권 Michael Grant Publications Ltd, 1979. Robert Graves Copyright Trust 대신 A. P. Watt Ltd의 허락으로 인쇄했습니다.

p.60 D. R. Shackleton Bailey 번역의 『Martial : Epigrams』 제 3권 중에서 발췌, Cambridge, Mass., Harvard University Press, 1993. 출판사들과 Loeb Classical Library의 허락으로 인쇄했습니다.

p136 타키투스의 『The Agricola and the Germania』 (H. Mattingly 영어번역, S. A. Handford 수정) 중에서 발췌(Penguin Classics 1948, 수정판 1970) copyright the Estate of H. Mattingly, 1948, 1970 copyright S. A. Handford, 1970. Penguin Books Ltd.의 허락으로 인쇄했습니다.

히스토리카 세계사 3
- 로마와 고대의 서양세계

1판 1쇄 인쇄 | 2007. 10. 19
1판 1쇄 발행 | 2007. 10. 29

지은이 | J. M. 로버츠(J. M. Roberts)
옮긴이 | 윤미연
펴낸이 | 김영곤
펴낸곳 | (주)이끌리오
본부장 | 정성진
기획편집 | 김성수, 박효진
책임편집 | 한세정, 오원실
마케팅 | 주명석, 허준영, 이시몬
영업 | 윤지환, 최창규, 서재필, 도건홍, 정민영
디자인 | 양설희, 이예숙
표지 디자인 | 씨디자인

등록번호 | 제16-1646
등록일자 | 2000.04.10

주소 | 경기도 파주시 교하읍 문발리 파주출판문화정보산업단지 518-3(413-756)
전화 | 031-955-2403
팩스 | 031-955-2422
이메일 | eclio@book21.co.kr
홈페이지 | http://www.eclio.co.kr

ISBN 978-89-5877-047-3
ISBN 978-89-5877-055-8(세트)

값 28,000원

이 책 내용의 일부 또는 전부를 재사용하려면 반드시 (주)이끌리오의 동의를 얻어야 합니다.
잘못 만들어진 책은 구입하신 서점에서 교환해드립니다.